UTOPÍAS EN LA ERA DE LA SUPERVIVENCIA
Una interpretación del Buen Vivir

UTOPÍAS EN LA ERA DE LA SUPERVIVENCIA
Una interpretación del Buen Vivir

Omar Felipe Giraldo

ITACA

Giraldo, Omar Felipe, autor.

Utopías en la era de la supervivencia : una interpretación del buen vivir / Omar Felipe Giraldo. – Primera edición. – México : Editorial Itaca ; Chapingo, Estado de México : Universidad Autónoma Chapingo, Departamento de Sociología Rural, 2014.
220 páginas ; 21 cm.

Bibliografía: páginas 211-220

1. Ecología política – América Latina – Filosofía. 2. Ecología política – América del Sur – Estudios de casos. 3. Ambientalismo – América Latina – Filosofía. 4. Ecología humana – América Latina – Filosofía. I. Universidad Autónoma Chapingo. Departamento de Sociología Rural. II. Título.

304.2098-scdd21   Biblioteca Nacional de México

Diseño de la portada: Sergio Amorocho y Julián Toro
Corrección de estilo y cuidado de la edición: Graciela Reynoso Rivas

Primera edición, 2014

Editorial Itaca
Piraña 16, Colonia del Mar C.P 13270, México D.F.
www.editorialitaca.com.mx

Departamento de Sociología Rural
Universidad Autónoma Chapingo
Km 38.5 carretera México-Texcoco C.P. 56230

A mis amados padres

ÍNDICE

PRÓLOGO

Utopías en la era de la supervivencia. Una interpretación del Buen Vivir, hermosa escritura-investigación del pensador-agricultor colombiano Omar Felipe Giraldo, es una obra única en el panorama del pensamiento crítico ambiental en esta tierra llamada por los kunas, *Abya Yala.* Esta potente palabra caracteriza como utopía, dos acontecimientos inseparables: la manera como habitamos la Tierra, y la manera como la Tierra permite que la habitemos. *Abya Yala* significa buen vivir-tierra generosa, tierra en florecimiento. Para los quechuas, buen vivir se expresa como *sumak kawsay,* dos palabras con fuerza ética en tanto que se refieren a cómo habitar el *ethos,* o sea la casa del hombre, la tierra generosa, madre nutricia y permanente, que permite el permanecer.

La crisis ambiental como expresión de una crisis aún mayor, la crisis civilizatoria, exige una preocupación-otra por la tierra que habitamos. Tierra que hemos perdido, en tanto hemos perdido el cuerpo. Esta pérdida es en metáfora la pérdida del paraíso. El poeta que somos habita en la nostalgia del otro-lo otro. La condición de nuestro tiempo oscila entonces entre la nostalgia y la melancolía: nostalgia del cuerpo-tierra perdido cuando el humano occidental decidió distanciarse de la tierra, romper amarras con la naturaleza y convertir en mercancía la vida... y melancolía de lo otro –el otro-otro radical: la tierra-naturaleza-vida– que, en palabras de Withman y Pessoa, es esa plétora de alteridades que me habitan y que habito. "¿Me contradigo? Claro que me contradigo... en mí habitan multitudes", escribía Withman y lo recordaba bellamente Pessoa, abriendo a un pensamiento alterno, en clave de la diferencia y la diversidad.

El poeta no necesita del adjetivo "ambiental". El poeta siente y ese sentimiento lo coloca en los pliegues de la piel de la tierra. El otro, esas multitudes que me habitan, me impelen a comprender la tierra como un otro radical diferente. Una alteridad que permite infinitas maneras de alteridad; una alteridad sin la cual no es posible la vida, la cultura, el pensamiento, el conocimiento. Con anterioridad al filósofo, el poeta nos advierte, desde el sentimiento ambiental, que "la vida, si no florece en poesía, no vale la pena". Esta hermosa afirmación hecha por el poeta-filósofo ambiental Augusto Ángel Maya, en una entrevista realizada en Cali, Colombia, el 26 de febrero del 2009, diecinueve meses antes de su partida final, permitió que nuestro pensamiento ambiental asumiera el reto de desplegar el hermoso acontecimiento del florecer de la vida, como alternativa biótica-simbólica al desarrollo, paradigma económico que ha permeado todos los hilos de la cultura moderna, acentuando, reafirmando y consolidando la idea de la dominación de la naturaleza, como tarea fundamental del humano moderno en la tierra.

Omar Felipe asume ese reto en clave geopoética, mostrando en su libro cómo el *sumak kawsay*, vocablo quechua que significa Buen Vivir, permite la armonía entre lo humano y todo lo existente, es decir, entre lo humano y la tierra en tanto que la tierra es el lugar donde es posible La Trama de la Vida. Vivir en estos tiempos de miseria exige la recuperación, resignificación y reconfiguración del Buen Vivir, como utopía de todas las utopías, cuyos principios fundamentales –nos dice el autor– "...han sido tomados de las culturas aymara y quechua, y de las expresiones *sumak qamaña* y *sumak kawsay*, las cuales, en términos generales, podrían definirse como el arte de vivir en equilibrio y armonía con lo existente, a través de la comprensión, y experiencia plena, de que todo está interrelacionado con lo demás".

Comprender la complejidad de la vida, su configuración en entramados, sus procesos autopoiésicos, su sin-sentido –en tanto la vida no tiene una única teleología–, es la tarea del pensamiento ambiental hoy, como un *ethos* alternativo al de la modernidad excluyente, homogenizante y presuntuosa.

Por eso la filosofía del Buen Vivir, continua Omar Felipe Giraldo, "no puede equipararse de ninguna manera, al desarrollo o al progreso, ni a las nociones de bienestar o calidad de vida. Es una utopía que para su realización demanda de agudas transformaciones culturales y de la revisión de las bases mismas de la civilización occidental moderna". Esa transformación cultural exige cultivar los símbolos que permiten la sacralidad de la tierra y erradicar aquellos que han reducido la tierra a recurso. Lo sagrado en sentido antropológico es aquello enigmático dador de vida. Lo sagrado de la tierra, es aquello que permite el florecimiento. De ahí que el pensamiento ambiental que construye el autor, logra encontrar los indicios de aquello que permite la vida, más allá –o más acá–, de una descripción lógica, de una racionalidad bio-lógica.

El Buen Vivir no es un nuevo humanismo. No bebe de las fuentes antropocéntricas del humanismo ilustrado, ni tiene relación con el humanismo renacentista. Las palabras *sumak kawsay*, *Abya Yala*, no tienen traducción a una lengua europea como el español, porque las lógicas que las constituyen no emergen de un sujeto que dice algo de un objeto, sino de una tierra que es siendo, y su ser se expresa en el florecimiento de la vida.

Con la dificultad propia de la lógica sujeto-objeto que constituye la lengua en la que pensamos-escribimos-habitamos esta tierra-sur, la escritura de Omar Felipe Giraldo logra hacernos comprender el ser-siendo-tierra, la acción de la vida misma, el permanecer. Esta geo-oiko-onto-logía, que el agro-filósofo construye en su obra, es acontecimiento, manera de habitar de comunidades originarias-sur: geopoéticas-sur.

El Buen Vivir como utopía no será una razón instrumental al servicio de una teleología estatal o epocal. Será ante todo un aprendizaje, una alternativa a la política neoliberal impuesta en América Latina pero ante todo, un *ethos* acontecimental donde la Tierra es la maestra que enseña a partir de su lengua cómo habitar poéticamente, en tanto en diversos tiempos y en diversas geografías, una plétora de comunidades vivas lo han venido haciendo.

La tensión dialéctica entre ideología y utopía permite comprender que el Buen Vivir es flexible a la diferencia, no tiene una teleología lineal sino que tiene lugar, configura y crea lugar en el pensamiento latinoamericano alternativo.

En un tiempo que no solo está dando qué pensar, sino que este pensar se coliga con el sentir, el Buen Vivir se configura como senda que permite la emergencia de la vida. Símbolo potente frente a una época donde el Vivir Mejor ha permeado todos los pliegues del mundo de la vida moderna, el Buen Vivir horada los cimientos de una política donde el desarrollo ha ocupado todos los espacios del pensamiento. Si la ideología se ocupa de "la deformación de las estructuras simbólicas colectivas, la legitimación del *statu quo* y la integración", Omar Felipe Giraldo propone una circularidad temporal crítica entre ella y la utopía. El libro se despliega brillantemente en la tensión entre estas dos palabras, para construir una imagen de utopía, como aquello que posibilita la creación de lugares-otros.

Si lo que permanece lo fundan los poetas, esta escritura permanecerá en el pensamiento-otro latinoamericano, en tanto abre una compuerta para pensar cómo habitar poéticamente esta tierra. Frente a la globalización de la tierra, como mercancía, este libro reafirma la posibilidad de la diferencia de lugares y sentidos, propia de un geo-pensamiento.

Ana Patricia Noguera de Echeverri
Profesora Emérita
Universidad Nacional de Colombia, Sede Manizales
Febrero 20 de 2014

AGRADECIMIENTOS

El presente libro es el fruto de una tesis doctoral sustentada en el Departamento de Sociología Rural de la Universidad Autónoma Chapingo en mayo de 2013. Durante su elaboración participaron, directa e indirectamente, muchas personas a quienes expreso mi más profundo agradecimiento. En especial, quiero mencionar a Gabriela Kraemer Bayer, por todo su conocimiento y experiencia, el cual fue fundamental para la formulación, desarrollo y conclusión de este trabajo. A ella toda mi gratitud, cariño y respeto. A Patricia Noguera de Echeverry, por su bello prólogo pero sobre todo por haberme enseñado la necesidad de habitar poéticamente. Durante la estancia de investigación doctoral realizada en el Grupo de Pensamiento Ambiental de la Universidad Nacional de Colombia, reafirmé, reconsideré y recreé muchísimos apartados del texto. Un agradecimiento a Juan de la Fuente Hernández, Guillermo Torres Carral y María Virginia González, por su acompañamiento, por la lectura cuidadosa de todo el manuscrito y por sus sugerencias y críticas oportunas. También debo un reconocimiento a Félix Hoyo Arana, José Alfredo Castellanos, quienes leyeron algunos capítulos y me aportaron sus opiniones en distintos momentos.

A Graciela Reynoso por su invaluable cooperación en la corrección de estilo, y por su incondicional patrocinio en todos los aspectos relacionados con el proceso editorial. Gracias a su desinteresada colaboración ha sido posible la publicación de este trabajo. De igual manera, tengo que agradecerles profundamente a Sergio Alberto Amorocho, Julián Toro y Jairo Andrés Beltrán por prestarme su servicio en el diseño de la portada, así como a David Moreno Soto de la Editorial Itaca, y a Liberio Victorino Ramírez, Subdirector de Investigación del Departamento de Sociología Rural, quienes me apoyaron en la edición del libro.

A mis amigos y compañeros en México, Verónica Bello Contreras, Julián Aquino Gutiérrez, Marco Antonio Mejía, Mónica García Abarca, Giovannie Soto Torres, José Francisco Ziga, Kenya Rodríguez Díaz, Kalib Aburto García, Pamela Peñuelas, Samuel Tlatempa Martínez, y a mis amigos en Colombia, Andrés Felipe Escovar, Ricardo Andrés Lozada, Sergio Amorocho, Jairo Beltrán, Fabio Rodríguez, Julián Toro y

Jorge Mario Vélez, por sus aportes afectivos e intelectuales. Ellos están inscritos, envueltos, parafraseados de tantas maneras que no puedo saber a ciencia cierta qué tanto de lo que aquí se escribió forma parte de ellos mismos.

A mi padre, por sus oportunos consejos de redacción y por su apoyo decidido, el cual, junto al de mi entrañable madre y mi admirada hermana María Elena, ha hecho posible la realización de este sueño. Sus esfuerzos y sacrificios, pero sobre todo, su amor, fue definitivo para cumplir este sueño. A Ingrid Fernanda Toro, mi amada compañera de vida, quien con su ejemplo, su forma de relacionarse con la naturaleza, percibir y sentir el mundo, me ayudó más a escribir este libro que toda la bibliografía reunida y citada con comillas. Gracias por la empatía que cobija su vida.

Finalmente, deseo agradecer a la naturaleza de la que soy emergencia por su paciencia frente a todas mis contradicciones.

INTRODUCCIÓN

> *Esta es la encrucijada de la historia: o la*
> *muerte o la simbiosis.*
>
> Michel Serres
> *El Contrato Natural*

El médico helénico Hipócrates fue el primero en utilizar el término *crisis* para referirse al momento decisivo en la enfermedad de un paciente, durante el cual el curso de una enfermedad podría, o bien resolverse hacia el restablecimiento de la salud, o por el contrario, evolucionar hacia el desenlace fatal. De manera que la palabra crisis, derivada del lenguaje de la medicina, enuncia un lapso crucial, en el que cierta patología puede tomar cualquiera de los dos caminos. Recordar la anterior definición, sirve para llamar la atención sobre el hecho de que la crisis ambiental contemporánea es una etapa de inflexión que debe ser interpretada como un periodo de disyuntiva civilizatoria, en cuyos fatídicos posibles se encuentra la consumación del animal humano, gracias a sus propios méritos. Esta es la razón por la cual he resuelto denominar a nuestro presente, *la era de la supervivencia*, como una forma de nombrar una época de profundas decisiones existenciales, de las cuales dependerá la conservación de nuestra especie en el planeta.

Vivimos una era turbulenta, en la cual existe una documentada evidencia del riesgo de autoextinción a consecuencia de la insostenible civilización construida. Sin exageraciones apocalípticas, pero con sustento científico, el suicidio colectivo es uno de los sentidos anunciados por el cual podemos optar en caso de continuar la ruta transitada. La buena noticia, por lo menos siguiendo las definiciones médicas, es que las crisis no solo conducen a resoluciones trágicas o a catástrofes inevitables, también existe la opción de que el paciente recupere la salud, lo que para nuestro caso significa escoger la alternativa de crear las condiciones adecuadas para sobrevivir –y de hacerlo con dignidad–. Es esa la vía en la cual comienzan a circunscribirse las utopías del siglo XXI, o por lo menos, es la interpretación que en las siguientes páginas trataré de sostener.

Aunque la palabra *utopía* a menudo se emplea en sentido negativo para denotar denigrantemente un proyecto optimista que parece fantasioso desde el momento de su misma formulación, en el presente libro utilizo este concepto para referirme a proyectos políticos posibilistas, siempre en aras de su realización. El objetivo es mostrar la manera en que los discursos de las *utopías en la era de la supervivencia* están configurándose en disputa con los símbolos culturales de la modernidad capitalista y estructurándose en torno a la reproducción de la vida. Dicho en otras palabras: intentaré explicar cómo las utopías contemporáneas están buscando fines distintos de aquellos trazados por el proyecto de la civilización occidental moderna.

El Buen Vivir es un ejemplo ilustrativo de este fenómeno, en la medida en que lo considero una buena muestra de los lenguajes, preocupaciones y objetivos de las utopías de comienzos de siglo. En lo básico podría decirse que el Buen Vivir es un proyecto político alternativo que ha surgido recientemente en Latinoamérica –especialmente en Ecuador y Bolivia–, el cual ha capturado la atención de movimientos sociopolíticos, y ha despertado un creciente interés en espacios académicos de distintas latitudes. Es prueba de su relevancia política su presencia como paradigma orientador de las constituciones de ambos países. A mi juicio, en el contexto latinoamericano, el Buen Vivir es la más atrayente alternativa a la modernidad capitalista.

Los principios fundamentales han sido tomados de las culturas aymara y quechua, y de las expresiones *suma qamaña* y *sumak kawsay*, las cuales, en términos generales, podrían definirse como el arte de vivir en equilibrio y armonía con lo existente, por medio de la comprensión y la experiencia plena, de que todo está interrelacionado con lo demás. El concepto hace hincapié en una vida plena, con acceso a lo suficiente y necesario en absoluta correspondencia con el bienestar de la Madre Tierra y el de los demás seres humanos. El enunciado "no se puede Vivir Bien, si los demás viven mal" podría resumir el fin de una sociedad comunitaria e interdependiente, guiada por los principios de la complementariedad y la reciprocidad, según propone su discurso y a lo que aspira su práctica política.

Según podrá apreciarse, es una filosofía absolutamente profunda –y con frecuencia muy mal interpretada–, que debe comprenderse en toda su riqueza. No puede equipararse de ninguna manera al desarrollo o al progreso, ni a las nociones de bienestar o calidad de vida. Es una utopía que para su realización demanda de agudas transformaciones culturales y de la revisión de las bases mismas de la civilización occidental moderna.

No está de sobra anotar que el proyecto no se restringe, ni mucho menos, a las acciones de los gobiernos de los países en cuestión. De hecho, cuando uso la expresión "utopía del Buen Vivir", no estoy haciendo alusión a la ejecutoria de los proyectos gubernamentales en curso, sino a la construcción política que ha venido entretejiéndose por parte de movimientos sociales, académicos y diferentes actores en distintas partes de Latinoamérica. De modo que no reduciré el proyecto a los ejercicios y enunciaciones personales de ciertos gobernantes, o a los artículos constitucionales de los países que la han adoptado, pues considero que hacerlo significaría abaratar la propuesta e innecesariamente despojarla del filo con la que ha emergido.

La anterior advertencia sirve para aclarar que la hermenéutica que en ocasiones haré del discurso de ciertos políticos –en especial en el capítulo 3 y 4–, no tiene el propósito de reflexionar sobre sus opiniones, ni sobre la legislación hasta ahora aprobada para regularla. Se trata de entender las enunciaciones que poco a poco se han impuesto al discurso de esos sujetos. Como podrá apreciarse, la imbricación de sus enunciados no es ni coyuntural ni fortuita; tampoco es un asunto ideado por unos individuos particulares ubicados en cierto nivel de poder. El orden de este nuevo discurso utópico es, en cambio, un asunto de época, con antecedentes de diverso tipo, el cual se encuentra situado en un sistema global que es preciso develar.

En realidad, este libro puede ser leído como el intento por entender la manera en que un proyecto político de este tipo pudo surgir en el mundo contemporáneo, pero también, como el esfuerzo por aportar con algunas herramientas teóricas a la complejidad de realización de una utopía tan ambiciosa.

Respecto a este último objetivo, la investigación en su primer capítulo, parte del reconocimiento de la necesidad de atender la sofisticación de dispositivos de poder que reproducen el orden existente. Como se sabrá, la ingenuidad de muchas utopías está en el hecho de ignorar que no solo somos artífices de un futuro a ser construido, sino que además estamos marcados por la historia heredada. De modo que la gran pregunta no está únicamente relacionada con las sociedades alternativas que debemos imaginar. Al mismo tiempo, debemos interrogarnos sobre la forma en que se pueden llevar a cabo esos sueños en medio de la sofisticación de los mecanismos de poder que hacen perdurar los regímenes de dominio. Efectivamente, esta primera sección debe entenderse como un marco teórico que reunirá algunos conceptos para ayudar a interpretar la utopía del Buen Vivir, y como un entramado de instrumentos que aportará algunas claves para su realización pragmática.

En lo específico, se acoge la propuesta de contraponer ideología y utopía, en la medida en que se acepta que la ideología es el medio más útil para mantener el estado de cosas, y por lo tanto, la fuente de significaciones más rica para la elaboración de cualquier utopía. De hecho, no se escogió iniciar por la descripción detallada de los contenidos del Buen Vivir, sino por un plexo abstracto de conceptos que reúne algunas categorías que ayudan a guiar la discusión a lo largo de la investigación. El propósito es evitar la candidez que supone hablar de transformaciones y cambios en la sociedad, sin atender primero la dificultad de desprenderse de los presupuestos ideológicos recibidos del pasado.

En el segundo capítulo se intenta desandar el camino que nos ha conducido a la crisis de la civilización. Particularmente se abordan las ideologías modernas instituidas como discursos de verdad, cuyos contenidos mantienen las soluciones a los problemas de hoy, cautivas en un círculo vicioso y sin alternativa de escape. El objetivo, por un lado, es comprender las causas estructurales y las enfermedades sistémicas que hacen que los problemas se reproduzcan y se perpetúen a sí mismos; y por el otro, contribuir a liberar el campo discursivo de las ideologías modernas, para ayudar a que las alternativas utópicas se mantengan alejadas de la cercanía de los regímenes de verdad y las prácticas modernas. Es importante tener en cuenta que la crítica que se hará durante todo el capítulo, parte desde una perspectiva de civilización diferente, la cual, en palabras de Guillermo Bonfil Batalla (1991:84), pone en el centro de las críticas las premisas fundadoras y los caminos propuestos o recorridos, "porque cuestiona en primer término el punto al que se quiere llegar".

Atendiendo el marco teórico presentado en la primera parte, en el tercer capítulo se presenta el Buen Vivir como una utopía, la cual se mantiene en una dialéctica constante con la crítica a las ideologías de la modernidad desarrollada en el capítulo 2. Inicialmente se exponen los principios epistemológicos de la relacionalidad de todas las cosas, la complementariedad, la reciprocidad y la ciclicidad de la temporalidad. En esa sección se intenta hacer una tematización de algunos presupuestos ontológicos y epistémicos alternativos, inspirados en las racionalidades vivas de algunas sociedades rurales latinoamericanas, para luego mostrar cómo los mismos podrían aterrizarse en algunas propuestas políticas específicas. En particular, se discuten las reformas que hasta el momento se han emprendido en Ecuador y Bolivia, y se debaten algunos de los desafíos que la utopía ha debido enfrentar en la práctica.

Durante el cuarto capítulo se hace una genealogía del Buen Vivir, con el fin de encontrar la historia de las ideas que nutren su discurso. En este apartado utilizo la metodología de la arqueología de Michel Foucault, la cual, en términos muy generales, consiste en encontrar los entrecruzamientos de acontecimientos y enunciados de orígenes aparentemente distintos, que explican la emergencia de una práctica discursiva. La hipótesis de trabajo consiste en que el tema de la no asegurada supervivencia de la especie humana en el planeta a causa de la degradación ambiental antropogénica, es el eje que articula diversos enunciados de orden muy diferente, pero que pueden rastrearse con relativa facilidad en el pensamiento occidental. En efecto, se plantea que el quiebre del discurso utópico surgió en el periodo comprendido entre 1985 y 1995, aunque sus enunciados se siguen de diversas situaciones acaecidas durante todo el siglo XX.

Se analizan de manera específica los entreveramientos del miedo a la autoextinción de la humanidad por el holocausto nuclear; las evidencias científicas en torno a la degradación ecológica; el derrumbamiento del bloque socialista; el crecimiento del movimiento indianista en Latinoamérica y la "etnización" de su discurso; el renacimiento de los mitos occidentales del milenarismo, el Jardín del Edén y la Edad de Oro; la actualización de las utopías rurales, y la transformación del paradigma científico y las correspondencias con las filosofías de los pueblos no occidentales.

Aunque parezcan acontecimientos de un orden enteramente diferente, se mostrará cómo el Buen Vivir puede remitirse a las interrelaciones de todos esos sucesos, para que al final se pueda hablar con los enunciados políticos con los que hoy la utopía está hablando. El propósito en esta parte es mostrar que las *utopías en la era de la supervivencia* responden a una época específica, y que sus soluciones atienden a todo un entramado de situaciones de un orden mayor, con las cuales se proponen caminos alternativos para tratar de cambiar el rumbo suicida en el que nos encontramos.

En el quinto capítulo se explica la manera en que el discurso del Buen Vivir se sitúa en el contexto de los debates de la globalización contemporánea. En concreto, se discute como el recorte en la percepción de la temporalidad lineal e infinita orientada hacia el futuro, incide sobre las fuentes de inspiración de los nuevos discursos utópicos, y las respuestas en las acciones colectivas de los movimientos sociales latinoamericanos en el marco del neoliberalismo. Posteriormente, se expone la ubicación de este proyecto en el contexto de la crisis del capitalismo y el descrecimiento de los discursos del "desarrollo", aunque también se plantea la sospecha de si discursos como éstos son un instrumento útil al sistema mundial de poder. Se retoman las críticas de varios autores frente a lo que ellos han llamado despectivamente el "pachamamismo", y se advierte sobre los perjuicios que dichos discursos podrían estar generando en los pueblos históricamente oprimidos y subordinados.

Finalmente, como una forma de concluir, se bosquejan algunas reflexiones sobre los retos que un proyecto de este tipo tiene que afrontar durante el paso del discurso a la acción. Ahí se retoman los postulados presentados a lo largo de la investigación y se arguye que las transformaciones anheladas por la utopía del Buen Vivir, deben hacerse directamente sobre los símbolos de la cultura, lo cual implica una revolución total de los fines mismos de la educación, así como de los contenidos y formas del aprendizaje. Las conclusiones se enfocan en la dirección en que podrán introducirse cambios en las legislaciones, reformas económicas o políticas, aunque se deja claro que mientras no transformemos los presupuestos ontológicos que hemos heredado de la modernidad, no estaremos a la altura de una transformación como la que requiere una *era* en la cual se determinará nuestra permanencia en el planeta.

1. LA CIRCULARIDAD ENTRE IDEOLOGÍA Y UTOPÍA

> *Cuando se derrumban los ídolos es tiempo de autocrítica. Y cuando se derrumban hasta sus cimientos ha sonado la hora de revisar sin clemencia los fundamentos mismos de nuestro proyecto.*
>
> Armando Bartra
> *La llama y la piedra*

En este primer apartado se desarrollarán los supuestos teóricos que guían esta investigación. En términos generales, se argumentará porqué es mejor interpretar la utopía a partir del examen de la ideología, y la razón por la que ambos conceptos funcionan como opuestos dialécticos. La idea es acercarnos al entendimiento de cómo construir utopías posibilistas, atendiendo la sofisticación de mecanismos por los cuales es tan difícil emanciparnos de la racionalidad[1] con la que cotidianamente aprehendemos la realidad social y obramos con cierto grado de significación dentro del orden vigente. Pido a los lectores seguir de manera muy atenta las explicaciones que se darán en el presente capítulo, puesto que conformarán la base conceptual de los siguientes.

Para comenzar, es necesario que comprendamos a la sociedad como una red estructurada en términos de sentido, manifestaciones y sistemas simbólicos. Lo anterior quiere decir que los seres humanos, en nuestra intrínseca y constitutiva característica de seres sociales, estamos inmersos en tramas de significación que hemos elaborado colectivamente. Diferenciándonos del resto de los animales, hemos construido, por medio de la relación social, diversos símbolos que nos sirven como recetas, mapas, patrones o instrucciones para orientarnos en el mundo y guiar nuestra conducta (Geertz, 1991). Dichos simbolismos nos ayudan a comprender, interpretar y explicar nuestro mundo, y dar

---

[1] En la medida en que la noción de *racionalidad* es central en el presente trabajo, me adelantaré a definirla no como un asunto inherente a la razón, sino como una manera particular en el que un grupo perteneciente a una cultura concibe la realidad y se ubica significativamente en el mundo que le rodea. Mucho más que un asunto de pensamiento, tiene que ver con la manera como se siente, se vive y se construye la realidad (Estermann, 1998).

sustento a una determinada racionalidad del qué, cómo y para qué hacemos las cosas.

Los procesos semióticos que dan sentido a nuestras acciones han sido hilvanados intersubjetivamente por medio de la interacción y comunicación con otros sujetos con quienes entretejemos múltiples significaciones de la vida, y aprehendemos e interpretamos sus abigarradas estructuras de sentido. Es decir, los seres humanos nos encontramos vinculados unos a otros en nuestras actividades cotidianas, y a partir de la permanente interrelación, elaboramos conjuntamente símbolos como esquemas para organizar nuestros procesos sociales y psicológicos. Una primera y fundamental conclusión de lo anterior consiste en que la naturaleza del pensamiento humano no es un asunto privado, ni un proceso que se desarrolla en la cabeza de alguien de manera individual, por el contrario, es un asunto social y público, un complejo entreverado de significaciones expresadas en sistemas simbólicos colectivos (Schutz, 1974; Geertz, 1991).

La concepción de la sociedad como obra de sujetos humanos que constituyen un mundo significativo dependiente del lenguaje como principal medio de acción intersubjetiva, permite romper con las nociones de las filosofías clásicas de la conciencia,[2] las cuales parten de sujetos autárquicos, autónomos y meditativos aislados en un mundo solitario. Lejos de ello, la interpretación sociológica en la que se apoya esta investigación entiende que somos parte de un colectivo con el que interactuamos por medio de la comunicación lingüística. Justamente en este punto se puede encontrar el quiebre con las teorías de la conciencia, pues el lenguaje usado para comunicarnos es utilizado también para pensar y emitir nuestros puntos de vista. De manera que el sistema del lenguaje dentro del cual desempeñamos nuestras funciones de pensamiento, antes de ser apropiado para "hacernos conscientes", ha sido un instrumento público elaborado intersubjetivamente. La conciencia, en consecuencia, es inseparable del lenguaje, porque incluso la comprensión de cada uno de nosotros está conectada integralmente con el colectivo (Wittgenstein, 1988).

Como sugería Martin Heidegger (1971), estamos en el mundo de las significaciones lingüísticas que anteceden a toda comprensión. Existimos dentro de horizontes y limitaciones del lenguaje del cual dependen nuestras posibilidades de interpretación de la realidad. Así, es la estructura lingüística la que hace posible la comprensión, puesto que todo lo conocido está mediatizado y antecedido por las posibilidades de la lengua de la que somos parte. Según se ve, el pensamiento está dialéc-

---

[2] Me refiero a las teorías de la conciencia en las versiones de Descartes, Kant, Hegel y Marx.

ticamente relacionado con el lenguaje y procede de imaginarios colectivos significativos consolidados en racionalidades y lógicas morales que ayudan a guiar nuestras acciones. Sabemos que nadie podría actuar sin ideas y sin moral, puesto que constituyen condiciones fácticas de nuestra vida. Sin embargo, no pensamos, o por lo menos no fundamentalmente, por nosotros mismos; estamos predispuestos a hacerlo de acuerdo con la cultura y estructura lingüística a la cual pertenecemos.

Aceptar que el pensamiento no es un fenómeno individual, que opera fundamentalmente dentro del cráneo de alguien de manera privada, sino que está indisolublemente vinculado a nuestra historia social y nuestro lenguaje, nos ayudará a comprender la heterogeneidad de arquetipos ideológicos utilizados para que las personas reproduzcan un determinado *statu quo*, pero también, los caminos que debería recorrer toda utopía que no quiera cimentarse en los mismos símbolos culturales sobre los cuales se sustenta el sistema que se quiere superar.

Para lograr estos objetivos, en este primer capítulo me apoyaré en la filosofía hermenéutica y fenomenológica, específicamente en las conferencias sobre *Ideología y utopía* dictadas por Paul Ricoeur (2008). Creo con este filósofo, que juntos, ideología y utopía, conforman un círculo dialéctico que tipifica la imaginación social y cultural de la sociedad. Abordaré primero las nociones de temporalidad e historicidad en Heidegger para interpretar esta relación dialógica. Posteriormente se delinearán las tres funciones de la ideología: la *deformación* de las estructuras simbólicas colectivas, la *legitimación* del *statu quo* y la *integración*. Para la primera, me concentraré en el pensamiento de Karl Marx; en la segunda, me apoyaré en Max Weber, Michel Foucault y Pierre Bourdieu, y la tercera será analizada a través de la antropología simbólica de Clifford Geertz, y los estudios sobre la metáfora de Ricoeur. Por su parte, describiré las funciones de la utopía: como alternativa al poder y exploración de lo posible en tiempos de crisis. Para ello me respaldaré principalmente en Karl Mannheim y en los aportes de la temporalidad heideggeriana.

* * *

Como análisis preparatorio para abordar la circularidad entre ideología y utopía, iniciaré por describir la concepción de la temporalidad expuesta por Heidegger (1971:253 y ss.) en la segunda sección de su obra *El ser y el tiempo*. Además de considerar que aquí se encuentra la más genial, original e inspiradora aportación con respecto a la temporalidad, este trabajo nos permitirá entender con mayor claridad el análisis que guiará la posterior interpretación histórica en torno a la inseparabilidad, complementariedad y dependencia entre estos dos conceptos, pero sobre todo, la propuesta teórica que realizaré en torno a la utopía.

Para Heidegger existe una concepción vulgar del tiempo, la cual hace referencia a lo que conocemos como "pasado", "presente" y "futuro", es decir, lo anterior, actual y posterior, respectivamente. Se trata de una forma de interpretar el tiempo como una sucesión continua de *ahoras*, medibles y calculables. Es una visión irreversible, en la medida en que lo que fue, ya pasó; es un pasado muerto que ya no volverá a ser. El futuro está por venir más adelante, aunque aún no se ha vuelto real; llegará a ser después, en algún otro momento. El presente es lo único existente y palpable; una secuencia constante de instantes, que van pasando infinita y linealmente uno tras otro. Imaginado así, lo que ya pasó es pasado: corresponde a lo que ya no es, mientras que lo que vendrá, será futuro, hace referencia a lo que todavía no es. En definitiva, anterioridad y posterioridad se encuentran separados, el uno del otro, por el límite del presente. Este tiempo mundano se presenta como una multiplicidad de momentos; un flujo permanente, ininterrumpido de secuencias de *ahoras*, que transcurren uno tras otro, como curso continuo e indetenible del tiempo.

Las consecuencias de esta concepción temporal irreversible, lineal e infinita de un tiempo cuya primacía está en un presente desligado del pasado y del futuro, residen, en primer lugar, en el hecho de estar permanentemente *esperando* lo que va a venir. Es un tiempo que no surge, sino que simplemente pasa, como algo ajeno e impropio. Se está a la expectativa de los instantes, los cuales no se hacen ad-venir, sino que son un destino que está por-venir. El problema de estar a la expectativa de que ocurran las cosas, es la incapacidad de elegir por sí mismo, lo cual conlleva a permanecer en un estado permanente de irresolución, esperando que sea el destino el que tome las decisiones. En segundo lugar, como cada *ahora* que pasa, es un *ahora* que desaparece, se está en un continuo *olvidando*. En cuanto el pasado ha quedado a la zaga y se ha vuelto irreconocible, la consecuencia resulta en una actitud de volcarse en la búsqueda de lo nuevo, de lo que se dice que hay que hacer, en una presurosa avidez por las novedades, en una exploración constante por un presente desprendido del pasado.

En contraposición al tiempo vulgar, Heidegger plantea un *tiempo original*, en el cual se pone en evidencia un entrelazamiento entre las tres dimensiones de la temporalidad. No existe pues, una disyunción entre ellas. El acento acá no se encuentra en el *ahora*, como instantes que pasan y vienen constantemente, sino en un *advenir* que acontece hacia el presente. No es algo que llegará a ser, como ocurre con la concepción vulgar del futuro; hace referencia a la capacidad de hacer que ocurra, de poderse proyectar hacia las posibilidades más propias, aspecto que contrasta con el estado de expectativa característico del tiempo impropio. Por su parte, el pasado, es remplazado por la noción del *haber sido*, entendido como un antes que aún continua presente. Tal temporalidad recorre un movimiento circular, puesto que el *advenir* retroviene hacia el *haber sido*, lo que permite abrir las posibilidades.

La idea radica en proyectarse, escoger las propias posibilidades y no esperar a que ellas lleguen solas. No es una cuestión de esperanza, expectativa o anhelo. Se trata de elegir y decidir, de resolver la existencia por sí mismo.

Sin embargo surge una pregunta, ¿de dónde se originan las posibilidades sobre las cuales proyectarse? Heidegger responde: del *haber sido*; es decir, de un "pasado vivo" que no ha dejado de ser. En la proyección se determina lo que debe ser conservado, pero también lo que debe ser ignorado u olvidado. Así las cosas, la historia tiene la función de abrir el pasado, retroceder hacia sí mismo para hacer surgir las posibilidades y gestarse históricamente. En consecuencia, resolverse de manera colectiva como comunidad, significa volver hacia su *haber sido,* hacia su tradición y herencia y producirse a sí mismos en su *advenir*. No se trata de ninguna manera de abandonarse a su pasado ni apuntar exclusivamente hacia el futuro. El sentido histórico sirve para resolverse, abrir lo posible y proyectarse, lo que quiere decir no esperar o estar a la expectativa, sino gestarse a sí mismo. Consiste en un movimiento circular a partir del entrelazamiento de las dimensiones temporales.

Esta difícil, pero lúcida concepción heideggeriana de la temporalidad, permitirá comprender la dialéctica entre ideología y utopía, pues como se expondrá, cada uno de estos conceptos actúa en un particular orden temporal: mientras que la ideología intenta legitimar el estado de cosas existente, la utopía explora lo posible, aconteciéndolo hacia el presente. En este punto me apoyo en Mannheim (1987) quien rechaza el modelo que opone la ideología frente a la realidad y alude, en cambio, a confrontarla con la utopía. Tal aseveración surge del hecho de que la utopía tiende a destruir el *statu quo*, en tanto la ideología preserva y justifica lo existente. Al punto que quiero llegar es que el pensamiento utópico recorre la misma tendencia del *tiempo original*, en cuanto proyecta el advenir, volviendo hacia la ideología para criticarla, haciendo emerger sus propias posibilidades. Regresaré al tema con mayor profundidad hacia el final del capítulo cuando se discuta la temporalidad propia de la utopía.

* * *

Habíamos comenzado este capítulo aceptando que los grupos humanos se explican su mundo por medio de la elaboración de símbolos compartidos, los cuales operan como "guías" para dar sentido a su existencia, razón por la cual la ideología funcionaría como un entramado simbólico que preserva la integridad social, pues hace aparecer legítimas las instituciones en las que se vive (Geertz, 1991). Entendido así, no existe posibilidad de llegar a un estado no ideológico de la realidad porque la realidad social sería incomprensible sin una estructura simbólica. "La única forma de salir –advierte Ricoeur (2008:203)– es tomar una utopía, declararla, y juzgar una ideología sobre esa base".

Precisamente, lo que haré en el segundo capítulo es asumir el Buen Vivir como utopía, y a partir de ahí, hacer una crítica radical hacia el pensamiento occidental de la época moderna. Hacer esta declaración, siguiendo a Gadamer (1988), es poner en evidencia mis propios prejuicios, pues, como dice el autor, en todas las ocasiones tenemos opiniones previas antes de hacer una interpretación. Corresponden a presupuestos que actuarían de todas formas, incluso si no los hiciéramos conscientes. Expreso, entonces, mi posición a favor de la utopía del Buen Vivir.

Heidegger asegura que no existe un saber objetivo, trasparente o desinteresado sobre el mundo; no somos observadores imparciales, ni existe una separación entre un *sujeto* autónomo que observa los fenómenos, y un *objeto* a ser comprendido que se ponga en frente de él. Ambos, en cuanto entes históricos, son parte del mundo, lo que impide observar neutralmente la realidad. De modo que cualquier conocimiento está precedido por determinados prejuicios que orientan, pero también limitan nuestra comprensión. Por eso, hacer consciente mi prejuicio a favor de la utopía del Buen Vivir ayudará a la presente investigación a salirse del círculo en el cual suelen sumirse las ideologías.[3]

Con lo anterior también estoy siguiendo a Mannheim (1987), quien sostiene que el criterio para juzgar lo que es ideológico depende del cuestionamiento hecho por la mentalidad utópica, en la medida en que siempre es esta la que define lo que es y lo que no es ideológico. A la inversa, y dialécticamente, la utopía es también criticada por la ideología, pues los grupos y culturas defensoras del *statu quo* llaman a todo pensamiento que cuestiona el orden existente como un sueño imposible e irrealizable. Los criterios para determinar lo realizable o no, están suministrados por los representantes de las agrupaciones y culturas he-

---

[3] El círculo al cual me refiero, consiste en un problema tradicional del concepto de precisar qué es lo que no es ideológico de lo que sí lo es. El inconveniente se presenta en la medida en que, poco a poco, todo se va volviendo ideológico, hasta el punto de no saber si la crítica ideológica es ella misma ideológica.

gemónicas, sin importar si se trata de una utopía absoluta, ficticia en toda circunstancia, o de una utopía que solamente no puede llevarse a cabo desde un orden determinado. Sin embargo, en defensa de la utopía afirmo junto a Mannheim, que esta no es simplemente un sueño, sino un sueño que indispensablemente aspira a realizarse.

La utopía tiene la inconmensurable labor de reescribir la vida, de ayudarnos a cuestionar y repensar la vida en sociedad, nos ayuda a evitar la realidad como algo natural, inquebrantable, inmodificable y sin alternativa. En consecuencia, la utopía está siempre en proceso de realizarse, lo que contrasta con la ideología, la cual no tiene el inconveniente de la ejecución, porque, precisamente, su principal función es legitimar el orden existente (Ricoeur, 2008).

Es justo en el poder, y su consecuente legitimación, el punto de intersección entre los dos conceptos. La utopía afronta el problema de la autoridad, cuestionando el orden establecido, emprendiendo esfuerzos por ofrecer alternativas y remplazarla por algo diferente. Entretanto, lo que pretende la ideología es legitimar el poder por medio de la elaboración y repetición de discursos que se autoconstituyen en verdades incuestionables.

Ahora bien, los dos conceptos dan cuenta de un aspecto negativo y otro positivo, una dimensión patológica y otra constitutiva. En ambos casos, el fenómeno nocivo aparece antes que el elemento integrador. La ideología, por un lado, conlleva a ciertos procesos de deformación y legitimación, en virtud de los cuales se enmascaran ciertas estructuras de poder a través de diversos dispositivos de dominación. Por el otro, la utopía tiende a proyectarse en el futuro con lo cual elude su responsabilidad en el presente, así como puede convertirse en una doctrina dogmática e intolerante frente a otro tipo de pensamientos divergentes. En cuanto al papel positivo, la mejor función de la ideología es conservar la identidad de una colectividad, mientras que la de la utopía es su capacidad de explorar lo posible. Dice Ricoeur (2008:326) que lo que debe intentarse es:

> ...tratar de curar las enfermedades de la utopía por lo que hay de saludable de la ideología y tratar de curar la rigidez, la petrificación de las ideologías mediante el elemento utópico... En última instancia... lo que debemos hacer es dejarnos atraer por el círculo y luego tratar de convertir el círculo en una espiral.

Me detendré para describir, con algún nivel de detalle, las funciones de la ideología, comenzando por su capacidad de *deformar* los entramados simbólicos colectivos, para luego esbozar su rol en la *legitimación* del orden existente, y culminar en el papel positivo relacionado con la *integración*.

El proceso ideológico

La noción predominante de ideología en Occidente surge de los textos del joven Marx, razón por la cual su obra será nuestro primer eje de análisis. De acuerdo con la exégesis hecha por Ricoeur (2008) el concepto empieza a delinearse en la *Filosofía del derecho de Hegel* y los *Manuscritos económicos y filosóficos de 1844,* aunque no será mencionado y desarrollado sino hasta la *Ideología alemana.* En este último trabajo la ideología es descrita como una representación imaginaria opuesta a lo real. Marx procura demostrar la ilusión que supone una revolución basada únicamente en conceptualizaciones teóricas como había sido concebida por los jóvenes hegelianos.[4] La crítica contra ellos consiste en que es una falsedad argumentar que para modificar la vida de las personas basta con cambiar sus pensamientos. Según la escuela filosófica neohegeliana, la historia es obra de las ideas y no resultado de la acción y la vida de individuos reales. Aparece entonces una inversión, pues se olvida que los pensamientos son una producción derivada de la actividad material cotidiana de los seres humanos. Tales afirmaciones son ideológicas, asegura Marx junto a Engels (1958), porque *deforman la realidad* mediante una representación imaginaria de la praxis. Lo que tiene Marx en mente, cuando se refiere a la ideología, es algo similar a un espejo mágico, el cual proyecta un reflejo distorsionado de un objeto puesto frente a él.

En la *Ideología alemana* lo ideológico se opone a la realidad y no a la ciencia como ocurre con el Marx maduro. La dicotomía no está entre lo falso y lo verdadero, sino entre lo real y su representación (Ricoeur, 2008). Ciertamente, el concepto de ideología durante muchos años fue discutido sobre la base de la verdad o la falsedad de ciertos contenidos de conciencia; particularmente, sobre el carácter ilusorio de una clase social con respecto de sí misma. De acuerdo con esta conceptualización, un trabajador asalariado, por ejemplo, adopta una conciencia que no concuerda ni con sus intereses individuales ni con los de su clase, sino con los intereses de la clase burguesa. Esta aseveración tiene el inconveniente de que entra en contradicción con la hipótesis según la cual solo pensamos dentro de los límites de nuestro lenguaje y, por consiguiente, no habría una actividad de la conciencia esencialmente

---

[4] Los jóvenes hegelianos –Feuerbach, Bauer, Strauss y Stimer– constituían un grupo de izquierda seguidor de la filosofía de Georg Hegel. Los representantes de esta corriente aseguraban que el Estado prusiano reposaba toda su legitimidad en la religión. Marx y Engels escribieron *La ideología alemana* con el propósito de contradecir sus ideas.

privada como el marxismo le pretendía adjudicar al trabajador. Con Ricoeur quiero partir entonces, del primer modelo marxista en el cual se opone ideología frente a la realidad, e intentaré apartarme del concepto de "la falsa conciencia".

Sin embargo, es necesario hacer un fundamental ajuste a la idea del joven Marx, puesto que en el modelo que opone ideología y realidad, se encuentra el problema de que la realidad no es algo inmanentemente dado. En la filosofía occidental ya David Hume (2001), desde 1739, consideraba a la realidad como un flujo constante de percepciones que la imaginación ordena de diferentes modos, pero que no se derivan de elementos dados; sino creados y producidos por la imaginación. No existen percepciones reales de los objetos, sino representaciones; en consecuencia, todo sentido de lo real es obra de la imaginación. Friedrich Nietzsche (1996), en concordancia con Hume, aseveraba que no existen verdades en sí mismas, sino metáforas de las cosas, representaciones de las cuales hemos olvidado que han sido creadas para relacionarnos con el mundo. Por lo que sigue, debemos rechazar el sustancialismo de la aparente falsedad o veracidad de una única apreciación virtualmente real. Si esto fuera así, frente a dos percepciones diferentes del mundo tendríamos que decidirnos por una correcta y otra incorrecta, y para ello apelaríamos a medir con la medida de la percepción correcta, una medida con la que ciertamente no disponemos.

Efectivamente, la tradición positivista ha hecho creer que la existencia de las cosas es independiente de nosotros como sujetos, y que podemos conocer el mundo *como es,* por medio de la percepción y la razón. El conocimiento, según esta doctrina, consiste en acceder a la realidad mediante la separación de nosotros como individuos del resto de los entes. Se trata de la separación *sujeto-objeto,* edificio cartesiano sobre el cual se ha construido la mayor parte de la ciencia moderna. El positivismo ha supuesto que la existencia de todo lo que nos rodea tiene lugar de manera autónoma respecto de quien las observa, por lo que el saber radicaría en acceder a una especie de espejo que refleja la realidad tal cual como ella es (Rorty, 1983). Al decir de Heidegger (1971) o Maurice Merleau-Ponty (1957), el problema de esta perspectiva radica en que el conocimiento es inseparable de nuestros cuerpos, nuestro lenguaje y nuestra historia social. Es imposible separarnos del mundo en el que nos encontramos para observar, describir, o reflexionar acerca de un medio en el cual siempre habremos estado inmersos.

Así pues, el acto de conocer es dependiente de nuestra historia corporal y social; surge de un vínculo entre el conocedor y lo conocido, lo que significaría que tanto *sujeto* como *objeto* se encuentran en una relación recíproca; emergen conjuntamente (Maturana y Varela, 2003).

Esta posición fenomenológica ha encontrado respaldo en las investigaciones neurofisiológicas sobre el funcionamiento del cerebro y la cognición.[5] Particularmente ha sido esclarecedor el entendimiento acerca de la percepción de los colores por el campo visual. En efecto, ha sido documentado que la sensación del color percibido por una persona es independiente de la longitud de onda de la luz reflejada por un *objeto*. En la cotidianidad estaríamos tentados a asumir que tal cual vemos los colores, son como ellos realmente son, sin embargo, moderaremos esta aseveración si recordamos que otras especies animales, durante su evolución, han desarrollado distintos mundos cromáticos en comparación con el nuestro (Varela, 2000). Por lo tanto, como advertía Nietzsche (1996), preguntar si mi percepción del color es la verdadera, o bien la de la paloma, o la del insecto, es un cuestionamiento que carece por completo de sentido, porque el color no es un espejo de las propiedades de la naturaleza, sino un mundo que es relevante para cada especie y que, a su vez, es absolutamente inseparable de su vivir. Nuestra percepción del mundo no coincide con un estándar exterior previamente dado, sino que más bien, es una de las muchas percepciones posibles formada junto con nuestra historia evolutiva. Las capacidades cognitivas dependen de una historia que es vivida: hace muchos mundos en lugar de reflejarlos, trae a un primer plano, creativamente, un universo de diversas significaciones (Varela, 2005; 2000).

Dada la inseparabilidad de la percepción y la historia corporal de los seres vivos, tenemos que asumir que toda aprehensión en el ser humano, en cuanto organismo biológico, es dependiente de su lenguaje. Y esto es así porque la lengua ha sido parte constitutiva para la especie por cerca de dos millones de años.[6] Es la herramienta que utilizamos para referirnos a nosotros mismos, o a cualquier otra cosa. Por ejemplo, el rojo como lo percibimos, no es rojo en sí mismo, ni es una recuperación visual de las características intrínsecas de un *objeto*. Es el ordenamiento de un mundo que aparece en el pensamiento, precisamente, gracias a la lengua a la que pertenecemos. La realidad, por lo tanto, no podría ser algo objetivo y pre-dado, sino tan solo una explicación a nuestra experiencia cotidiana que acontece dentro de un discurso lingüístico; consistiría en un argumento, en una proposición interpretativa del mundo en el que vivimos (Maturana, 2009).

---

[5] Aunque también se le debe mucho a los aportes de la mecánica cuántica.

[6] Entre otras razones, los cambios cerebrales en los homínidos tempranos fueron posibles gracias al desarrollo del lenguaje. Por eso los seres humanos existimos por y a través del lenguaje, el cual, cabe mencionar, no es un privilegio exclusivamente humano. También muchas otras especies animales como los delfines, ballenas o primates, tienen su propio sistema de comunicación lingüística (Maturana y Varela, 2003).

Ahora bien, veíamos con Geertz que siempre hay una mediación simbólica en la relación entre nosotros y el mundo que aprehendemos. Para Nietzsche esa mediación es una metáfora con la que comienza toda percepción. En todo caso, es siempre necesario un elemento intermediario en nuestra relación con lo demás, aunque debe insistirse, en que esos símbolos que mediatizan el conocimiento no están en la mente de forma individual, ni corresponden a operaciones psicológicas personales. Forman parte de significaciones colectivas descifrables por los demás actores de la sociedad.

Finalmente el punto al que quiero llegar es que aquello deformado por obra de la ideología no podría ser la realidad misma como planteaba el joven Marx, sino *sus representaciones simbólicas*. Es la estructura que media lo que queda distorsionado. Son las metáforas y representaciones, las explicaciones que necesitamos para darle sentido a todas las cosas, la base sobre la cual actúa la ideología.

De acuerdo con todo lo antes dicho, la ideología operaría socialmente, es decir, sobre grupos que comparten una cultura determinada. Si aceptamos que los sistemas simbólicos son constructos públicos entretejidos de manera intersubjetiva a través de la interacción comunicativa, podría deducirse que la deformación actuaría sobre el entramado de símbolos colectivos –y no sobre la realidad–, de modo que la imaginación como elemento ordenador de las percepciones sociales quedaría distorsionada. Una consecuencia importante se hace manifiesta: si los símbolos primarios son deformados, del mismo modo se deforma su significación. El sentido originario queda alterado; la información que proveía la estructura simbólica resulta perturbada. Lo que antes significaba una cosa, a través de la ideología, termina convertida en otra distinta. Es un fenómeno en el que el colectivo ve lo mismo, pero a través del cambio, interpreta de modo diferente.

Valgámonos de la expresión *recurso natural* como ejemplo para hacer claridad en este asunto. Se trata de una connotación utilitarista y antropocéntrica por la cual el concepto de naturaleza aparece como existencia y reserva; una suerte de activo para resolver las necesidades de la humanidad. Indudablemente, es una locución con un fuerte contenido simbólico que produce un efecto de distorsión, en virtud de la cual, se está frente a la naturaleza, pero se aprehende de manera instrumental. Para Ricoeur (1995a) un *símbolo* siempre refiere su elemento lingüístico a alguna otra cosa, y en este caso, el término transfiere el sentido hacia un *medio para* satisfacer los requerimientos –y ambiciones– del ser humano. Sin embargo no siempre fue así, puesto que no podría haber deformación si no existiera una significación original que pudiera ser deformada (Ricoeur, 2008). Según veremos con detenimiento en el próximo capítulo, la transfiguración se consolida en la modernidad gracias al método científico, pero hace parte de un proyecto inacabado que podría remitirse a los orígenes de la institución patriarcal. De todas maneras, si la naturaleza era antes un *ser* sagrado dotado de alma y vida, lo que hoy representa es una vulgar despensa llena de materias primas para la industria moderna.

En contraste con la anterior configuración que domina en la mayor parte del pensamiento contemporáneo, en muchas culturas indígenas de América aun el entorno se concibe como la Madre Tierra, comparación con la cual pretendo ilustrar que podemos estar frente a lo mismo –en este caso la naturaleza–, pero la mediación simbólica de interpretación –recurso vs. Madre– cambia radicalmente. Mediante este ejemplo podría comprenderse que el simbolismo, y no la realidad, es lo que resulta deformado por la acción de la ideología.

Evidentemente al hablar de deformación existe un juicio ético. Un simbolismo originario que se considera laudable y que ha sido desfigurado por la ideología. Hay una posición según la cual lo que mediaba era mejor que la metáfora transformada. Pero si es así: ¿desde la posición de quien se define lo que es lo ideológico de lo que no lo es?, ¿por qué la posición del otro es la deformada y no lo es la mía? Es debido a estas preguntas que he aceptado la propuesta de Manheimm –posteriormente reinterpretada por Ricoeur– de oponer la utopía frente a la ideología, para ubicarnos dentro de una posición determinada –en este caso la utopía del Buen Vivir– y escapar así de tal contrasentido. No podemos suponer que existe una verdad absoluta, una realidad que nosotros conocemos de manera privilegiada pero que los demás ignoran debido a la acción de la ideología, en la medida que no existe un mundo pre-dado como ya se ha sugerido. Inexorablemente debemos aceptar nuestros prejuicios y juzgar lo ideológico desde la orilla de la utopía.

En todo caso, aun cuando la primera función de la ideología sea inherentemente despectiva y esté dirigida de manera pragmática contra los demás, más adelante se aceptará con Geertz, que nosotros mismos no podríamos prescindir de ella, porque es, en sí misma, constitutiva de "lo humano".

* * *

Si una ideología pretende distorsionar la representación imaginaria de nuestra relación con el mundo, es debido a la existencia de ciertos intereses que aspiran la aceptación del resto de la sociedad. En efecto, Marx y Engels (1958) aseguraban que una idea vinculada con un interés particular, por acción de la ideología, aparece como una idea universal. Desenmascarar una ideología, por lo tanto, significaría descubrir y poner de manifiesto la estructura de poder escondida tras de ella (Ricoeur, 2008). Lo que me dispondré atender a continuación son los mecanismos de operación de la ideología. Los dispositivos que emplea para deformar las *estructuras simbólicas* colectivas.

Se ha mencionado que nuestra percepción de la realidad se constituye a partir de la continua experiencia vivida, de nuestra historia evolutiva y social, pero también –y es lo que interesa por ahora–, de la elaboración simbólica surgida mediante la interacción lingüística. Los símbolos, como instrumentos de conocimiento y comunicación, hacen posible un supuesto consenso sobre el sentido del mundo. Sin embargo, las interacciones entre actores, de donde surgen el contenido y la significación simbólica, suelen ser asimétricas, lo cual quiere decir que los productos intersubjetivos son el resultado de una relación de poder. La sociedad, así vista, se formaría a partir de la articulación y combinación de luchas de fuerza por la legitimidad, por posicionarse preferencialmente para proporcionar el valor de cada *símbolo* y su correspondiente significado. El poder no sería así un privilegio adquirido o conservado por quienes dominan, sino el efecto de posicionarse de manera estratégica dentro del espacio social (Bourdieu, 1990). Por consiguiente, los grupos y culturas mejor ubicadas son las que imponen su discurso, en cuanto han adquirido la legitimidad simbólica de enunciar el mensaje y darle valor al mismo.

Es necesario pues un complicado trabajo en la transposición de intereses particulares a intereses universales para que los individuos subordinados actúen en consecuencia, por lo que hablar de poder presupone heterogéneos y complejos mecanismos por los cuales se producen los efectos de dominación. De acuerdo con Weber (1964) la dominación es la probabilidad de encontrar obediencia dentro de un grupo determinado. Esta dominación descansa en abigarrados y diversos dispositivos para lograr la sumisión pretendida. En un primer momento son necesarias acciones coercitivas, aunque no como represión, obligación y prohibición, sino más bien como coacciones sutiles, modestas y suspicaces, para que el grupo subordinado reproduzca por sí mismo su propia dominación (Foucault, 1996). No obstante, por más tenue que sea la coerción ella sola nunca es suficiente; es necesario lograr la *legitimación*: la validación por la cual un grupo considera justo, adecuado y cierto un orden determinado. En última instancia las dos dimensiones, tanto coacción como legitimidad, procuran conseguir la obediencia de un modo que las personas asuman y reproduzcan por sí mismas las condiciones de su propio sometimiento.

Foucault (2000) asegura que el triunfo del capitalismo sobre su pasado feudal implicó la imposición de un nuevo marco basado en la libertad, la igualdad y la democracia. Sin embargo la instauración final de esta nueva lógica ética y cultural tuvo que sustentarse en dispositivos disciplinarios, los cuales se multiplicaron en Europa a lo largo y ancho de los siglos XVII y XVIII. La sociedad disciplinaria por medio de instituciones como la escuela, la familia, la iglesia, el ejército, las fábricas, hospitales y cárceles, ejerce control en la conducta social, a través de tenues, finos y calculados elementos para engendrar hombres y mujeres dóciles, e integrarlos a la lógica del sistema económico de la producción capitalista. La idea es transformar multitudes confusas, inútiles o peligrosas en multiplicidades ordenadas; crear cuerpos fuertes para el trabajo, pero débiles y acríticos políticamente; originar una mentalidad reglamentada que convierta a los individuos en obedientes trabajadores. Para ello no es necesario recurrir a las armas, violencia física o coacciones materiales; por el contrario, se trata de ejercer el poder de la manera menos costosa y más discreta posible: "basta una mirada –dice Foucault (1980:18)– una mirada que vigile y que cada uno, sintiéndola pesar sobre sí termine por interiorizarla hasta el punto de vigilarse a sí mismo; cada uno entonces ejercerá esta vigilancia sobre y contra sí mismo".

Mediante la sujeción prolongada y el sofisticado mecanismo de ejercicio de poder de la sociedad disciplinaria, el colectivo constituye la norma social, hasta que finalmente sea la misma comunidad quien ejerza los actos coercitivos, condenando, rechazando, deplorando la transgresión a la convención, con mucha más fuerza de la que pudiera alcanzar cualquier forma de coacción jurídica. Wittgenstein (1988) ya enseñaba la imposibilidad de seguir una regla de manera privada. No podría una persona, por ejemplo, tener por su propia cuenta reglas privadas para la solidaridad, porque el colectivo lo corregiría. Efectivamente, es la agrupación social la que fija las reglas y solo si ella acepta su actuación, dicho individuo está siguiendo la regla. Solo mediante la sanción de otros es posible saber si se está o no infringiendo una norma determinada. Con todo, este supuesto consenso acordado de manera armónica para la convivencia comunal es, en muchas ocasiones, el resultado de la lucha de poder de grupos y culturas por proporcionar el valor significativo a los mediadores simbólicos de representación de la realidad. Muchas normas que se imponen a la conducta humana son el efecto de las posiciones estratégicas e intereses del grupo ganador, las cuales por medio de la coerción prolongada y la constante reproducción por parte de los dominados, se han convertido en una arraigada costumbre. En esta primera dimensión, la reglamentación de hábitos precisos se finca en un intrincado juego de coerciones, castigos y sanciones, por parte de una sociedad disciplinada.

La segunda dimensión del poder es la que ciertamente le concierne al presente análisis, puesto que lo que está en disputa en toda ideología es la *legitimación* del orden existente (Ricoeur, 2008). La legitimidad es la capacidad de un poder para obtener obediencia sin la necesidad de recurrir a coacciones. Tal obediencia, de acuerdo con Weber (1964), reside en la creencia respecto de la validez de un orden particular, en cuanto es la expresión de valores morales supremos. Precisamente, lo que busca el poder es que se ejerza la dominación sobre un colectivo con la anuencia del mismo, para que aun cuando exista conciencia sobre su condición, las mismas personas contribuyan a reproducir la eficacia de su opresión. Aquí es donde encontramos el objetivo central sobre el cual operan las ideologías: alcanzar la *legitimación* del orden para disminuir los costos que representa mantener su permanencia.

Lo que busca la ideología es establecerse como un discurso de verdad, que sirva a su vez para reproducir el poder. Según Foucault (1979; 1996; 1999) por verdad hay que entender el conjunto de ideas por las cuales se distingue lo verdadero de lo falso, lo bueno de lo malo, lo normal de lo anormal, lo que debe y lo que no debe hacerse. Hay una estrecha relación entre poder y saber, pues el poder necesita un discurso que legitime y permita el mantenimiento del dominio. De hecho solo es posible ejercer el poder legítimamente hasta que los subordinados liguen un discurso verdadero y justo a una respectiva autoridad y se constituya por sí mismo en incontrovertible. El binomio poder y saber se encarga de definir los enunciados que acoge y hace funcionar como ciertos y aceptados, pero también los mecanismos para sancionar cualquier otro tipo de discurso. Define las técnicas, procedimientos e instancias para obtener las verdades que le interesan al poder, además de delimitar el estatuto de quienes se encargan de decir lo que funciona como verdadero. El discurso ideológico pretende encontrar validez absoluta por parte del cuerpo social, de modo que su contenido se convierta en una especie de máxima que gobierne la conducta del colectivo. Lo que hace que el poder sea aceptado, es que no opera como una fuerza que dice no, que reprime, coarta o restringe; sino que produce formas de saber, discursos, rituales de verdad e induce placer. En definitiva, es mejor concebir el poder como una red productiva que como una instancia negativa que tiene la función de represión.

Justamente, la ideología asume todo su poder cuando se apoya dentro de un marco de motivación. No existe manera de prescindir de este elemento como estrategia de dominación (Ricoeur, 2008). Al hablar del concepto de motivación se hace referencia a las necesidades que inducen a la acción. El término abarca los casos en los cuales las personas tienen noción de sus intenciones, pero también aquellas ocasiones en las que su conducta está influida por fuentes no accesibles a su conciencia. En muchas ocasiones los individuos no son necesariamente conscientes de cuáles son sus intereses en las situaciones en las que participan (Giddens, 1987). Por obra de la ideología, muchas motivaciones, ideas y creencias aparecen como genuinas, cuando en realidad corresponden a una mezcla de información deformada que oculta ciertas estructuras de poder. Por ejemplo, el incremento de la cultura de consumo, que ha sido inconscientemente impulsado por el bombardeo de la publicidad, viene acompañado por la disminución de los precios de la comodidad y del lujo, aunque para adquirir dichos bienes suntuarios, las personas tengan que acordar, por medio de un contrato de trabajo, las condiciones de su propio sometimiento. Muchas libertades y gratificaciones que ofrece la sociedad llegan a ser, en sí mismas, instrumentos de la dominación (Marcuse, 1983).

Weber (1964) advertía que una de las condiciones para garantizar la legitimidad de un orden es la expectativa de algunas consecuencias benéficas de participar en dicho sistema. Corresponde a intereses materiales y consideraciones utilitarias que representan aparentes ventajas por parte de quien obedece. Por mencionar otro ejemplo, no es posible que el capitalismo funcione si antes no existe una creencia del valor de sus productos. Para que haya una disposición de participar en el campo económico es indispensable, en primer término, legitimar la importancia de participar en dicho juego (Bourdieu, 2007). En cualquier caso, una de las mejores formas de comprender cómo funcionan los órdenes de una sociedad es interpretar los marcos de motivación sobre los cuales se sustenta su legitimidad.

El resultado final es que, mediante los intrincados dispositivos de poder, las normas sociales y morales, el orden y su respectiva legitimidad, se arraigan como una vigorosa costumbre. Se convierten en una especie de receta que guía la conducta cotidiana. Alfred Schutz (2003) señalaba que en el curso de la vida, los seres humanos presuponemos nuestro mundo como real como un principio incuestionable de nuestra experiencia. Aceptamos el orden en el que hemos vivido y compartimos con otros, pues constituye la base de nuestro conocimiento. Nos guiamos por motivaciones pragmáticas y no necesitamos buscar nuevas soluciones cuando la explicación a un problema es satisfactoria de acuerdo con nuestros esquemas de referencia. La utilización eficaz de las recetas vuelve innecesario encontrar distintas alternativas para resolver los problemas, dado que podemos actuar como ya hemos actuado en otras circunstancias equivalentes. Así concebida, la ideología termina generando una habituación en las personas en cuanto crea un mapa para guiar el actuar cotidiano. En la vida diaria la fórmula es simple: si las representaciones que hemos recibido –así seamos conscientes de su deformación– sirven para explicarnos el mundo, no necesitamos de otras nuevas. Existe un prejuicio a favor de la tradición, un peso enorme de lo recibido del pasado; domina una ciega costumbre a un comportamiento tradicional dentro del cual interactuamos con otros, quienes también asumen lo dado como principio irrebatible dentro del cual se desenvuelven rutinariamente.

Estas habituaciones se incorporan en nuestros cuerpos en forma de disposiciones permanentes, como un principio inconsciente de acción, percepción y pensamiento. Se trata de un sistema de representación simbólica heredado de la pertenencia a un colectivo social con un determinado proceso histórico, con el cual se aprehende y se juzga la realidad. Al estar incorporado, parece innato, como un producto de los condicionamientos que tiende a reproducir las condiciones sociales de manera imperceptible. Por medio de lo recibido, se impone un modo de clasificar, sentir, experimentar la vida cotidiana. Programa nuestras prácticas, valores, creencias, y principios organizadores de la acción. Determina una racionalidad inmanente a un sistema histórico de relaciones sociales y condiciones económicas (Bourdieu, 1990; 1995; 2007). Según se ha venido asegurando, hablar de este sistema de disposiciones heredado significa plantear que lo individual, e incluso lo personal, es social. Da cuenta del hecho de que somos producto de la historia, de que nuestras ideas, valores, actos, emociones, y hasta nuestras sensaciones –como anotaría Wittgenstein– son productos públicos y culturales.

Tal dimensión de permanencia hace que nuestros hábitos sean muy difíciles de cambiar, puesto que los discursos aceptados, validados y constantemente reproducidos se convierten en costumbres mecánicas. Se trata de un dispositivo poderoso de dominación que terminamos absorbiendo como el aire, sin la necesidad de sentirnos presionados. Hay un vínculo muy potente que nos ata a la tradición, a la cultura y lenguaje que hemos recibido. Precisamente una de las ingenuidades de muchas utopías reside en el hecho de ignorar, con frecuencia, que somos producto de una herencia recibida, el resultado de un pasado adquirido y no solo actores activos de un presente que construimos. Es imprescindible además tener en cuenta la eficacia y sofisticación de los heterogéneos dispositivos de poder, dentro de los cuales los discursos ideológicos desempeñan un papel fundamental en cuanto proporcionan el entramado simbólico sobre el cual descansa el sistema social. En efecto, el fracaso de las utopías socialistas del siglo XX en gran medida puede deberse a que se constituyeron sobre la misma ética, epistemología y ontología economicista que suministra la estructura simbólica del capitalismo. Fueron establecidos sobre un idéntico sistema de representación de la realidad históricamente heredado.

Ahora bien, el círculo ideológico no pasa por el mismo punto de su comienzo como parece, es decir, gira a partir de la producción, reproducción y reinvención de discursos de verdad, pero no del imaginario primario distorsionado. Como señala Bourdieu, los productos simbólicos de representación son el resultado de la lucha de fuerzas entre grupos y clases, dado que en todos los juegos sociales existen ciertos intereses que hacen a la competencia y la disputa por la dominación un hecho casi inevitable. Sin embargo, el círculo ideológico no vuelve a transitar por la lucha que determinó la emisión de los enunciados de verdad. Una vez proporcionado el valor al *símbolo*, el ciclo ya no regresa a su origen. Conocemos la verdad incuestionable, la norma moral incontrovertible, pero solemos olvidar la situación histórica de la disputa. Y esto ocurre porque la ausencia del recuerdo es un elemento necesario para liberarnos de la carga que representa nuestro pasado. Ya Nietzsche (2000) advertía el peligro que significa para la humanidad el exceso de historia y de vivir siempre encadenada al pasado. La actuación del olvido histórico es indispensable para vivir el presente. Efectivamente, cuando Funes, el memorioso –el personaje de Jorge Luis Borges quien, producto de un accidente, era incapaz de olvidar–, intentó reconstruir un día entero de su vida, cada reconstrucción le tomó otro día completo. Funes enseña que el olvido es inevitable si no queremos cavarle una fosa a nuestro presente. Pero quizá lo más importante consiste en que la capacidad de olvido es un elemento ineludible para la felicidad. En la práctica, tendemos a excluir los conocimientos históricos perjudiciales, puesto que su evocación difícilmente nos proporcionaría alivio. Es más fácil estar en un estado de anestesia permanente que subsistir atados a nuestras reminiscencias.

De modo que es una necesidad humana olvidar todo aquello que nos provoca angustia, todo lo que va en contra de nuestros principios incontrovertibles; ignorar el peso del pasado que no podemos cargar sobre nuestras espaldas. La ideología, justamente, conlleva a tal evasión histórica, a crear mecanismos de resistencia frente a todo hecho que amenace ciertas verdades que aparecen como incuestionables. La evasión es un poderoso instrumento frente a nuestra incapacidad de explicarnos el mundo y ante el desasosiego que ello nos genera; por esta razón, es común evitar el conocimiento del origen y el desenmascaramiento de nuestros sistemas de pensamiento y estructuras de creencias. Y aún si intelectualmente lo comprendiéramos, de igual manera nos resultaría un elemento insuficiente. Como ocurre en la terapia psicoanalítica, aunque el paciente entendiera el origen de su trauma, esa información no bastaría para solucionar su trastorno.

Aun cuando tiendan a olvidarse los orígenes de nuestros pensamientos, es necesario insistir en que el proceso ideológico comienza con la confrontación por enunciar un discurso que obtenga la validez absoluta por parte de todo el grupo social, hecho que tiende a eludir la colectividad en cuanto resultaría contraria a los dogmas que sustentan su cotidianidad. Indudablemente, como advierte Geertz (1991), las ideologías surgen en momentos de conflicto y tensión, en periodos de disputa, cuando el pueblo ha perdido la capacidad de comprender el nuevo entorno, y cuando las orientaciones culturales ya no suministran una imagen adecuada de la sociedad en la que se vive. Me estoy refiriendo a procesos históricos como la transición del feudalismo al capitalismo en Europa, la caída de Constantinopla en manos del Imperio Otomano o la colonización de América, casos todos en los cuales se desarrollaron ideologías apoyadas por las élites como nuevas fuentes de significaciones en contextos de transformaciones sociopolíticas. En estos entornos sociales confusos son necesarias las ideologías para cubrir vacíos de información, como una suerte de mapas que guíen a exploradores por terrenos desconocidos. Ciertamente lo que da nacimiento a las ideologías es la pérdida de orientación, la falta de recursos culturales mediante los cuales se le dé sentido a la vida social en situaciones de tensión, se interpreten contextos sociales incomprensibles y se obre con cierto grado de significación.

* * *

Después de haber analizado dos funciones de la ideología –la deformación y la legitimación– llegamos a la tercera función que consiste en la *integración*; un empleo menos peyorativo del término, que ya había encontrado Antonio Gramsci cuando señalaba la existencia de algunas ideologías necesarias para la organización y para dar sentido a la acción de grupos humanos. De manera que la ideología sería entendida, bajo estos términos, como un cuerpo coherente de imágenes e ideas compartidas que suministran orientación general para la conducta. Si aceptamos que la cultura se aborda de un modo más efectivo como un sistema simbólico, es decir, como una serie de planes, recetas, fórmulas, reglas o instrucciones, en virtud de las cuales formamos, ordenamos, sustentamos y dirigimos nuestras vidas, debemos concluir que las ideologías, en cuanto parte de la cultura, son mapas de una realidad social problemática y, a su vez, matrices para preservar la identidad grupal (Geertz, 1991). Este último punto es en particular importante, puesto que la ideología, en su función positiva, ayudaría a crear sentido de pertenencia y concebirse como parte integral de una agrupación social que se percibe como propia. En situaciones conflictivas de tensión y cambio, cuando las soluciones que antes se le daban a los problemas ya no resultan satisfactorias, las ideologías son decisivas para explicar lo que ya no resulta comprensible. Es necesaria pues, la función integradora, razón por la que, en el sentido amplio del término, no hay forma de prescindir de las ideologías pues forman parte de la cultura en la que habitamos.

Como indica Schutz (2003), cuando las experiencias y tipificaciones que antes resultaban útiles en la vida cotidiana para explicarnos el mundo se han vuelto problemáticas, necesitamos proceder a dar explicaciones adicionales, hasta que se alcance un nivel de claridad suficiente para resolver problemas prácticos. En estos casos las ideologías sirven para llenar las carencias de información en contextos inciertos. Sin embargo, una vez se estabilizan las situaciones de tensión y crisis, estas explicaciones se convierten en verdades mecánicas, aunque nunca se solucionen los cuestionamientos que las produjeron. Un ejemplo de ello es la ideología del libre mercado dentro del capitalismo, la cual ayuda a los individuos a cubrir el vacío de información acerca de las inequidades de la repartición de los recursos, de modo que las privaciones económicas se conciban como un fracaso individual, pero no como un problema constitutivo del sistema. Es la única manera de actuar con significación ante situaciones que de otra forma resultarían absolutamente incomprensibles e injustas. Así, todas las ideologías –tanto políticas, religiosas o económicas– operan como imágenes integradoras que ayudan a desenvolverse de manera consistente en un medio incoherente moralmente. Según se deduce, y de acuerdo con Ricoeur (2009), la tercera función de integración, nos va llevando al problema de la legitimación y esta, por su parte, a la deformación, en donde cada uno de los conceptos no se traslapa, sino que entra en correspondencia el uno con el otro.

Siguiendo a Ricoeur, la ideología proporciona imágenes que proyectan la identidad de un grupo, algo parecido a una pintura del entorno donde se vive. Es una imagen social que resulta integradora para una colectividad y que funciona como supuesto de los otros dos conceptos –deformación y legitimación–. En efecto, el nexo o relación entre las tres funciones de la ideología está en el papel que juega la imaginación dentro de la vida social. Específicamente, es el mecanismo esgrimido para preservar y conservar un determinado *statu quo*: representar, a través de imágenes, el orden establecido; poner en escena un proceso de *integración* y conservación de la identidad a través de lo que ya existe.

En resumidas cuentas, la ideología provoca que los grupos humanos se resistan al cambio por medio de la seguridad que produce el hecho de sentir un orden determinado como propio. Es dar una explicación a la experiencia cotidiana dentro de un discurso lingüístico, lo que revelaría la eficacia con que cada ideología, una vez aceptada, es capaz de mantenerse.

En este orden de ideas, sería imposible comprender cómo opera la ideología sin antes haber analizado sus instrumentos discursivos. De hecho, para que un discurso ideológico funcione, tiene que orientar la acción, mostrar cómo son las cosas y explicar qué hacer en situaciones complejas; resulta pues insoslayable, considerar las diversas herramientas de la retórica en la medida en que constituyen los dispositivos lingüísticos por excelencia con los cuales se hace viable deformar, legitimar e integrar las estructuras simbólicas colectivas. Además, el discurso que oriente la acción no puede ser muy extenso, por el contrario, debe ser sintético e idóneo para explicar algo fácilmente. La metáfora no solamente cumple a la perfeccción con estas dos características sino que logra reunir una multiplicidad de imágenes para hacerlas aparecer luego como poderosos conceptos. Sin duda, la metáfora es el recurso retórico más importante del que hace uso la ideología.

Esta figura estilística es una estrategia del discurso que busca sugerir algo distinto de lo que se afirma. Presenta una idea bajo el signo de otra más incisiva o más conocida con el propósito de ampliar el significado. No es una sustitución de un término por otro, ni un adorno del discurso; lo que hace es ofrecer nueva información, decir algo diferente sobre el mundo, crear un excedente de significación. Algo parecido ocurre en el arte plástico, en el que se reconstruye la realidad sobre la base de un lenguaje visual particular. Lo que hace la pintura, por ejemplo, es ampliar el significado del universo al capturarlo dentro de sus propios medios y expresarlo a través de una obra concreta. De manera similar, en la metáfora existe una extensión de sentido, pero por medio de elementos lingüísticos. Dicho recurso retórico congrega dos ideas sobre dos cosas totalmente diferentes en una sola expresión, fundando una tensión entre los términos. Sin embargo, es el receptor quien establece la relación entre ellos, por lo que la metáfora en rigor no existe por sí misma, sino dentro y a través de una interpretación. Es en virtud de la hermenéutica hecha por quien recibe el enunciado como se logra el ensanchamiento del significado, puesto que si el mismo lo interpretara de manera literal, resultaría un absurdo. Justamente, la expresión metafórica adquiere todo su sentido sobre el fracaso de su interpretación literal (Ricoeur, 1995a, 1980).

La construcción de una metáfora se apoya en materiales culturales preexistentes, en lugares comunes ya conocidos por una comunidad lingüística, de modo que sean susceptibles de fácil recordación. A pesar de lo anterior, no funciona enunciando una semejanza que ya existía antes, sino que es la metáfora misma la que la crea. Más que encontrar y expresar una semejanza, la establece. Y lo consigue al formar una semejanza con una imagen asociada, en la que encuentre una correspondencia entre esta y aquello que quiere ser representado. Lleva a pensar en alguna otra cosa considerando una imagen similar. Consiste en crear proximidad entre dos términos, a pesar de su distancia; hace percibir lo mismo, pero a través de lo diferente. La metáfora tiene la capacidad de poner ante los ojos y construir una relación entre lo lingüístico y lo no verbal, hacer fusión entre el acto del "decir" y el "hacer ver cómo".[7] Por obra de la metáfora, se reúnen dentro del lenguaje una multitud de imágenes que son evocadas a aparecer, y así, conduce la apertura de lo imaginario. Se trata de la relación que mantiene unidos el sentido y la imagen. En suma, lo verbal y lo imaginario se unen estrechamente gracias a la función provocadora de imágenes que ocurre en el lenguaje (Ricoeur, 1980).

Examinemos, por ejemplo, en el discurso ideológico la sutil expresión: *una nación debe desarrollarse*. Por la fuerza de la costumbre, en principio parece lógico reunir las palabras "nación" y "desarrollo". Sin embargo, si analizamos con mayor atención el vocablo "desarrollo" deduciremos que ha sido tomado de un contexto biológico. En el caso de los mamíferos, la vida de un animal –según el modelo tradicionalmente aceptado–, comienza con la fecundación y, desde ese momento, el individuo empieza su proceso de desarrollo biológico hasta llegar a su máximo nivel de crecimiento. Así, un cachorro o un niño no están desarrollados, sino que están "en desarrollo". Se trata de una imagen muy potente que se entiende puesto que entra en sintonía con otros elementos de la cultura.[8] Explica una situación compleja: "vivimos así porque nuestra nación no está desarrollada"; manifiesta qué se debe hacer: "desarrollarnos", y orienta la acción: "hay países que ya están desarrollados, luego debemos seguir su misma ruta". Asimismo, como ha ocurrido con este discurso ideológico, necesita repetirse constantemente hasta que la colectividad la adopte como cierta, se convierta en una significación usual, y ofrezca de esta manera seguridad en su acción.

[7] La vista es el sentido privilegiado en Occidente para la construcción de la realidad, por lo que "hacer ver" algo por medio de palabras es el objetivo último de todo discurso ideológico.

[8] El éxito del discurso del desarrollo puede deberse también a que se apoya en la noción moderna del progreso, concepto que trataré con detalle en el siguiente capítulo.

Como se señaló antes, existe una percepción metafórica de la realidad, en la cual nuestro mundo no es un mundo dado, sino representado a través del lenguaje. El término representación aquí no se refiere a un espejo o una copia de lo que existe independientemente del observador, sino a la connotación que hacemos con nuestros sistemas simbólicos para construir una realidad de las muchas que son posibles. El dominio de la metáfora dentro del discurso ideológico consiste entonces en proyectar de manera creativa un mundo determinado, traer a un primer plano determinadas significaciones.

Ahora bien, el enunciado metafórico en el discurso ideológico en cuanto dice algo sobre algo, busca establecerse como una verdad de aquello a lo cual se refiere. Precisamente, lo que persigue es reescribir la realidad y configurar el mundo, y lo logra solo cuando las verdades que enuncia son apropiadas por el resto de la comunidad. La destreza en el manejo del discurso ideológico radica en lo que se hace al decir, lograr que el receptor vea a través de las palabras; provocar el efecto de que "algo sea visto cómo". Aquí reside el éxito del dominio metafórico. Si retomamos el ejemplo de la expresión *recurso natural* antes mencionada, consistiría en conseguir que la gente perciba la naturaleza como un medio para satisfacer las necesidades de los seres humanos. Hace ver que el medio natural existe solo y para esta especie. El discurso ideológico busca entonces *generar una creencia perceptiva en una colectividad*.

La utopía, en la medida que se construye durante y a través de la crítica a la ideología, en un primer momento debe desenmascarar y exponer los disfraces de los discursos ideológicos, y en un segundo, buscar otras metáforas diferentes y, de acuerdo a sus principios, emplear aquellas que se consideren mejores. Para Ricoeur (1980:340): "no hay otra salida que 'remplazar las máscaras' –por otras–". Así, como muestra, ante la crítica del enunciado *recurso natural*, el discurso de la utopía del Buen Vivir sugiere que la naturaleza es mejor aprehenderla como la Madre Tierra a la cual se le respeta y se le ama en cuanto sagrada. Lo que debe hacerse es usar la capacidad creativa del lenguaje como el arma más vigorosa para criticar la ideología. No existe otra manera de re-crear la realidad.

Como se ha explicado, nuestros pensamientos, creencias y convicciones son heredadas de la tradición a la que pertenecemos, pues estamos marcados por nuestro pasado, por la manera en que padecemos nuestra historia. Corresponde a la dimensión de permanencia, a lo que recibimos de la cultura y del lenguaje del que formamos parte. No obstante, en la medida en que la historia sigue su curso, no solo se trata de una historia que sufrimos, sino también aquella que construimos todos los días (Gadamer, 1988). Es esta última la dimensión creativa a la que pertenece la utopía y que guiará el siguiente apartado.

La construcción de utopías posibilistas

> *Todas las utopías tienen horarios, tiempos, y*
> *es tan desalentador reducir la realidad a lo*
> *que existe, que yo pienso que nuestro tiempo*
> *es realmente el tiempo de la utopía.*
>
> Boaventura de Sousa Santos

El término "utopía" tiene su origen en la famosa obra literaria del mismo nombre escrita por Tomás Moro en 1516, quien creó la palabra a partir de la combinación de los vocablos griegos *ou* –usado para expresar una negación en general– y *topos* –que significa lugar–, por lo que la expresión utopía etimológicamente significa "en ningún lugar". El concepto utopía fue recurrente en la literatura del Renacimiento europeo, como lo muestran las conocidas novelas *La Ciudad del Sol* escrita por Tomas Campanella en 1623 o la *Nueva Atlántida* de Francis Bacon en 1627, relatos que, emulando la obra Moro, describen comunidades ideales y sociedades armónicas frecuentemente ubicadas en islas imaginarias protegidas por el océano de toda interferencia exterior. No obstante, a comienzos del siglo XVII la palabra utopía dejó de restringirse a recursos narrativos de la literatura, y empezó a usarse para dar cuenta de modelos políticos alternativos al presente. Fue sobre todo en las postrimerías del siglo XVIII y durante el XIX, cuando pensadores utópicos circunscribieron sus sistemas de sociedades ideales en una época futura (Manuel y Manuel, 1981). Quizá el aspecto que más influyó para que las utopías dejaran de reconocerse "en ningún lugar", y pasaran a denotar premoniciones de futuro, fue la tendencia ceñida a la idea moderna del progreso y la historia por hacerse al margen de la voluntad divina (Kraemer, 1993). En cualquier caso, el vocablo utopía adquirió un carácter polisémico y comenzó a utilizarse para indicar programas alternativos de acción política.

Sin embargo, la utopía concebida como un proyecto político cuyo propósito es llevarse a la práctica, tiene orígenes mucho más antiguos. Si nos remontamos a la historia del pensamiento occidental, encontraremos que *La República* de Platón –reconocida por el mismo Moro y Campanella como la primera utopía de Occidente– fue una sociedad ideal que para el filósofo griego no era una fantasía, sino imaginada viable desde su misma formulación. Incluso hacia el siglo IV a.C. se formaron discípulos de Platón para luego enviarlos al creciente mundo helénico, con el fin de ayudar instituir las ciudades platónicas descritas en la obra *La República* (Manuel y Manuel, 1981). También podemos citar el caso de las utopías milenaristas acaecidas entre los siglos XI y XVI en Europa, las cuales fueron grandes movimientos campesinos que emprendieron guerras revolucionarias para hacer realidad la profecía del reino de Cristo por mil años en la Tierra (Norman, 1983). Igualmente en América es conocido el caso de Vasco de Quiroga, quien sugestionado por la *Utopía* de Moro, creó en el México del siglo XVI una red de hospitales en los cuales se practicaba la propiedad común, días de trabajo de seis horas, y reparto igualitario de bienes (Imaz, 1941), o la historia del sistema comunista establecido por los jesuitas del siglo XVII en los pueblos guaraníes de Paraguay. Que la utopía no es solo un sueño, sino un sueño que aspira a realizarse, es una afirmación demostrada por un sinnúmero de ejemplos históricos.

Pero es el siglo XIX el periodo durante el cual se experimentaron en la práctica el mayor número de utopías, debido a la creencia de sus inventores en que el éxito de uno solo de sus ensayos sería prueba suficiente para demostrar en la práctica la bondad de sus sistemas. Cabe anotar que el establecimiento de una gran diversidad de comunas resultó, en su gran mayoría, un rotundo fracaso. No hay duda de que es esta una de las razones por las que el uso común del término es usado de manera despectiva para aludir a caprichos quiméricos y ficciones sin asidero en la vida real. Con seguridad Marx es el principal responsable de la acepción peyorativa del término, dado que para él, toda utopía estaba en contradicción con su socialismo científico en la medida en que no tomaba en cuenta las condiciones objetivas de la sociedad y de su intrínseco desarrollo histórico (Manuel y Manuel, 1981).

Por eso, para liberarnos del sentido denigrante del que es lugar común el término "utópico", no me remitiré a los experimentos fracasados de las pequeñas comunas, sino a la historia de otros proyectos que demostraron su viabilidad de revelarse contra el estado de cosas vigente y remplazarlo por un orden diferente. Es cierto que algunas utopías que debieron considerarse absurdas en el momento de su formulación, fueron posibles y se convirtieron en hechos que cambiaron el orden establecido. Me estoy refiriendo, por ejemplo, a las conquistas que hoy vemos gracias al movimiento feminista, proyecto que parecía quimérico luego de cinco milenios de ideología patriarcal, o la emancipación de los pueblos americanos de sus verdugos imperiales después de tres siglos de sometimiento colonial. Probablemente, ambos deseos se adjetivaron como sueños irrealizables en un primer momento, pero hoy podemos clasificarlos como hechos que fueron efectivamente viables. De manera que es la historia la que determina si es o no realizable una utopía; es la ubicación temporal la que permite finalmente su juzgamiento.

Siguiendo a Mannheim (1987) diré que lo que caracteriza una utopía es su pretensión de romper el orden establecido e imaginar otro distinto. Así por ejemplo, si un grupo de personas está inconforme con ciertas instituciones en las que vive, puede imaginar otras y erigir nuevos modelos en contra del sistema establecido. Pero no se trata de la imaginación mesiánica de un pensador solitario –como fue frecuente en las utopías occidentales de los siglos XVIII y XIX–, sino de la imaginación colectiva, por la cual ciertos grupos que abanderan un proyecto alternativo, se enfrentan con las clases, culturas e ideologías hegemónicas. Dado este conflicto en el momento de su planteamiento, la etiqueta de proyecto utópico, en su acepción despectiva de sueño irrealizable, es colocada por quienes creen en el orden existente puesto que, desde su propio punto de vista, consideran que dicho ideal nunca podrá realizarse. Si tomamos como ejemplo a un individuo que ha tomado partido en favor del capitalismo, veremos que considerará prácticamente imposible pensar en otro sistema que no esté inserto dentro del mismo capitalismo, y considerará como irrealizable todo discurso que intente rebasar el sistema en el que ha depositado todas sus creencias.[9] De esta manera, junto con Mannheim, este trabajo denominará utopía a todo sueño que aspira a realizarse, pero que parece ilusorio desde la perspectiva de quienes defienden el orden social vigente.

La anterior afirmación debe moderarse puesto que quienes emprenden la utopía, al crear una imagen ideal, una suerte de pintura que retrata el sueño para servir como guía orientadora de su proyecto, hacen que la utopía termine trasladándose a un futuro inalcanzable. Esta primera patología de la utopía puede apreciarse con claridad en la siguiente afirmación del escritor uruguayo Eduardo Galeano:[10]

¿Para qué sirve la utopía? Esa pregunta me la hago todos los días. La utopía está en el horizonte. Me acerco dos pasos; ella se aleja dos pasos. Camino diez pasos y el horizonte se corre diez pasos más allá. Por mucho que yo camine, nunca la alcanzaré. Pero para eso sirven las utopías: para caminar.

---

[9] Un buen ejemplo de este fenómeno podemos apreciarlo en la siguiente frase del controvertido politólogo neoliberal Francis Fukuyama (1992:83-84): "Quienes vivimos en democracias liberales... nos cuesta imaginar un mundo que sea realmente mejor que el nuestro, o un futuro que no sea esencialmente democrático y capitalista. Dentro de este marco por supuesto que pueden mejorarse muchas cosas... Pero no podemos imaginar un mundo que sea *esencialmente* distinto del nuestro y al mismo tiempo mejor" (las cursivas son del original).

[10] Famosa cita pronunciada durante el Foro Social Mundial en Porto Alegre, Brasil en el año 2005, en la que Galeano parafrasea a su amigo el cineasta Fernando Birri.

Creo que el problema radica, precisamente, en proyectar la utopía en el horizonte, ubicarla en un tiempo lineal, en un camino inacabable que se aleja mientras más se camina, razón por la cual termina convirtiéndose en un fin inaccesible. Limitarla a una función orientadora, significa reducirla a lo irrealizable. Esta patología puede apreciarse de manera mucho más literal en la siguiente declaración del filósofo Franz Hinkelammert (2008:359-360), al tomar posición sobre el lema del movimiento zapatista:

> … un mundo en el cual quepan todos –asegura– no es un proyecto y tampoco directamente una meta factible de la acción. Es, podríamos decir, una idea regulativa de la acción… una utopía necesaria que ha de penetrar la realidad de forma transversal. Como utopía no es en sí misma factible, es un principio orientador básico, aunque radical. Una utopía es algo que no existe en ningún lugar de la realidad, ni tampoco existirá.

De las dos citas podemos deducir que uno de los aspectos nocivos de las utopías es el autoconcebirse como fantasía, como un sueño imposible de llevar a la práctica. El hecho de ubicar un ideal en un futuro indefinido que nunca se conseguirá, induce a que se evadan las responsabilidades en el presente. Se trata de un sueño de un destino mejor fincado en el mismo fetiche temporal del progreso. El problema es que si la felicidad colectiva está más adelante, en un horizonte indeterminado, entre más nos acercamos, más nos alejamos de la meta, porque en realidad el sueño se ha planteado desde el principio como inalcanzable. Así, no solamente los representantes del orden establecido consideran la imposibilidad de lo realizable bajo toda circunstancia, sino que, de manera paradójica, los mismos formuladores de la utopía también aceptan que se trata de un sueño que seguramente nunca se obtendrá, y que por tanto, su función se restringe a orientar la conducta humana.

Considero que es un mecanismo de evasión de la libertad, un miedo a asumir las acciones en el presente trasladando las imágenes hacia el futuro. La consecuencia consiste en quedarse "esperando", en una suerte de expectativa, esperanza o anhelo de un destino que será mejor, en algún buen día. En la cotidianidad es más fácil rehuir a la autodeterminación colectiva y fundirse en sueños de evasión, mientras se somete a las motivaciones del orden existente. Hay un miedo a la libertad (Fromm, 2006) porque ello significa fijarse horizontes próximos y factibles, trazarse tareas concretas en el ahora, limitar perspectivas para hacerlas viables, en últimas: apoderarse de la responsabilidad que ocupa el cambio al que se aspira. Se sueña con algo diferente a lo establecido, pero existe al mismo tiempo un inconmensurable temor de emprender los compromisos que requiere buscar cumplir el sueño.

Una consecuencia de este mecanismo de refugio en el horizonte, es el hecho de que se omitan las labores necesarias para hacer realidad la ilusión que se ansía. Por eso mismo, así como han existido utopías exitosas, también ha habido muchas otras que no han dado los pasos necesarios para hacer realidad un orden diferente. Hablo de todas aquellas insurrecciones fallidas en la historia que han sido ciegas a la eficacia de la ideología que hace posible la manutención del *statu quo*. Muchas utopías suelen suprimir los obstáculos existentes, lo que las lleva a caer en la ingenuidad de creer que el cambio se logra con el acceso al poder gubernamental. Es posible convertirse en autoridad, pero no se harán cosas muy diferentes si se construye un nuevo régimen sobre las ruinas de los mismos símbolos culturales, como ampliamente lo demostraron las utopías socialistas del siglo xx. La sublevación entonces no solo debe dirigirse contra un gobierno. Es sencillo señalar con el dedo a los otros como los culpables de todos nuestros males. Si bien no es posible llevar a los hechos cualquier utopía manteniéndose al margen del poder, la primera emancipación, y con seguridad la más importante, es aquella que se hace en contra de nuestros propios pensamientos.

Si el entramado simbólico permanece intacto, es previsible que la utopía termine trasladándose en el tiempo, que se haga una proyección de deseos en el horizonte y se considere que solo será posible su consumación en un remoto futuro. Lo anterior ocurre porque a ciencia cierta no se sabe cómo hilvanar un proyecto por completo alternativo en cuanto los símbolos culturales continúan siendo los mismos que se han recibido del pasado. El problema, por tanto, no reside únicamente en los intereses ocultos detrás de las estructuras de poder, se encuentra sobretodo, en los simbolismos y representaciones que sustentan nuestra conducta. Creo que es necesario cambiar el actual sistema económico, social y político, así como sus relaciones con la naturaleza, pero tal utopía solo será posible cuando cambien también nuestros imaginarios y significaciones culturales. No se trata de preguntar cuál de los dos procesos debe ocurrir primero, como la paradoja del huevo y la gallina, debemos entenderlo mejor como una mutua relación dialéctica. Mientras no seamos capaces de entenderlo, los sueños se figurarán en un futuro como una especie de cuadro distante del "deber ser" de una sociedad perfecta.

La imagen petrificada que se concibe en el horizonte tiene además consecuencias que pueden llegar a ser catastróficas, pues se tiende a dogmatizar, como si se tratara de una religión, la pintura pretendida. Así, solo se concibe camino, una única vía, para transitar inspirados por la imagen de la sociedad perfecta que los formuladores de la utopía han pincelado. De acuerdo con Hinkelammert (2008), esta ruta consiste en un proceso calculable con etapas rigurosamente modeladas para dirigirse a la supuesta sociedad anhelada. El problema radica en que, como cualquier dogma, pretende instituirse como verdad absoluta y termina aplastando, eliminando y reprimiendo cualquier pensamiento que no sea compatible con su razón instrumentalizada. Se promete el sueño con la condición de renunciar a toda crítica y resistencia hacia el mismo. Planteada así, la utopía conlleva a procesos totalitarios, con un poder destructivo absoluto, que aniquila cualquier tipo de divergencia, como fue tristemente demostrado durante las dictaduras comunistas del siglo pasado o en los movimientos guerrilleros anquilosados durante medio siglo como las FARC en Colombia.

Además de fetichizar la sociedad perfecta preconcebida, otra causa de la corrupción de la utopía está en el hecho de constituirse sobre la misma estructura simbólica de la ideología criticada. Una vez la utopía gana la lucha de fuerzas frente al *statu quo* y se convierte en autoridad, al no poder fundamentarse en un pensamiento colectivo diferente al existente, termina construyendo una ideología mucho más enajenadora y despótica que aquella a la cual se oponía. Justamente, al cimentarse sobre las ruinas del anterior orden y utilizar las mismas herramientas de su oponente derrotado, termina transfigurándose en lo mismo, o en un engendro mucho peor que su enemigo. Es el caso de los fracasos socialistas del siglo XX y de las contradicciones de los socialismos del siglo XXI, los cuales no fueron algo muy diferente al orden criticado; se convirtieron, sin excepciones, en capitalismos de Estado. Es este, sin lugar a dudas, el aspecto más patológico al que puede llevar la búsqueda de las utopías. Consiste en un círculo vicioso por medio del cual una vez la utopía destruye el *statu quo*, ineludiblemente, se convierte ella misma en otra ideología y, cuanto más se esfuerce por conservar su conquista, tanto menos tolerará un movimiento que trate de contradecir sus principios.

Ante este panorama ¿cómo evitar caer en dicha trampa? La solución puede encontrarse en el reconocimiento de que no existe una sola utopía en singular; por el contrario, se debe aceptar la existencia de muchas utopías diversas, múltiples y plurales, fundadas desde cada territorio y cultura, en donde cada una pueda aprender de la otra, dentro de un mundo que no pretenda crear monocultivos de la mente –en la expresión de Vandana Shiva (2007)–, sino reorientado a valorar la alteridad. Asimismo, es preciso soslayar la evasión que significa imaginar una sociedad ideal que no es, pero que podría ser. Es mucho más saludable mirar lo que ya existe, *en el aquí y el ahora*, en pensamientos, acciones, valores y relaciones vivas, en las cuales podamos inspirarnos para volvernos creativos. Debemos prestar atención a filosofías existentes, movimientos sociales, redes solidarias, economías populares, comunidades que han entretejido relaciones armónicas con su entorno y gobiernos que sirven a su pueblo obedeciendo (Bartra, 2003).

* * *

De otro lado, como mencionaba, es necesario recordar que somos víctimas de un pasado que recibimos, pero también –y este aspecto es fundamental–, que somos actores activos de una historia que construimos todos los días. Por una parte, como enseñaba Hegel, estamos en la cúspide de la historia y somos los últimos que han llegado a ella; pero por la otra, nuestro presente es la inauguración de una historia que está por hacerse, por lo que en estricto sentido, somos los primeros en llegar (Ricoeur, 1995b). En esta última dimensión se inscribe el orden temporal de la utopía. Hay que ejercer activamente su capacidad creativa para evitar caer en los arquetipos erróneos en los que han incurrido otras utopías y, para ello, es imprescindible transformar las estructuras de representación simbólica de la realidad, tarea que consiste en re-simbolizar percepciones y creencias que han sido recibidas simbolizadas por parte de la ideología, y reconstruir sus respectivas re-significaciones para que emerjan nuevos imaginarios sociales. No existe otra manera que reñir con la ideología y disputarle la proporción de valores a los mediadores simbólicos entre nosotros y el mundo que aprehendemos.

La buena noticia es que el significado no es renuente al cambio, no es una camisa de fuerza en la que estemos atrapados y sin alternativa de escape. Por el contrario, si aceptamos, como dice Bourdieu, que los sistemas simbólicos son constructos sociales que no reflejan una realidad dada, sino productoras del mundo, "entonces debemos aceptar forzosamente que es posible, dentro de ciertos límites, transformar el mundo transformando su representación" (1995:22). Sin duda, los símbolos constituyen un aspecto central en el ordenamiento de toda sociedad, y en consecuencia son los mecanismos sobre los cuales primero se ataca en toda lucha por el poder. Así las cosas, el desafío de la utopía residiría en derrumbar antiguos simbolismos para luego remplazarlos por otros nuevos. La dificultad es que estos no pueden cimentarse de manera libre y caprichosa, sino que deben estar en sintonía con la cultura, por lo cual es preciso que se construyan a partir de materiales preexistentes, sobre los escombros de los edificios simbólicos precedentes. En efecto, para que una significación imaginaria funcione es necesario contar con unos significantes colectivamente disponibles, y hacer que los nuevos simbolismos se produzcan unos a partir de los otros (Castoriadis, 1989). El reto consiste entonces en encontrar la manera de unir lo viejo con lo nuevo, de realizar conexiones entre dos imágenes y, en últimas, de hacer emerger la utopía transformando los simbolismos que antes había trenzado la ideología.

Puesto que no podemos salirnos de las posibilidades de la comunicación, debemos aceptar que los simbolismos se obligan a estar inmersos dentro del lenguaje y las estructuras discursivas de producción de verdad que funcionan en la sociedad. Dentro de tal orden de ideas, las utopías no tienen otra salida que establecerse como discursos de verdad en disputa con las ideologías, e instituirse como mapas simbólicos que ayuden a la colectividad a comprender, interpretar y explicar el mundo de *otra* manera, y con *otro* sustento racional del qué, cómo y para qué hacer las cosas. Sería ingenuo prescindir de este recurso en cuanto es un instrumento ineludible del poder. Sin embargo, es necesario tener especial cuidado puesto que se transita por una línea muy peligrosa que puede convertirse en imposición, situación que es preciso impedir. Para ello, debe diferenciarse tanto de las patologías tiranas en las que han incurrido otras utopías, como de los discursos ideológicos que enmascaran privilegios de ciertos grupos y clases dominantes de la sociedad. Ambos puntos son igualmente importantes, por la extensa experiencia adquirida y continua enseñanza de la historia acerca de que todo movimiento político tiende a traicionar su inspiración original y sus propios principios, hasta pervertir sus sueños motivadores y convertirlos, ya sea en actitudes dictatoriales, como en artilugios para alcanzar fines privados.

Según vimos en la exposición sobre la ideología, la metáfora es el recurso más potente del discurso para originar creencias perceptivas y de aprehensión de la realidad, por lo que representa un dispositivo fundamental en la configuración del discurso utópico. Las metáforas no deben verse como figuras del lenguaje aisladas entre sí, sino como una vasta red de inter-significaciones, en la cual cada una llama a la otra, como los eslabones de una cadena (Ricoeur, 1995a). Pensemos en la interconexión de los vocablos evolución, progreso, avance y desarrollo, los cuales tienen alguna semejanza de familia entre ellas –de acuerdo con el término wittgensteiniano–, razón por la que cuentan con la capacidad de unir un enunciado metafórico con otro, y así sustentar seguridad en su significación. Más adelante, al abordar la crítica de las ideologías modernas, se explicará la manera en que tales conceptos evocan una imagen de un Vivir Mejor, en cuanto se circunscriben en el mismo orden temporal de un futuro próspero y mejor que el presente. Como se deduce del anterior ejemplo, la significación imaginaria es aquella que aparece en la imaginación gracias al efecto metafórico mediante el cual a través de las palabras "algo es visto como"; es decir, el hecho de que otros piensen en alguna cosa al pronunciar una expresión dentro del lenguaje. Estas significaciones imaginarias tienen una potente capacidad de organizar el mundo, orientar ciertas formas de vida y estructurar la sociedad.

Hay ciertas significaciones centrales concretas que reorganizan una multitud de significaciones sociales subordinadas, por lo que es necesario prestarles especial atención, de modo que por medio del discurso utópico se reconfiguren por otras que se consideren más loables, y que a su vez, sirvan para ordenar al resto de la red. El trabajo consiste entonces en establecer prioridades entre los mediadores simbólicos estratégicos que van a ser re-simbolizados y re-significados mediante recursos retóricos como las metáforas. Dichas figuras lingüísticas deben tener alguna semejanza de familia con las metáforas ideológicas a fin de que sean congruentes con la cultura del colectivo, se comprendan con facilidad y la comunidad lingüística se las apropie luego de la constante repetición.

Si como se ha aseverado, la realidad no es algo inmanentemente dado y, además, no hay un *objeto* que existe independientemente del *sujeto*, sino que emergen en una relación recíproca, entonces tenemos que aceptar que la realidad se construye por medio de explicaciones e interpretaciones de las percepciones y experiencias que acontecen en la cotidianidad. De modo que no solo es posible, sino constitutivo de nuestra cognición, traer creativamente numerosas significaciones (Varela, 2000; Maturana, 2009). Este es el punto de inflexión donde mayor fuerza creativa le corresponde tener al discurso utópico, para disponer de recursos penetrantes que, además de guiar a una colectividad –dentro de ciertos términos y en un proceso relativamente largo–, también sirvan para que la gente se explique de otra forma su mundo, le dé un nuevo sentido a su vida en sociedad y reoriente su pensamiento y acción. El desafío no es menor, pero si hablamos de un cambio epistémico, ético y ontológico, es inevitable modificar el entramado simbólico sobre el cual se asienta la sociedad.

Por otro lado, si bien las utopías emergen en diferentes periodos históricos al intentar romper los lazos con el orden prevaleciente, es cierto que no siempre encuentran las bases sociales para cambiar las condiciones en las que se vive. Efectivamente, no basta con que surjan nuevos pensamientos en rechazo a ciertas ideologías, sino que se necesita además un contexto favorable que lo haga posible. El escenario propicio al que me estoy refiriendo es el de las crisis, en el sentido en que las entiende Gramsci, como los espacios de tiempo "en que muere lo viejo sin que pueda nacer lo nuevo" (1992:313); se trata de una tensión por medio de la cual el presente se refugia en el horizonte de espera mientras que el pasado "se convierte en un depósito muerto" (Ricoeur, 1995b: 981). Hablo de esos lapsos históricos en los cuales la ideología del orden social vigente ya no ofrece la orientación necesaria a una colectividad pero que, concomitantemente, persiste una marcada resistencia para emprender las transformaciones que se requieren.

Como se dijo al comenzar este trabajo, el término crisis proviene del lenguaje de la medicina humana que designa el cambio abrupto en el curso de una enfermedad, en el cual se determina si el cuerpo enfermo de una persona va a entrar en un proceso de recuperación, o si por el contrario, el curso del padecimiento finalmente va a imponerse sobre el individuo. En las crisis clínicas, el propio paciente sabe que el proceso fisiopatológico es independiente de su voluntad, por lo que experimenta su impotencia y pasividad de cambiar su propia situación. Por tal razón la crisis, como enseña Jürgen Habermas (1999:20) "es inseparable de la percepción de quien la padece", puesto que ella solo existe para el sujeto cuando él mismo advierte su falta de libertad para sobreponerse a su condición por sus propias fuerzas. De manera análoga, solo podemos hablar de crisis cuando los miembros de una comunidad, al igual que el enfermo, perciben los cambios de la estructura social en la que viven como riesgosos y sienten amenazada su integridad social. Estos lapsos de la historia, cuando la colectividad vive en un estado en el cual ya no cree plenamente en lo que se recibe del pasado y, al mismo tiempo, adquiere conciencia de su incapacidad para desprenderse del orden vigente, son los momentos más plausibles para el nacimiento de las utopías.

Sin duda, los tiempos idóneos para su emergencia, las épocas históricas cuando más las necesitamos y cuando ellas son seriamente posibilistas, corresponden a espacios de crisis; cuando está todo en conflicto con todo, cuando los modelos sociales, políticos y económicos están bloqueados, y los sistemas ensayados y reinventados han fracasado, pero pareciera que no pudieran ser vencidos. En dichos momentos las utopías, a contrapelo, ayudan a explorar lo posible (Ricoeur, 2009). Ellas tienen la función de evitar que se aprehenda la realidad de una sola manera y sin alternativa. Son necesarias para criticar el *statu quo* y dar sentido a una sociedad cualitativamente diferente. Se exigiría una insensibilidad, una apatía o una enorme ingenuidad, para vivir en perfecta armonía con las condiciones inicuas de este mundo y pensar que ha llegado el fin de las grandes causas emancipadoras –o grandes relatos–, como han profetizado los posmodernos. Por el contrario, demandamos con urgencia la organización de utopías múltiples, diversas y plurales para enfrentar nuestros complejos tiempos de crisis.

No obstante, las utopías contemporáneas no pueden ser obras de intelectuales, políticos o de cualquier grupo reducido de individuos, ya que es imposible que por sí mismos puedan modificar el orden prevaleciente. Considero que, sin excepción, deben ser obras de movimientos sociales, de grupos que mediante la acción colectiva, cuestionen las formas de dominación social, utilizando distintos recursos para deslegitimar los discursos ideológicos que orientan a la colectividad. Los movimientos sociales se agrupan en torno a valores compartidos, y defienden una ética diferente de aquella que impone su adversario social. Así por ejemplo, el movimiento feminista inspirado por la utopía de la equidad entre géneros, se contrapone al patriarcado; o los movimientos indianistas, motivados por los ideales de diversidad social y cultural, pluralismo y diferencia, se oponen a los agravios producidos por la ideología moderna de la universalización, la colonialidad y los efectos nocivos de la globalización neoliberal. Es cierto, según advierte Alain Touraine (1998), que los nuevos movimientos sociales ya no hablan en el lenguaje de la revolución, lo hacen para defender su propia dignidad y se autodefinen como actores de la democratización. Se movilizan por la defensa de sus derechos, su libertad y equidad. En otras palabras hablan por y para sí mismos. Pero si bien no inician sus acciones motivados por grandes causas –y esto es lo que omiten los posmodernos–, pronto comprenden que sus conflictos particulares forman parte de problemas más complejos y globales, por lo que sus demandas locales suelen adherirse a enormes movimientos mundiales, los que a su vez, se han constituido como respuesta ante la crisis de la civilización y el fin de la modernidad misma. Por ende, son corrientes de protesta que critican la ideología prevaleciente, pero también son arquitectos de polifónicas utopías.

No hay, pues, posibilidad de analizar utopía alguna sin antes conocer la dinámica de los movimientos sociales en épocas de crisis sistémicas, en cuanto ya no creemos en mundos perfectos pintados en cuadros petrificados que se fijan en un futuro inalcanzable. Sin embargo, por lo que sigue, tampoco podemos hablar sobre utopías sin reflexionar previamente acerca del problema de su temporalidad.

Ciertamente, se había dejado en suspenso la discusión acerca de la obra *El ser y el tiempo* de Heidegger con la que comenzamos la argumentación acerca de la circularidad entre la ideología y la utopía, y que retomaré enseguida para dar solución al problema de la visión lineal, irreversible e infinita del tiempo, la cual conduce al efecto de proyectar la utopía en un horizonte que se aleja en la misma proporción en que se camina hacia a ella.

Líneas arriba se mencionó que el *tiempo original* heideggeriano tiene su primacía sobre el advenir, es decir, en un futuro que no se espera a que llegue por sí solo, sino que se escoge en el *ahora*. Es como si el horizonte sobre el cual se está proyectando se hiciera presente. Por lo tanto, no corresponde a un estado de expectativa a que las cosas pasen, porque ello desalentaría las acciones en el presente; por el contrario hace referencia a provocar que las cosas ocurran mediante lo que *hoy* realicemos. La finalidad es resolvernos como comunidad, elegir el destino por nosotros mismos y resistir a toda noción de porvenir; dicho en otros términos, resistir aquella creencia de que necesitamos esperar a que las condiciones de cambio lleguen más tarde, pues están por-venir "luego", "en algún otro momento", pero no todavía. Muy al contrario, la idea es que nuestra actuación sea definitiva para que advenga el futuro que hemos planteado como utopía. Es lograr que suceda, aconteciéndolo hacia el presente, y no esperar un porvenir pensado de antemano. De hecho no consiste en hacer premoniciones, porque la única forma en que el futuro se nos presenta es posibilidad y siempre sucede algo diferente de lo que habíamos augurado. Más bien el objetivo es elegir entre las posibilidades sobre las cuales proyectarnos y emprender en nuestro presente las labores que dicha meta requiera.

Por otro lado, también estamos marcados por la historia, por la tradición y herencia que hemos recibido del pasado y, en particular, de la cultura y el lenguaje en donde se inscribe la ideología, como igualmente hemos mencionado. Así entonces, la utopía al proyectar el advenir, retorna hacia la ideología para criticarla, y de ahí hace emerger sus propias posibilidades. Corresponde al juego de las dimensiones temporales que muestra la inseparabilidad, complementariedad y dependencia en el círculo dialéctico entre la ideología y la utopía. Asimismo, como enseña Heidegger, las posibilidades sobre las cuales se proyecta no salen de la nada, sino que surgen de un pasado vivo, que no ha dejado de ser. Cuando huimos de lo que hemos sido como comunidad, y nos olvidamos de nosotros, entramos en un proceso de negación, por lo que buscamos el progreso, entendiéndolo como la dura e infinita disputa que hay que librar en contra de sí mismos. El problema, por tanto, no está en inventar algo nuevo sino en redescubrir aquello que hemos olvidado, reabrir el pasado y reavivar las potencialidades asfixiadas.

En la temporalidad lineal, irreversible e infinita del tiempo, al igual que el horizonte se aleja dos pasos mientras se avanza otros dos, el pasado parece más lejano a medida que más se transcurre. Las secuelas del distanciamiento de las dimensiones pasadas y futuras del presente vivido, consisten en el cierre ante lo *sido*, y sobre la base de dicho olvido, se construye el estado de expectativa propio de tal temporalidad.

Por el contrario, retornar a sí mismos, a la tradición y la herencia, hace que las propias comunidades sean capaces de encontrarse a sí mismas y proyectar cada utopía sobre esta base. Un ejemplo de lo anterior lo encontramos en un texto escrito por el grupo de tradición oral de los indígenas nahuas en San Miguel de Tzinacapan en Puebla, México (2009: 33-34):

> Al revivir nuestra historia –afirman– se nos abren nuevos horizontes...porque mirando nuestra historia comprendemos quiénes somos y se fortalecen nuestras raíces... Al darle oportunidad a nuestros abuelos decir la palabra, la historia oculta, la historia silenciada brota como manantial de vida... Todo esto nos da fuerza para luchar y construir nuestro futuro.

Según se ve, el fin es reabrir el pasado para que la historia tenga acción sobre el presente y cada pueblo proyecte sus posibilidades más propias. De hecho, el mismo pensamiento conlleva a que se reconozca la alteridad, la autenticidad, el derecho y la autonomía de las demás comunidades a gestarse a sí mismas y programar sus propias utopías.

En la temporalidad heideggeriana, tanto pasado como futuro ya no se encuentran separados el uno del otro por el límite del ahora, sino que al contrario, convergen juntos en el presente, el cual surge ensanchado por la confluencia tanto del advenir como del pasado vivo. En el mismo sentido, la utopía debe gestarse en el presente, nutrida por un lado, del horizonte que adviene, y por el otro, de la experiencia que se ha recibido como herencia. El presente es la categoría en la cual se topan la proyección hacia nuestra resolución y lo que nos llega del pasado. Es la dimensión temporal en la que comienza la iniciativa, la inauguración de un proceso proyectado hacia un advenir próximo. Además, es muy importante comprender que de su apropiación depende la posibilidad de asumir el poder. En efecto, si el orden temporal de la ideología es lo vigente, y lo que está en juego entre la ideología y la utopía es la lucha por el poder, luego lo que está realmente en la disputa entre los dos conceptos es la apropiación del presente. Cuando la utopía se ubica en el horizonte se convierte en el refugio de los sometidos; en cambio, una vez se encarga del presente se empodera para volverse realizable.

Creo que con una interpretación alternativa a la temporalidad lineal es posible hilvanar utopías posibilistas, y así escapar de la ficción que supone ubicar los sueños en un horizonte inalcanzable. Pero así como es fundamental la dimensión temporal original también es imprescindible la dimensión espacial propia, dado que las utopías que la crisis demanda, tienen que ser elaboradas desde el lugar, a partir de cada territorio, entendido como un espacio construido social e históricamente. Frente a la crisis sistémica, cada territorio debe ser capaz de mezclar de manera virtuosa sus elementos físicos con todos aquellos recursos intangibles –memoria colectiva, saberes, valores, cultura, identidad, redes, entre otros– con el fin de entretejer el proyecto alternativo, haciendo uso tanto de lo propio, como de lo aprendido de utopías procedentes de otros espacios. Se necesita la configuración de múltiples alternativas autogestionarias locales, regionales, nacionales o incluso subcontinentales –como ocurre con la utopía del Buen Vivir–, puesto que no existen ni queremos recetas aplicables universalmente para todos, en la medida en que correspondería a la misma lógica uniformadora que ya hemos experimentado durante el proyecto de la modernidad.

No hay leyes, paradigmas, modelos o fórmulas únicas para construir la utopía, sino una multiplicidad de posibilidades creativas construidas desde cada territorio que requieren escenarios flexibles y multiculturales. Pese a lo anterior, opino que a todas las utopías les corresponde partir de una solitaria, forzosa e ineludible condición universal: *gestarse a raíz de la crítica a la modernidad*. Justamente, para que una utopía emerja tiene que edificarse comenzando con la negación de las ideologías vigentes. Si lo que estamos viviendo es el proceso del fin de una era, el mundo futuro tiene que ser la negación del mundo moderno. No consiste en anatematizar hasta su última brisa, puesto que existen muchos elementos que habrá que rescatar –lo que Ricoeur llama volver el círculo una espiral–, pero tampoco podremos construir nuevos imaginarios sobre los mismos símbolos que hemos heredado de la tradición moderna.

Precisamente, lo que se hará a continuación, será encontrar esos símbolos culturales de la modernidad que están configurando la gran crisis civilizatoria. Haciendo eco de la conceptualización en torno a la ideología presentada en la primera parte de este capítulo, presentaré una muy breve interpretación crítica de la Edad Moderna, lo cual dará la posibilidad de reflexionar sobre la hipótesis según la cual las utopías contemporáneas, cada vez más, están configurándose relativamente desligadas de los discursos de verdad modernos, hipótesis que será presentada en el capítulo 3.

2. DE LA MODERNIDAD A LA ERA DE LA SUPERVIVENCIA

> *Articular históricamente el pasado no significa conocerlo «tal como verdaderamente fue». Significa apoderarse de un recuerdo tal como este relumbra en un instante de peligro.*
>
> Walter Benjamin
> *Tesis sobre la historia y otros fragmentos*

En continuidad con el cuerpo teórico desarrollado en la sección precedente, se presenta la descripción de algunos símbolos centrales de la Edad Moderna que ordenan el pensamiento contemporáneo y sirven como guía interpretativa para darle sentido al mundo en el que vivimos. Dada la complejidad del tema solo será posible hacer una muy limitada jerarquización de algunos simbolismos estratégicos sobre los cuales descansa el orden social contemporáneo. Sin embargo, la crítica a las ideologías seleccionadas es fundamental para la construcción de todo discurso utópico que no pretenda cimentarse sobre el mismo pensamiento de la modernidad capitalista. Se describirán someramente los procesos históricos de lucha de fuerzas en donde se hayan proporcionado sus respectivos significados y se contará cómo nos condujeron a crisis civilizatoria contemporánea. Asimismo, se buscarán las metáforas que deberían ser re-simbolizadas y re-significadas por obra de las utopías, y se examinarán las estructuras de poder escondidas tras sus discursos de verdad, así como los marcos de motivación que hacen funcionar el estado de cosas vigente.

En este capítulo se pretende mostrar que al mismo tiempo que la globalización constituye el proceso más radical de profundización y consumación de la modernidad capitalista, estamos viviendo en una nueva etapa histórica que he denominado: *la era de la supervivencia*. Esto significa que el ocaso de la modernidad es un proceso que determinará la conservación de nuestra especie en el planeta, y que como respuesta, las utopías ahora están orientadas no a criticar solo un modelo económico, sino a la crisis del pensamiento como totalidad sistémica –según se ejemplificará más adelante con el Buen Vivir–. No quiere decir que hemos salido de una época, asistimos a su agotamiento, lo cual se manifiesta de manera más dramática en la crisis ambiental, aunque por supuesto también lo hace en las crisis alimentarias, bélicas, migratorias, energéticas o económicas globales, pues las aristas del conflicto histórico se entreveran y articulan complejamente (Bartra, 2010a). Pero lo nuevo de la actual crisis es que debido al resultado acumulativo de la radical escisión entre cultura y naturaleza, ahora la sociedad enfrenta la insurrección del planeta habitado, el cual le es imposible dominar, como ha sido durante siglos la arrogante aspiración moderna. La historia enseña que el ser humano ante los cambios socioculturales y ambientales ha reaccionado avasallando pueblos, devastando culturas, invadiendo territorios, sometiendo a *otros* y *otras*; en todos los casos, siempre, sin excepciones, se trató de otras personas y culturas a las cuales logró oprimir. En *la era de la supervivencia*, la cuestión es distinta, puesto que ya no se trata de dominar a *otros* seres humanos, sino de resistir la revolución de la naturaleza, fenómeno que cae como bumerán sobre la misma especie que produjo el estrangulamiento planetario.

Veremos que la *era de la supervivencia* es la consecuencia de la pobreza de pensamiento occidental y, en particular, de la tajante emancipación del ser humano de la naturaleza, la cual constituye el mayor problema ontológico, epistémico y ético de la sociedad contemporánea. Con los símbolos culturales heredados de la tradición moderna, muchos creen sinceramente que la hecatombe ambiental puede detenerse con el desarrollo e implantación de diversas herramientas técnicas y con un modelo económico capitalista más amigable con el medio. Opino por el contrario, junto a Boaventura de Sousa Santos (2010), que no existen soluciones modernas para los problemas causados por la misma modernidad. Sus simbolismos están, ahora más que nunca, totalmente caducados. Si bien las aspiraciones de cálculo, manipulación, disciplinarización y dominación de la naturaleza, cobran su mayor auge durante la globalización y con los impresionantes desarrollos técnicos de las sociedades industriales, al mismo tiempo, tal discurso experimenta su impotencia e incapacidad para reparar el colosal deterioro ambiental sobrellevado por la humanidad entera. La sociedad globalizada está encontrando finalmente los límites de sus sistemas de pensamiento, y debe abandonar la racionalidad moderna, incluyendo la jubilación del capitalismo, si lo que desea es sobrevivir. No se trata de una decisión opcional. Lo que está ahora en juego es su propia vida, un desafío existencial nunca antes experimentado en la historia de la humanidad.

Anthony Giddens, Jürgen Habermas, Manuel Castells o Alain Touraine consideran que la globalización es el proceso irreversible de universalización de la modernidad el cual, para bien o para mal, constituye el destino irremediable del planeta (Escobar, 2005). Entiendo aquello de que la globalización es un proceso de profundización del proyecto moderno, pero no comparto la aseveración, según la cual desde ahora habrá modernidad para siempre y en todos lados. El clímax de la Edad Moderna es justamente la causa de su culminación. La realización de este proyecto se encuentra terminado. No me estoy refiriendo a los valores ilustrados de libertad, igualdad y democracia, puesto que ellos no son constitutivos de la modernidad según ha sido enseñado por la visión eurocentrista de la historia. Hablo de la universalización del capitalismo, de la colonialidad del sistema-mundo como patrón de poder mundial que comenzó con la constitución de América (Quijano, 2000a) tal como señalaré detenidamente más adelante. Es la cúspide de un proceso que inició a manera de pesadilla y termina, concomitantemente, con el riesgo de la extinción de toda la especie humana sobre el planeta. Es esta la razón por la que no es exagerado denominar la culminación de la modernidad como la *era de la supervivencia*.

Me he demorado en el primer apartado en elaborar algunos presupuestos teóricos sobre la determinación de nuestros sistemas de pensamiento, y el papel de la ideología en la imaginación colectiva, porque considero a la racionalidad moderna como el núcleo central de la actual crisis civilizatoria. Siguiendo los presupuestos elaborados, me concentraré inicialmente en describir la actual debacle ecológica y en realizar un diálogo con el pasado que nos permita encontrar los procesos de deformación y legitimación de los entramados simbólicos colectivos que la hicieron posible. Después se analizará el capitalismo industrial como el producto histórico de la brutal separación de los seres humanos de la naturaleza y se buscarán los principales simbolismos que nos han empujado a la multidimensional crisis planetaria. Por último, se planteará la dificultad de construir nuevos marcos epistémicos en cuanto las ideologías modernas, en su función de integración, aún siguen suministrando imágenes orientadoras para la vida cotidiana en las sociedades occidentales.

LA "EMANCIPACIÓN" HUMANA DE LA NATURALEZA Y LA INSURRECCIÓN DE LA MADRE TIERRA

Comenzaré discutiendo el tema de la crisis ambiental, la cual no se restringe a los efectos ocasionados por el calentamiento global antropogénico. Mucho más, se trata de una devastación ecológica múltiple, que incluye las alteraciones en los ciclos del nitrógeno y el fósforo, la contaminación del agua, los efectos de los aerosoles sobre la atmósfera, la polución química, el agotamiento del ozono estratosférico y la acidificación de los océanos, procesos que, reunidos juntos, configuran la sexta extinción masiva de la biodiversidad. Esta crisis ambiental –que determinará prontamente la supervivencia de la especie sobre la Tierra– debe ser entendida dentro de un contexto mayor de esplendor y culminación de la modernidad capitalista.

El calentamiento global es sin duda la más conocida de las debacles naturales, originada por las concentraciones de carbono atmosférico que no tienen precedentes en medio millón de años. El cambio de la temperatura terrestre se manifiesta, por un lado, en fuertes temporales invernales con nevadas y copiosas lluvias que ocasionan graves inundaciones por el desbordamiento de los ríos y derrumbes, pero también, en fuertes olas de calor en el verano, sequías e incendios forestales que arrasan implacablemente bosques enteros. Las secuelas de igual forma se hacen visibles en el derretimiento de los casquetes polares y el aumento del nivel de los mares, así como en el incremento en la extensión de los desiertos y la formación de huracanes cada vez más destructivos. Es muy probable que si continua el calentamiento de la Tierra, los daños sobre la naturaleza serán por completo irreversibles, y se reducirá aún más la disponibilidad de alimentos, con efectos desastrosos para ciertas poblaciones, las cuales se sumarían a los más de mil millones de hambrientos en el mundo.

A lo anterior debe añadirse el hecho de que el modelo agroindustrial de la revolución verde no solo no satisface las necesidades alimentarias de la humanidad, como lo demuestran las estadísticas de hambre en el mundo,[1] sino que también ocasiona serios peligros ambientales. En efecto, la elaboración y utilización de fertilizantes para la mal llamada "agricultura"[2] capitalista, y la producción de leguminosas, convierten el nitrógeno atmosférico en compuestos reactivos que causan contaminación atmosférica y terminan depositados en los océanos, los cuales a su vez, también están contaminados con fósforo, elemento utilizado para el abono de suelos con uso agrícola. El problema del último aspecto radica en que su aumento en aguas marinas está fuertemente relacionado con la falta de disponibilidad de oxígeno, situación que podría explicar algunas de las extinciones masivas ocurridas en el pasado (Handoh y Lenton, 2003). Del mismo modo, el reemplazo de bosques y selvas

---

[1] Según la Organización de las Naciones Unidas para la Agricultura y la Alimentación (FAO), durante el año 2012 existían 870 millones de personas con hambre y subnutrición crónica, alrededor de la octava parte de todos los seres humanos.

[2] En otro lado he discutido la inconveniencia de llamar "agricultura" a la producción fabril de alimentos de la revolución verde. Véase Giraldo (2013).

para monocultivos y áreas urbanas, tiene efectos sobre el calentamiento global por la deforestación resultante, la pérdida de biodiversidad y la alteración de los sistemas geológicos del planeta.

Ahora bien, tanto la "agricultura" de la "revolución verde", como la industria urbana, se apropian de más de la mitad del agua dulce del planeta, la cual luego de ser utilizada, es devuelta al ciclo hídrico, pero contaminada con plaguicidas, efluentes industriales y otros químicos sintéticos, lo que afecta la salud animal, humana[3] y ambiental. Por su parte, la contaminación atmosférica con aerosoles está alterando los mecanismos mundiales de precipitaciones, con peligro de afectar algunos sistemas de lluvias como el del Sudeste Asiático y la Cuenca del Océano Indico (Rockström *et al.*, 2009) de las cuales dependen las cosechas y la vida de más de la mitad de la humanidad. A ello debe agregarse la contaminación que condujo al agotamiento del ozono estratosférico y la consecuente filtración de rayos ultravioleta, así como la emisión de compuestos radioactivos, contaminación con metales pesados y con diversos químicos desechados por la industria moderna, todo lo cual altera la salud de los seres vivos con los obvios corolarios sobre la biodiversidad.

En particular es importante la contaminación por dióxido de carbono, responsable en gran medida del calentamiento global, compuesto que además de quedarse en la atmósfera, se difunde en el mar, contribuyendo a otra ruina ambiental igual de peligrosa para la vida, como lo es la acidificación de los océanos. El problema que conlleva el aumento de la acidez del agua –la cual está incrementándose mucho más rápidamente que en los últimos veinte millones de años–, se debe a que muchos organismos marinos como los moluscos y corales, son muy sensibles a los cambios del pH, por lo que son previstos profundos desastres en los ecosistemas oceánicos, pudiendo degenerar en la extinción de la totalidad de la vida marina que depende de estos organismos (Rockström *et al.*, 2009). Si recordamos que en los ecosistemas existen ciertas especies cuyo papel es irremplazable en las cadenas alimenticias, concluiremos que si ellas desaparecen arrastrarían a todas las demás.

Y esto es lo que justamente está en juego en la destrucción de la biodiversidad originada por el "biocidio" antes descrito. Es tan dramático el golpe sobre la vida, que se estima la pérdida de treinta mil especies por año (Wilson, 1989), razón por la cual existe consenso en la comunidad científica respecto a que estamos en la sexta extinción masiva de la his-

---

[3] Hoy más de mil millones de personas no tienen acceso directo al agua y más de dos mil millones sufren de enfermedades por culpa de la disposición de agua contaminada (wwf, 2010).

toria natural. El Panel Intergubernamental de Expertos sobre el Cambio Climático (IPPC, 2007) calcula que si la temperatura mundial aumentara tres grados y medio Celsius, podría sobrevenir una extinción de hasta 70% de las especies conocidas del planeta.[4] Según sabemos, la última de las grandes extinciones ocurrió hace unos 65 millones de años, con la eliminación de los dinosaurios terrestres, mientras que la actual hecatombe ecológica comienza activamente[5] con la Revolución agrícola de hace diez mil años, y se intensifica y consolida con la Revolución industrial europea del siglo XVIII. De acuerdo con el premio Nobel de Química Paul Crutzen (2002) desde ese momento se inicia una nueva era geológica denominada Antropoceno, y finaliza la anterior conocida como el Holoceno, lo que da cuenta de las alteraciones ambientales durante la modernidad industrial capitalista.

Podemos deducir fácilmente de la rápida descripción hecha sobre las hecatombes ambientales, que no es posible la vida humana sin biodiversidad terrestre y marina, puesto que solamente es viable en la interrelación con otras especies. Su subsistencia es la condición ineluctable de la posibilidad de nuestra vida.[6] Y no digo la totalidad de la vida. La pedantería humana no puede llegar al extremo de afirmar que debido a su obra predatoria se acabará con toda la vida sobre el planeta. Según enseña la historia natural, la vida, luego de periodos muy largos tras cada extinción masiva, ha sido capaz de recuperarse. Sin embargo fue siempre necesario que la causa del evento desapareciera. En la sexta extinción, dado que la causa somos nosotros, podremos elegir el camino de la autodestrucción para que luego de nuestra desaparición la vida rebrote o, por el contrario, permitir nuestra supervivencia como especie, lo cual depende de la modificación radical de la sociedad moderna y capitalista construida. Esta es la disyuntiva existencial de la *era de la supervivencia*.

* * *

[4] El IPCC ha advertido sobre la alta probabilidad de que la temperatura aumente tres grados Celsius antes del 2050.

[5] En realidad la sexta extinción masiva empezó cuando los primeros grupos humanos se dispersaron de África a diferentes partes del mundo hace cien mil años, pero la alteración de los ecosistemas más radical se da con la Revolución de la agricultura durante el periodo neolítico.

[6] Por citar solo un caso, se sabe que las abejas polinizan un tercio de los alimentos consumidos por los humanos. Si ellas se extinguieran los humanos nos extinguiríamos junto a ellas.

Como bien señala Crutzen, el punto de inflexión lo encontramos a partir de la segunda mitad del siglo XVIII, pues a partir de este periodo histórico se acelera el paso de los desastres ecológicos hoy padecidos que configuran la justa insurrección de la Madre Tierra. La Revolución Industrial europea fue posible gracias al desarrollo de la técnica moderna y, particularmente, a la energía derivada del vapor y la combustión de carbón, de manera que lo apropiado sería partir de la técnica para de-construir y entender el fundamento de la crisis ontológica, epistémica y ética que tiene a nuestra especie al borde de la desaparición.

Entiendo con Heidegger (1994b) que lo conocido en nuestros días como técnica, es la aplicación concreta y práctica de los hallazgos hechos por las ciencias modernas, aspecto que la hace diametralmente distinta a todas las demás técnicas anteriores. La técnica moderna solo pudo ponerse en marcha a partir del momento en que las ciencias fueron desarrolladas en la Europa de comienzos del siglo XVII. Un examen cronológico de los eventos históricos muestra que primero se produjo la ciencia moderna y una vez establecida con su método científico, tuvo lugar la invención de máquinas para la producción industrial del siglo XVIII. No obstante y siguiendo a Gadamer (1988), *lo que una cosa es, la expresión de su sentido, solo se distingue desde la distancia histórica con respecto al pasado*, por lo que si invertimos la interpretación, y la hacemos a la luz de los hechos acaecidos, veremos que en la medida que el conocimiento moderno se basa en el principio del conocimiento útil, realmente la técnica es la que emplaza el urgente progreso de la ciencia para satisfacer los requerimientos del capitalismo mundial emergente.

Sin embargo, si todavía quisiéramos hilar más fino, y entablaramos diálogo con el mundo presente con la pregunta: ¿qué necesita la globalización para existir?, responderíamos, sin lugar a dudas, que del auxilio técnico, puesto que los circuitos mundiales de producción y consumo, así como la libre circulación del capital, dependen de la técnica para operar globalmente. Así, al establecer la relación histórica entre la contemporaneidad y los primeros años de modernidad industrial, encontraremos que el progreso técnico ha sido demandado por la actual globalización capitalista. De modo que desde la óptica de la "historia acontecida"[7] es la globalización la que solicita el desarrollo de la técnica, y esta, a su vez, el de la ciencia moderna. Como resultado del anterior análisis, al final tendríamos que concluir que la ciencia moderna es emplazada a surgir por la globalización, en cuanto es ella el máximo esplendor y consumación de la modernidad capitalista. Por lo que sigue,

---

[7] Historia acontecida quiere decir representar la historia no según el orden cronológico de los acontecimientos, sino pensar lo que cada hecho histórico ha solicitado de antemano.

deberíamos concentrarnos específicamente en el primer eslabón, el de la ciencia moderna, puesto que es el que se demanda primero, y sin el cual no habría sido posible la técnica moderna, ni el orden social vigente.

Con Heidegger (1996)[8] abordaré el tema desde su pregunta esencial: ¿en qué consiste aquello a lo cual llamamos ciencia moderna? Cuestionamiento que se responderá afirmando que justamente en el proceso investigativo. Es éste el aspecto que la diferencia de la ciencia medieval precedente, puesto que durante la Edad Media no se usaba la observación directa de la naturaleza, sino que se empleaba un método esencialmente dialéctico. El procedimiento consistía en partir de premisas aceptadas por el sentido común, las cuales debían adaptarse a las Escrituras y a las opiniones de los antiguos. Luego se extraían deducciones de dichos axiomas, y la prueba de la verdad no era su verificación empírica, sino el hecho de que encajara en el sistema aceptado. Nicolás Copérnico todavía usó el viejo método escolástico para postular su teoría heliocéntrica, no observando el cielo, sino leyendo a Cicerón, quien sugería que Hicetas había sostenido que la Tierra giraba diariamente sobre su eje, y al griego Aristarco de Sarmos, quien dieciocho siglos atrás había dicho que la Tierra describía rotaciones alrededor del sol (Randall, 1952). De manera que la ciencia moderna se diferenció diametralmente de la medieval por la investigación y la elaboración del método científico.

En efecto, durante el siglo XVI el problema primordial para quienes rechazaban la ciencia de la Edad Media consistía en cómo hallar un método infalible para acceder a la verdad. Los científicos del Renacimiento pensaban que la ciencia debería partir de la experiencia y no de la autoridad de los antiguos. Sin embargo existía aun una inseguridad. El descubrimiento de Copérnico había hecho dudar de los sentidos como fuente de conocimiento seguro, por lo que las causas de los fenómenos percibidas por la observación, deberían ser demostradas además matemáticamente. Con los principios aceptados, se tuvo la base para constituir el nuevo método respaldado por el experimento el cual sería el dispositivo por excelencia de todo conocimiento. Solamente a partir de Galileo Galilei se aplicó con seriedad, y es a René Descartes a quien se le debe la enumeración sistemática de las reglas y el método científico. Precisamente, la ciencia moderna basada en experimentos, se aleja tanto de la ciencia antigua –asentada en la contemplación y la perfección inmutable– como de la medieval –fincada en la dialéctica sin observación directa de la naturaleza–, ambas concebidas sin el requerimiento de cualquier tipo de experimentación (Randall, 1952).

[8] En esta parte seguiré la argumentación hecha por Heidegger en *La época de la imagen del mundo.*

Así, la investigación de la ciencia moderna nos lleva ahora a analizar el papel del experimento, en la medida en que es su fundamento constitutivo. El experimento puede definirse como una representación de la naturaleza en donde se manipulan las condiciones de aquello que se desea conocer. Usualmente se divide lo que va a investigarse en dos o más grupos: el primero, corresponde al grupo control, el cual permitirá la comparación de los hallazgos, mientras que en los demás se modificarán las variables que podrían determinar la causa del fenómeno. A todos los grupos experimentales se le aplican mediciones matemáticas, que posteriormente serán confrontadas con el grupo control, buscando encontrar las diferencias en cada una de las manipulaciones. Como se ve, consiste en un intrincado complejo de controles, cálculos, mediciones y comparaciones de un artefacto elaborado por un investigador. El experimento en la ciencia moderna se convierte en la fuente de toda objetividad; en él reside la verdad y la certeza infalible que garantiza la certidumbre del saber.

Pero lo metafísicamente relevante, según anota Heidegger (1996), es que la ciencia moderna mediante el experimento, convierte lo que está en frente en *objeto,* lo cual es un punto esencial del método científico moderno que no había estado presente en ninguna época anterior. Pero también, que en el mismo instante en que lo que está delante se transforma en *objeto,* el ser humano puesto en escena, se convierte a sí mismo en *sujeto.* Es este el aspecto esencial de la Edad Moderna: que el hombre blanco y europeo, convertido ahora en *sujeto,* se vuelve en el único *ser* sobre el cual se fundamenta todo lo existente.

A través de la ciencia podemos observar que durante la modernidad se presenta la radical disociación del hombre occidental y la naturaleza. La tajante ruptura en la que él se convierte a sí mismo en *sujeto* y todo lo demás en *objeto.* Aunque es preciso hacer una distinción. No todos los seres humanos son sujetos. Únicamente lo son los varones adultos heterosexuales de piel blanca y de origen europeo; todos los y las demás, al igual que las plantas, animales o las cosas, pasan a ser simples objetos sumisos de control, dominación y sometimiento, aspecto que se retomará más adelante cuando se discuta sobre la conquista de América y el auténtico nacimiento de la Edad Moderna

Hay además una metáfora importante encontrada por Heidegger. Por medio del experimento se hace posible poner las cosas ante sí, como una especie de reflejo o imagen aparecida frente al *sujeto.* Resulta interesante que los principales instrumentos de la investigación de la ciencia natural, como el telescopio, el microscopio o el estereoscopio, estén diseñados de modo que pueda "ponerse ante los ojos". La cuestión es que emerge la metáfora según la cual "el mundo puede ser visto como imagen", con la que se genera la *creencia perceptiva*[9] de que todo lo existente se encuentra separado del observador y puede ser visto distante a él. Evidentemente, es un proceso ideológico de deformación en virtud del cual pareciera que el *sujeto* pudiera separarse del *objeto*. Una distorsión en la que ya no se forma parte del medio natural, sino que se es un espectador que percibe las cosas de forma ajena e impropia. Sin duda, corresponde a una operación ideológica, puesto que es imposible apartarnos de un mundo en el que desde siempre hemos estado inmersos. Además, porque no podríamos convertirnos en sujetos, si no reconocemos que el árbol, la ardilla, o el agua son igualmente sujetos, y porque ningún organismo de la Madre Tierra es en realidad un *objeto*. Considero que es el sistema ideológico más importante durante la modernidad, y que se pueden explicar muchas otras significaciones derivadas de esta brutal separación entre la cultura occidental y la naturaleza.

Durante la modernidad esta ideología se ha constituido en el discurso de verdad que en la práctica ha permitido reproducir toda la dominación sobre el medio, pero también la opresión sobre las demás personas, según trataremos después. Tal vez la expresión *recurso natural* corresponde al discurso ideológico que en la actualidad muestra con mayor claridad cómo es posible aprehender el mundo de manera instrumental: "la naturaleza es un recurso para saciar las necesidades de las personas: es y existe, solo y para los seres humanos" significa. Tiene un potente contenido simbólico que nos indica que podemos disponer de "el recurso" a nuestra discrecionalidad, siempre y cuando sirva para satisfacer nuestros requerimientos. Es una ideología que no se mantiene estática. Se enmascara ahora bajo las premisas del discurso del desarrollo sostenible, con el que se suaviza el mismo presupuesto ideológico heredado de la modernidad. "Satisfacer las necesidades de las generaciones presentes sin comprometer la capacidad de las generaciones futuras de satisfacer las suyas", como se lee en el informe Brundtland de las Naciones Unidas, en otros términos quiere decir algo así: "sigue usando la naturaleza, *pues está ahí para ti*, solo que no te excedas mucho, para que tus hijos también puedan aprovecharla", lo cual en definitiva sigue sugiriendo una visión antropocéntrica en donde los *recursos naturales* son un *objeto* disponible para nuestra ahora racional disposición (Giraldo, 2012b).

El marco de motivación más importante que ha permitido la legitimación de tal ideología, ha sido la pretensión de convertirnos en amos y dueños de la naturaleza. Desde inicios del siglo XVII con Bacon, pero decisivamente con Descartes, se pensaba que gracias al método cientí-

---

[9] Hay que recordar el argumento esbozado en el capítulo anterior según el cual la ideología busca generar una "creencia perceptiva" en una comunidad.

fico por fin había llegado el momento en el que el ser humano podría arrebatarle a la naturaleza todos sus secretos. Había llegado la aspiración de la dominación del mundo, la ambición de doblegar la naturaleza para ponerla al servicio de la voluntad humana. En efecto, Descartes en su *Discurso del Método* (2008:38) escribía:

> ... se puede encontrar una filosofía eminentemente práctica, por medio de la cual, conociendo la fuerza y las acciones del fuego, del agua, del aire, de los astros, de los cielos y todo lo que nos rodea... aplicaríamos esos conocimientos a todos los usos adecuados y nos constituiríamos en amos y poseedores de la naturaleza.

Cerca de 300 años después, en 1955, durante un encuentro internacional de premios Nobel, el científico Wendell Stanley advertiría: "Se acerca la hora en que la vida estará puesta en manos del químico, quien podrá descomponer o construir, o bien modificar la sustancia vital a su arbitrio" (Heidegger, 1994a). Varios decenios después podemos verificar cuán acertados estaban sus vaticinios mediante lo que hoy conocemos como biotecnología, con la cual se está logrando, inclusive, la apropiación industrial de la vida misma. Las intenciones de ser amos de la naturaleza, continúan siendo hoy básicamente idénticas a las del siglo XVII, pues la humanidad sigue fascinada por su enorme –y en realidad sorprendente– capacidad de controlar, manipular y sojuzgar el mundo natural a su antojo.

Pero el interés de extender el imperio humano sobre la naturaleza por medio de la ciencia es un ideal absolutamente moderno. Durante la Edad Media europea el conocimiento de la naturaleza en sí misma se habría considerado un propósito casi blasfemo. Para Tomás de Aquino, por ejemplo, la ciencia no tenía como fin dominar la naturaleza, sino buscar la comprensión y contemplación, puesto que la meta que debía perseguirse era la sabiduría y el entendimiento de las creaciones divinas. Similarmente, en la antigüedad, la finalidad de la ciencia era servir al bien, hacer posible la vida, la felicidad y la virtud. Es solo a partir del siglo XVI cuando en Europa se comienza a sentir la insatisfacción de todo conocimiento que no fuera útil y aplicable a los intereses de la creciente vida urbana y al capitalismo mundial emergente. La ciencia moderna, en consecuencia, abandona completamente el objetivo de alcanzar la gloria de Dios o la virtud como fines en sí mismos, y se transforma en un instrumento para aumentar el poder del hombre blanco y europeo sobre la naturaleza y sobre los demás seres humanos. No quiero decir con ello que la ruptura de amarras con la naturaleza en Europa hubiera comenzado con la modernidad, es sólo que el método científico da por fin con el medio idóneo para un proyecto inacabado que puede remontarse a los orígenes de la institución patriarcal.

Recordemos que en las culturas sumeria, griega, celta, nórdica, vasca, romana, y en general, en todos los cultos europeos y egeos, existían deidades femeninas que servían para celebrar la fertilidad de la tierra. Particularmente, la Diosa Madre era vista como la divinidad dadora de vida y se representaba frecuentemente como la Madre Tierra.[10] Este hecho nos hace pensar la manera sagrada en que todavía era concebida la naturaleza. El advenimiento del patriarcado, desde antes de la civilización sumeria en Mesopotamia, supuso la creación de una ideología en donde se impusieron valores masculinos sobre los femeninos, y la paulatina sustitución de las diosas por dioses varones. Fue gradual, porque en las culturas patriarcales aun subsistieron las diosas madres. El golpe definitivo en la cultura occidental ocurre durante la institucionalización del monoteísmo judeocristiano en el Imperio Romano. En todo caso, en la ancestral lucha de fuerzas entre el patriarcado sobre las sociedades matrilineales y el correspondiente valor de los contenidos simbólicos de ella derivados, se ubica la primera gran separación del ser humano y naturaleza.

Dada la importancia del monoteísmo judeocristiano en la escisión de la cultura occidental y los ecosistemas, es fundamental prestar atención al relato hebreo del Jardín del Edén, puesto que es el mito de origen del judaísmo y la narración constitutiva de la "europeidad" (Dussel, 1994). En efecto, en el primer libro bíblico se aprecia, con suma claridad, el evidente distanciamiento de los judíos con la naturaleza: "Hagamos al hombre a nuestra imagen, conforme a nuestra semejanza –dijo Dios–; y señoree en los peces del mar, en las aves de los cielos, en las bestias, en toda la tierra, y en todo animal que se arrastra sobre la tierra" (Génesis 1:26). Como se estima, el mandato divino que se transmite a través de Adán y Eva es definitivamente contundente: "Fructificad y multiplicaos; llenad la tierra, y sojuzgadla…" (Génesis 1:28). Consiste en someter la naturaleza, la cual ha sido puesta al servicio de hombres y mujeres por obra de su Creador. Lo que puede analizarse es que en el mismo encargo de "dominar la tierra" del Génesis –escrito basado en historias orales que datan del segundo milenio antes de Cristo– ya está implícita en el pensamiento semita el apartamiento de la naturaleza puesto que, como

---

[10] Según la historiadora feminista Gerda Lerner (1990), en las evidencias arqueológicas que datan a partir del cuarto milenio antes de Cristo, se aprecia a la diosa madre acompañada de árboles, cabras, serpientes, pájaros, huevos y distintos símbolos vegetales. Dichos simbolismos aunados a los mitos de origen, han sido interpretados como un sistema de creencias animistas que rinden culto a la deidad femenina para celebrar la fertilidad y la unión entre humanos y la naturaleza.

bien señala Javier Medina (2008), es imposible "dominar la tierra" si se tiene conciencia de ser parte simbiótica de ella.

Otro lugar donde ya se aprecia la separación de la cultura y el medio natural es la religión griega, lo cual es un aspecto identificado por Theodor Adorno y Max Horkheimer (1987) en su obra *Dialéctica del iluminismo*. Según los autores, en la mitología griega había una distinción muy clara entre los dioses olímpicos y los elementos naturales. En efecto, Zeus tenía el poder total sobre el cielo, Poseidón sobre el mar, Apolo sobre el Sol o Potnia Theron sobre los animales, lo que anuncia el apartamiento del entorno y esboza el esquema de dominación sobre la naturaleza concebida en la cosmovisión de la cultura helénica.[11] Pero si además se aprecia que a las divinidades griegas se les asigna un decidido parecido con la figura humana podemos deducir que, igual al mito judío bíblico, se está avizorando el traslado del poder sobre todo lo existente a las personas. Tanto el mito del Jardín del Edén como el de la religión olímpica, tienen en común la invención de una ideología de los inicios del mundo que legitiman las aspiraciones de dominación sobre la naturaleza al atribuírselas a fuerzas divinas, y así convertirlas en premisas fundamentales a las que debe referirse toda creencia sobre el justo sometimiento de la naturaleza. La aspiración patriarcal de la dominación del mundo se sustenta en los mitos de origen, en los cuales su legitimidad está dada de antemano por omnímodo mandato celestial.

Así pues, podemos apreciar que el quebrantamiento cultura-ecosistema (Ángel, 1996) no es asunto exclusivo del pensamiento del siglo XVII; es un añejo ideal occidental. Incluso en la noción de la Buena Vida griega ya está vislumbrado el desarraigo de la naturaleza,[12] puesto que desde su visión, la ciudad es el lugar por antonomasia donde ella puede ser efectuada.

> –Es la *polis* el espacio propicio–...en que se realiza la Buena Vida, por oposición al espacio bárbaro: incivilizado, que está ligado a la agricultura, al bosque y, por tanto, a la naturaleza... El ideal griego de la Buena vida está,

[11] En realidad puede considerarse una cultura de transición, pues en su mitología, la diosa Gea es considerada aun como la Diosa Madre, pero la idea de dominación está advirtiendo la separación de la naturaleza.

[12] En la filosofía griega la visión de un mundo separado se inicia con Platón. Específicamente en el "Mito de la Caverna" de *La República*, se "muestra como todo aquello que percibimos con nuestros sentidos es mera apariencia: lo verdadero está oculto a nuestros sentidos... Platón funda la filosofía metafísica. Y esta manera de ver el mundo como escindido en dos, uno fuente de verdad y otro fuente de engaño o, simplemente, mundos opuestos, simultáneos, dialécticos o como se interprete, pero mundo escindido, –que– determina todo el pensamiento occidental" (Noguera, 2004:33).

asimismo, vinculado a la actividad contemplativa, al desarrollo del intelecto, del cuerpo y de las artes, a la política y a la posibilidad de disponer de tiempo libre para hacer lo que el espíritu demande" (Medina, 2008:31).

Por el contrario, las tareas relacionadas con la ruralidad nunca estuvieron asociadas al arte del buen vivir. Me adelantaré mencionando que en la concepción del Buen Vivir de algunos pueblos de Latinoamérica, en contraposición a su homólogo griego, la existencia de la vida sólo es posible imaginarla en virtud de los vínculos con la naturaleza, en una conexión íntima e intersubjetiva que conforma la totalidad.

Según se ha dicho, en realidad lo nuevo de la ruptura durante la Edad Moderna, es que por fin se ha encontrado el dispositivo para doblegar la naturaleza con la invención del método científico, y que gracias a él, el varón europeo se alza a sí mismo como único y omnisciente *sujeto* que ha hallado en el experimento la fuente de toda objetividad. Ahora, situando al frente de sí todos los objetos –incluida toda la naturaleza–, él se entroniza en su nueva posición, emancipándose finalmente de las ataduras que aún lo amarraban a su medio. Estrenándose como *sujeto* emprende la senda del soberbio proyecto de antaño, de convertirse, ahora sí, en señor y amo de todo lo existente. Hoy, durante la *era de la supervivencia*, pagamos las implacables consecuencias de su arrogancia y de este divorcio artificioso.

La separación del ser humano y naturaleza es el mayor problema ontológico de la cultura occidental. Lo es porque hemos olvidado que nuestro *ser* solo es posible que *sea,* en una relación intersubjetiva con todo lo demás, es decir, en el vínculo con otros *sujetos* plantas, otros *sujetos* animales, otro *sujeto* agua, e incluso, otros *sujetos* como el carbón o el petróleo[13] (Giraldo, 2012b). Si reconocemos la subjetividad de la naturaleza, y rechazamos la objetividad impuesta durante la modernidad, resultaría absolutamente lógico, según demandan las utopías emergentes del Buen Vivir, que tal como ocurrió con la declaración de los derechos humanos durante la Revolución francesa, se promulguen los derechos de la Madre Tierra en cuanto sujeto de derechos. Pero si seguimos aprehendiéndola como recurso natural, es decir como objeto para nuestro libre arbitrio, resulta descabellado imaginar que a "un recurso" se le puedan atribuir derechos.

---

[13] Por miles de años las plantas almacenaron el gas carbónico bajo la tierra en forma de petróleo y carbón. Pero al extraerlos se creó el desequilibrio climático y la contaminación atmosférica que nos tiene *adportas* de la extinción como especie. Razón tenían los indígenas cuando advertían que el petróleo sobre el cual había puesto los ojos la humanidad era la sangre de la tierra.

Con este sistema simbólico de pensamiento, además, se ha construido el desprecio sobre la ruralidad, pues el espacio donde se encuentran las selvas, los bosques y el agua, y en el que se realiza la agricultura, la pesca, la crianza de animales ha estado relacionado con el atraso, con lo no civilizado. Su función se limita a proveer materias primas y recursos naturales para la urbe: sitio privilegiado donde se celebra la Vida Buena, como pensaban los griegos, o el lugar donde es posible el progreso según se asegura con las ideologías de la modernidad. Durante la Edad Media europea la relación con la tierra y la agricultura era el fundamento mismo de la sociedad, por lo que la independencia de la era medieval supuso la displicencia con la ruralidad, la cual debía subordinarse a la vida civilizada urbana, pues la manufactura, y no las actividades del campo, era la verdadera fuente de riqueza nacional. Gracias a lo anterior, lo rural, en el imaginario colectivo, todavía representa el atraso, el "subdesarrollo" que debe ser superado por medio de la consecuencia técnica de la modernidad: "la modernización" –criterio que inicia en la posguerra en América Latina, África y Asia–, mediante el avance hacia una sociedad cada vez más industrializada.

* * *

La aprehensión instrumental de la naturaleza como *objeto* también tenía enmascarado el objetivo de la dominación sobre los *otros* seres humanos. Como se mencionó antes, el europeo se había concebido a sí mismo como el único sujeto, y había encontrado en Descartes la certidumbre de su "yo", por medio de su inherente superioridad como *ser* que piensa. Pero los animales y las plantas no razonan; son tan solo objetos, que pueden explicarse a partir de principios mecánicos, es decir, por la separación de sus elementos y el entendimiento de cómo funcionan sus procesos en cada una de sus partes, según predicaba el nuevo método científico. La idea cartesiana consistía en investigar el mecanismo implícito de toda la naturaleza. Con Descartes y posteriormente con Newton, la naturaleza fue transformada en una vulgar máquina.

Años después, tal concepción aplicada a la biología, significaría que la vida sería convertida en un elemental asunto de cambios fisicoquímicos. Surge así la metáfora ideológica que genera la creencia perceptiva de "hacer ver" a los organismos vivos "como máquinas químicas". No obstante, en el mecanicismo cartesiano aún quedaba un fundamental giro adicional: si por un lado, los seres humanos tienen el don del pensamiento, el cual los ubica privilegiadamente en la posición dominadora sobre su medio, por el otro, son también organismos vivos, razón por la que su biología puede interpretarse, al igual que el resto de la naturaleza, en términos mecanicistas. Hoy la ciencia reduccionista del siglo XXI no puede aceptar la metáfora más al pie de la letra: el amor, la felicidad, el gozo o la ternura son reducidos al papel de los neurotransmisores en la compleja máquina del cerebro.

Mediante esta ideología el ser humano comienza a ser "visto como una máquina", percepción que necesitaría la Revolución Industrial para la explotación de los obreros en las fábricas. Si bien de acuerdo a los hechos históricos el capitalismo industrial llega en la segunda mitad del siglo XVIII y el mecanicismo inicia con Descartes en el siglo XVII, desde la perspectiva de la "historia acontecida" heideggeriana, es la Revolución Industrial la que solicita a la ciencia moderna la invención de la metáfora del "ser humano como máquina", para poder aprovecharla, literalmente, y de la manera más brutal en el capitalismo industrial emergente. Es, sin duda, una operación ideológica de deformación pues al decir de Castoriadis (1989:274): "tratar a un hombre –y a una mujer– como cosa, o como puro sistema mecánico, no es menos, sino más imaginario que pretender ver un búho... pues el parentesco real con un búho es incomparablemente mayor que el que tiene con una máquina", y, pese a ello, nunca una metáfora fue interpretada tan textual y cruelmente como esta en la modernidad industrial. De manera encubierta, el anhelo de la dominación de la naturaleza también significó la opresión sobre los *otros* seres humanos.

No obstante, tenemos que ir aún más atrás en el análisis, pues la aspiración del sujeto de convertirse en amo y señor de todo lo existente fue precedida de 150 años de imperialismo sobre América. Su soberbia pretensión tuvo que sustentarse en un *ego* adquirido con el avasallamiento de las poblaciones americanas. De manera que la idea de dominar la naturaleza del siglo XVI y XVII, a la luz de la distancia histórica, demandó inicialmente de la opresión de las culturas originarias de este continente, por lo que, de acuerdo con los autores latinoamericanos Enrique Dussel (1994), Aníbal Quijano (2000a) o Walter Mignolo (1995), la modernidad comienza con la conquista de América y no con el Renacimiento, la Reforma y la Ilustración de los siglos XVII y XVIII según sostiene Habermas (1989), o con las teorías de Rousseau y Marx como sugiere Jean-François Lyotard (2006). Para los últimos pensadores, hay posmodernidad en la medida en que los valores ilustrados y los grandes relatos pierden vigencia. Sin embargo, la interpretación histórica de la posmodernidad pierde su fundamento, si la analizamos a la luz de la conquista americana como inicio de un proceso consolidado con la globalización del capitalismo del sistema-mundo, de acuerdo con el concepto de Immanuel Wallerstein.

Hasta antes del "descubrimiento" de América, Europa era un área periférica y secundaria respecto al mundo musulmán. Era una cultura aislada, y nunca había sido el centro de la historia, según pensaba Hegel (Dussel, 1994). Incluso, hasta fines del siglo XVII, el emperador chino no consideraba que había algo que pudiera aprenderse de la cultura europea (Randall, 1952). El punto más crítico para Europa lo había constituido la ocupación de Constantinopla por parte de los turcos en 1452, hecho que en la práctica le representaba quedar sitiada y bloqueada para el comercio de sus productos. Sin embargo para Hegel, quien "es el primer filósofo que desarrolló un concepto claro de modernidad" según Habermas (1989:15), Europa era absolutamente el centro y el fin de la historia universal. Tan miope visión no solo refleja la soberbia de los europeos de comienzos del siglo XIX,[14] quienes alzados soberanamente como sujetos veían en su cultura el eje y culminación de la historia, sino que también ignoraba la situación europea antes de la destrucción de los pueblos del continente americano. La verdad es que Europa no había sido nunca el centro de la historia. Tuvo que esperar hasta la conquista de América para que su centralidad constituyera otras civilizaciones en su periferia, y salir de los límites dentro de los cuales el mundo musulmán los había subsumido. De modo que el nacimiento de la Edad Moderna ocurre con la conquista del continente americano en el siglo XVI, lapso en el que Europa se vuelve el centro, y establece en su periferia a las otras culturas, interpretación que a contracorriente, renuncia a la tradicional historia eurocentrista inaugurada por Hegel e intenta aproximarse a una definición mundial de la modernidad (Dussel, 1994).

Una vez conquistada, América se convierte en la fuente de la acumulación originaria del capital, lo que permitió una progresiva monetización del mercado global, gracias al saqueo de metales preciosos del subcontinente. Además, tras el "descubrimiento del nuevo mundo", Europa ganó una posición privilegiada como centro del comercio, con lo que pudo fácilmente adquirir el control del intercambio de mercancías con "China, India, Ceylán, Egipto, Siria, y los futuros Lejano y Medio Oriente" (Quijano, 2000a:206). De tal manera, Europa surgió como sede medular del mercado, e impuso su dominio colonial sobre todas las regiones periféricas del planeta, mediante su incorporación al sistema-mundo recién

---

[14] Esta visión puede apreciarse en la siguiente cita de Hegel (1985:171) en sus *Lecciones sobre la filosofía de la historia universal*: "Los aborígenes son una raza débil en proceso de desaparición. Sus rudimentarias civilizaciones tenían que desaparecer necesariamente a la llegada de la incomparable civilización europea. Y así como su cultura era de calidad inferior, así quienes siguieron siendo salvajes lo fueron en grado sumo: son las muestras más acabadas de la falta de civilización… A los europeos les tocará hacer florecer una nueva civilización en las tierras conquistadas… hará falta un buen lapso de tiempo para que el europeo consigna despertar en ellos un poco de dignidad".

conformado. El comienzo de la Edad Moderna, por lo tanto, se presenta con la constitución de América y del capitalismo eurocentrado a escala mundial (Quijano, 2000a).

Hasta el momento se ha interpretado la modernidad desde la perspectiva europea, no porque comparta la definición tradicional excluyente del resto de la Tierra, sino porque desde los inicios de este periodo histórico, se impuso sobre los demás pueblos su cultura hegemónica como la única válida, y se establecieron sus respectivos discursos de verdad con el fin de mantener el poder global, hoy reinventado bajo el sofisticado imperio estadunidense.[15]

Lo que pretendo destacar por ahora, siguiendo a Dussel, es que el objetivo de dominar la naturaleza y la separación del *sujeto* frente al *objeto*, estuvo precedida por la experiencia de la conquista americana, pues a partir de este momento se funda el *ego* europeo cuando logra vencer, oprimir, exterminar y someter al *otro*, quien es aprehendido no como humano, sino como *objeto* susceptible de control, manipulación y enajenamiento. Con la invasión de América se crean las bases egocéntricas del varón blanco conquistador y sus capacidades dominadoras. No es de extrañar que en el siglo XVI hubiera adquirido la petulancia de querer convertirse en amo y señor sobre todo lo existente con la invención del método científico. Pero además, que internamente, conformara el hábito de sometimiento sobre los *otros* europeos obreros, "vistos como máquinas", durante la Revolución Industrial del siglo XVIII mediante la invención de las ideologías y las disciplinas capitalistas.

Es deducible entonces, que la miseria del pensamiento moderno radique en el hecho de poner la naturaleza ante sí como un *objeto*, y hayamos olvidado que la condición de nuestra existencia no es la dominación, sino la relación intersubjetiva con los demás sujetos naturales. Pero también que nuestra vida solo es posible en la relación intersubjetiva con *otros* seres humanos, quienes deben ser vistos como sujetos y no "como objetos", la cual es una metáfora moderna inventada en la conquista del continente americano. De hecho el capitalismo no podría funcionar sin tal deformación ideológica. Para que alguien se enriquezca, debe ver al *otro* en forma de máquina susceptible de explotación, pero nunca como radicalmente *otro*. Quiero decir enfáticamente que un sujeto no puede existir sin el *otro*, pues ambos adquieren sus propiedades a consecuencia de sus interacciones. Pero el varón blanco y europeo tuvo que individualizarse, encumbrarse a sí mismo en *sujeto*, y diferenciarse en una entidad autónoma y distinta de *otros* entes naturales y humanos de su entorno, para lograr el cometido de aprehenderlas como *objetos*.

---

[15] Para un examen detallado de la estrategia imperialista de Estados Unidos véase Chomsky (2005).

Para aspirar a someter la tierra tuvo que *deformar* el principio de la intersubjetividad: el hecho de reconocer que se es parte simbiótica de ella. Pero de igual modo, para subyugar a *otros* seres humanos, debió renunciar a la aceptación de que únicamente en una relación intersubjetiva de cooperación es posible la existencia, y que la posibilidad de la vida humana está estrechamente referida a la capacidad de convivencia. Para que la enajenación del humano en el capitalismo haya sido una realidad, el varón occidental primero ha debido emanciparse de la naturaleza para poder controlarla, y luego dominar al resto de los individuos. Hay suficientes elementos de juicio para creer que el capitalismo industrial moderno es el producto histórico de la separación del ser humano de la naturaleza.

Hasta ahora se ha partido de la crisis ambiental, porque entiendo con Escobar (2005) que ella no es una crisis más, sino la crisis central y límite para el capitalismo en la actualidad. A partir de ella, se pudo argumentar que el mayor problema ontológico contemporáneo es la tajante separación de la naturaleza durante la modernidad, que a su vez ha sido constitutiva del capitalismo global, de acuerdo con el enfoque de la "historia acontecida". A continuación se analizan las representaciones simbólicas del capitalismo, no como modo de producción, sino como una vasta red de ideologías económicas, políticas y culturales, cuya interacción mantiene el estado de cosas existente.

El vivir mejor y las ideologías del capital

Establecer un diálogo con el pasado desde la contemporaneidad permitirá encontrar los sistemas simbólicos centrales que nos han arrastrado a la *era de la supervivencia*. Señalé al final del capítulo anterior que las utopías que la crisis demanda deben gestarse a raíz de la crítica y la negación de la modernidad, y a partir de ella, re-elaborar sus simbolismos y sus correspondientes significados. Como quiera que estoy seguro de que la crisis civilizatoria es provocada por el pensamiento humano moderno y la intrínseca racionalidad capitalista, quiero ahora des-hilvanar algunas ideologías medulares que hacen posible el actual orden dominante.

Habíamos llegado a la conclusión de que el sujeto europeo se instituyó a sí mismo mediante su separación de la naturaleza y, tras la conquista de América, creó en su periferia un universo adecuado para la manutención de su hegemonía. Se estructuró en un ente diferente de todo lo demás, por medio de la experiencia que le significó su relación asimétrica con el *otro* durante la invasión americana. Sin embargo, para crear su propia identidad y alzarse finalmente como "individuo", inventó la categoría "raza": "una supuesta diferencia estructura biológica que ubicaba a los unos en situación natural de inferioridad respecto a los *otros*" (Quijano, 2000a:202).

Se debe anotar que la línea fenotípica del color de la piel fue un modo de otorgar legitimidad a las relaciones de dominación impuestas por la conquista, y que a diferencia del patriarcado o la estructura de clase, ideologías que acompañan milenariamente a la humanidad, el racismo fue una invención moderna del siglo XVIII (Hinkelammert, 2002). Efectivamente, se sabe que los europeos conocían a los africanos desde la época del Imperio Romano, pero nunca se pensó en ellos en términos raciales antes de la aparición de América. Por tanto, la calidad de la "raza" se aplicó a los "indios" primero que a los "negros" (Quijano, 2000a), a quienes se les discriminó hasta antes del siglo XVIII no en función de sus rasgos físicos, sino por una supuesta condición de barbaridad.

Lo interesante es que por medio de la raza los europeos crearon una identidad autónoma en torno a la blancura de su piel, al establecer límites y fronteras para auto-concebirse como seres superiores; al distinguirse de los *otros* salvajes, incivilizados e inferiores en todo sentido, "incluso en la estatura" de acuerdo con la infame expresión hegeliana (1985:172). Gracias a la ideología racial, la cual aparece muchos años después del inicio de la conquista americana, los europeos pudieron definitivamente individualizar su sociedad; esto es, apreciarse como entes separados no solo de la naturaleza, sino del resto de los seres humanos. El punto anterior es particularmente interesante, pues la lucha de fuerzas de la conquista y la producción simbólica del imaginario "raza", funda el momento histórico en el que los "blancos" europeos terminan de individualizarse con la división racial del trabajo, y concluirá de abrir paso a la conformación del concepto "individuo".

Recordemos que en la Edad Media europea dicha noción no existía aún. Durante el periodo histórico medieval, cada persona desde su nacimiento se identificaba con un papel dentro de la sociedad. Se era campesino, artesano o caballero, pero nunca un "individuo". Los hombres y mujeres se concebían a sí mismos como miembros de un pueblo, de una familia o de una corporación, pero en todo caso, lo hacían mediante una categoría general (Fromm, 2006). Hubo dos hechos históricos del siglo XVI que coadyuvaron al nacimiento del "individuo". El primero ocurrió cuando el europeo conquistador pudo confrontarse con la alteridad y logró vencerla y autoconstituirse como sujeto superior, *ego* que luego legitimó por medio de la ideología racial. El segundo, acaecido en el seno de la sociedad europea, cuando las antiguas corporaciones medievales terminaron de monopolizarse, y la empresa individualista rompió con los valores cooperativistas del sistema económico feudal.[16]

En la Edad Media europea la economía se sustentaba en el principio de la solidaridad, dado que las corporaciones constituían una empresa cooperativa para bienestar de toda la comunidad. De hecho, las riquezas materiales revestían una importancia secundaria, pues toda actividad económica que no tuviera un fin moral carecía de sentido. La búsqueda insaciable de bienes materiales no solo era mal vista, sino que significaba cometer el pecado mortal de la avaricia. La propiedad, por lo tanto, no tenía otra finalidad que servir a la felicidad de la comunidad. Aprehenderla como fin en sí misma habría sido considerada una pretensión absolutamente irracional (Fromm, 2006). Al respecto Tomas de Aquino escribía en su obra *Summa theologica*: "El hombre debe poseer cosas externas no como propias sino como comunes, es decir, debe estar dispuesto a comunicarlas a los demás en caso de que las necesiten". Era la lógica de los hombres y las mujeres medievales, que en contraste con el raciocinio contemporáneo, a algunos puede parecernos tan meritoria.

Sin embargo, cuando las corporaciones se fueron convirtiendo paulatinamente en empresas monopolísticas, el loable espíritu de la economía medieval degeneró en egoísmo. Los demás ya no fueron más sus aliados en una empresa común; se habían vuelto sus competidores. La solidaridad se remplazó por una actitud en la que la competencia y la destrucción del otro para la consecución de fines individuales pasaron a ser las racionalidades dominantes (Fromm, 2006). Gracias al *ego* adquirido con la conquista de América, la mundialización del capitalismo y la abolición de la corporación cooperativa, el nuevo "individuo" blanco europeo se estrenó por su egocentrismo apasionado y una voracidad insaciable de poder y riqueza.[17]

No merece mayor análisis la aseveración de que con el neoliberalismo mundial se finiquitó el proyecto del individualismo radical europeo iniciado en el siglo XVI, en la medida en que lo que hoy vivimos es un hipercapitalismo acompañado por un hiperindividualismo vertiginoso,

[16] Otro hecho importante del siglo XVI que nos muestra el nacimiento de la noción de "individuo" es la protesta luterana y calvinista contra la Iglesia medieval. Si bien, desde el siglo XII ya existían tendencias de inconformidad hacia la institución, la ruptura protestante solo pudo darse en la medida que el concepto de "individuo" daba pie a que la religión se concibiera como un asunto esencialmente personal desligado de los ritos sacramentales y sacerdotales del catolicismo.

[17] "¡Cosa maravillosa es el oro! –exclamaba Cristóbal Colón, quien es el primer hombre moderno según Dussel (1994)–. Quien tiene oro es el dueño y señor de cuanto apetece. Con oro hasta se hacen entrar las almas en el paraíso" (Hinkelammert, 2009: 108).

utilizando los términos de Gilles Livopetsky (2006). En el siglo xxi impera la maximización de los intereses individuales sobre los colectivos, pues vivir en exclusiva para sí mismo significa ser más y no menos. El valor afirmado es la codicia, ya que la meta final es *tener* y no *ser*, como acertadamente asevera Eric Fromm (1978). De hecho, se *es* entre más se tiene. El objetivo supremo es conseguir cada vez más bienes. Prima el deseo de riqueza económica y el éxito se mide de acuerdo con la cantidad de bienes materiales acumulados. Para Vivir Mejor hay que *tener* más y más, pues la felicidad se define por la capacidad de ostentar y consumir sin hastío. Adquirir, conservar y aumentar pertenencias son los derechos por excelencia que deben ser afirmados,[18] y los adinerados son admirados como seres superiores, pues representan el patrón a ser emulado.

Habría sido imposible que existiera el individualismo sin que antes se creara el concepto de "individuo", noción inexistente en la mentalidad de los hombres y las mujeres medievales. Al mismo tiempo que surgió dicha significación, el nuevo individuo quedó solo, aislado y completamente abandonado a sí mismo, quebrantando por completo los vínculos que antes lo ataban a su comunidad (Fromm, 2006). Para individualizarse, fue necesario diferenciarse de su medio, distinguirse del entorno que lo rodeaba, lo que representaba distanciarse de la colectividad a la cual pertenecía[19] con el propósito de generar la creencia perceptiva de su propia autonomía individual como sujeto autárquico. Sin embargo, el costo que debió pagar no fue solo la soledad y el aislamiento; la angustia producida fue transferida a la definición de su propio "yo" en relación con la propiedad y con su capacidad de *tener*. Su problema ontológico fundamental, la interrogación sobre el sentido de su *ser* (Heidegger, 1971), lo solucionó por medio de la premisa: "soy lo que tengo". De manera simultánea, al liberarse de las cadenas que lo amarraban a un orden dado de antemano desde su nacimiento, se volvió dependiente de lo cósico, y se determinó estrictamente en torno a la posesión de bienes materiales.

[18] Desde John Locke en el siglo xviii el derecho individual fundamental es el de la propiedad privada: "no es posible que Dios se propusiese que ese mundo permaneciera siempre como una propiedad común y sin cultivar…" escribía. En consecuencia "… la finalidad primordial –de la sociedad– es la defensa de la propiedad" (Locke, 1690 citado por Hinkelammert, 2002).

[19] El raciocinio del sentido de la vida en comunidad se aprecia a través de la siguiente cita de Tomás de Aquino en el Comentario a la *Ética nicomaquea*: "Por naturaleza el hombre está llamado a vivir en sociedad, pues necesita de muchas cosas imprescindibles que él mismo no puede procurarse… No sólo no puede vivir, sino vivir bien… –sin– las oportunidades que le brinda el contacto social" (citado por Randall, 1952).

No obstante ocurrió una inversión. En cuanto la tenencia de los bienes materiales se transformó en la definición constitutiva del *ser* moderno, el sistema capitalista empezó a determinar sus actitudes y sus aspiraciones individuales. El dinero dejó de ser un medio para satisfacer el bienestar comunitario y se volvió un fin en sí mismo que dominó con prontitud al individuo, y se transfiguró en amo y las personas en sus esclavas; el dinero en sujeto y lo demás en *objeto*. El enunciado "dinero como *sujeto*" no es una abstracción utilizada como adorno. Literalmente, en el neoliberalismo contemporáneo y en la economía ortodoxa es un sujeto con derechos: invulnerable es su libertad a incrementarse, a no ser distorsionado en los mercados mundiales, o bien, a no ser devaluado o revaluado de manera exagerada frente a las divisas internacionales. La política económica –y su máxima aspiración, el crecimiento con estabilidad– está diseñada como el fin al que deben apuntar todos los esfuerzos nacionales. Los derechos humanos y los de la Madre Tierra están subordinados a los del capital, y no al contrario. No importa si un megaproyecto minero contamina las aguas, arrasa un bosque, se implanta sobre terrenos sagrados de las comunidades o vulnera las condiciones de salud y dignidad de sus trabajadores; todo eso es secundario, son externalidades: costos necesarios para alcanzar la meta del crecimiento. Por encima de la naturaleza, y sobre toda persona o comunidad, priman los derechos de la economía capitalista.

Asimismo, el capital es sujeto porque controla a las personas desde todas las perspectivas. Tiene poder sobre los que no satisfacen sus necesidades básicas, en cuanto genera ingentes privaciones materiales y por los efectos sicológicos que acompañan dicha situación, pero también controla a quienes han superado dicho umbral, en la medida en que los ha puesto al servicio del lucro como fin último de todas sus acciones. Los individuos, por su parte, son *objeto,* debido a que el capital necesita de su aislamiento, del individualismo, de la sed excesiva de acumulación, del egoísmo, de la codicia, de la competencia, de la mercantilización de lo que no es comercializable; en resumen, de la total objetivación y enajenamiento de la humanidad frente a un instrumento que ella misma inventó.

El mismo trabajo se convirtió definitivamente en un medio, un *objeto* para Vivir Mejor y dejó de ser una finalidad en sí. No estoy diciendo que dicha apreciación instrumental del trabajo fuera un asunto exclusivamente moderno. Ya en el mito judeocristiano del Jardín del Edén se aprecia la displicencia hacia el trabajo, pues según se sabe, Adán y Eva vivían antes de cometer el pecado original en ocio perpetuo, y el castigo que Dios les imputa por comer del fruto prohibido es justamente trabajar para "comer el pan con el sudor de su frente". De la misma manera, por el lado griego, el *Vivir Bien* estaba relacionado con la actividad contemplativa y el desarrollo del intelecto, mientras que el trabajo manual era percibido como una actividad que rebajaba la condición humana y, por ende, estaba destinado a las mujeres y los esclavos[20] (Medina, 2008). Lo que quiero expresar es que en la Edad Media europea el trabajo tenía la finalidad de alcanzar la vida eterna, el amor de Dios; pero en el capitalismo, el trabajo se volvió enajenado, es decir, dejó de ser una actividad vital y constitutiva de los seres humanos para volverse un simple medio de subsistencia. Se transformó en una acción ajena, externa a los trabajadores, en la cual ya no se sienten afirmados o realizados, sino negados, disgustados y mortificados (Marx, 1968). Un empleado enajenado inconscientemente odia tanto a su jefe como a su trabajo, y solo se siente en sí cuando sale de sus horas laborales. De hecho, si tuviera el albedrío de decidir sobre si asiste o no a su empleo, aún recibiendo un idéntico salario y sin riesgo de perderlo, resolvería no presentarse. La expresión "tiempo libre" simboliza cómo el resto de su vida transcurre en un "tiempo esclavo".

No obstante, en sus horas extralaborales continúa enajenado. Se alegra cuando puede matar el tiempo que ha ahorrado con tanto esfuerzo. En realidad, sigue siendo solitario, angustiado y dependiente de la posesión de objetos físicos. Debido a que se ha definido a sí mismo en función de la tenencia de lo cósico, la única manera de lograr un alivio en su estado depresivo, es a partir del consumismo. Así, en las vitrinas de los centros comerciales, en su automóvil o en su celular encuentra su alma. Aunque solo ocurre momentáneamente, porque pronto el bien consumido pierde su carácter satisfactorio, en cuanto no llena ni el vacío interno, ni la soledad que se supone debería resolver (Fromm, 1978). Igual que en el síndrome de abstinencia, requiere consumir más y más, para saciar el hecho de no encontrarse consigo mismo más allá de lo que puede poseer. Sin duda, la expresión de este consumo desenfrenado como patrón de la racionalidad del Vivir Mejor en la cual vive la mayor parte del mundo contemporáneo la encontramos en la ruina ecológica durante la *era de la supervivencia*, pues hoy consumimos como si en lugar de que viviéramos en un planeta existiera uno y medio, y para satisfacer las supuestas necesidades impuestas por la voracidad del capitalismo, harán falta dos, en el año 2030, y tres en el 2050 (wwf, 2010).

---

[20] Muy similar a la maldición bíblica del edén, en los mitos helénicos de Prometeo y Pandora, se esconde la enseñanza de que a los seres humanos no les queda más remedio que aceptar el decreto de Zeus, en lo referente a que el sustento ya no se ofrecerá como en la Edad de Oro, sino que en adelante se tendrá que trabajar para sobrevivir.

A consecuencia de que el *ser* se ha determinado en relación con el *tener*, el individuo se dirige hacia al mundo con la aspiración de poseer y dominar. Es un fin que ya está fijado de antemano. Ha acompañado a la humanidad capitalista desde la individualización de la sociedad occidental. En el mismo momento en el que apareció como "individuo", se definió ontológicamente por su capacidad de *tener*. En consecuencia, la racionalidad concebida a partir del individuo, ha sido desde su mismo nacimiento, una razón instrumentalizada. Con ello pretendo afirmar, junto a Horkheimmer (2002), que es un tipo de pensamiento en el cual los fines no son discutidos como tales, y en cambio se orienta a calcular los medios más adecuados para alcanzarlos. Pero como poseer es el fin, pues es la respuesta a la pregunta por el *ser*, el interés egoísta y la lucha entre codiciosos, orientada a la consecución de bienes materiales, no está puesta en cuestión. La meta es la acumulación, la rentabilidad y la competitividad, y todos los medios están en función de lograr tales objetivos. En cuanto no se reflexiona sobre dichos fines, cualquier acción que coadyuve a alcanzarlos con eficiencia resulta absolutamente racional.

Sin embargo, desde la perspectiva de la supervivencia como especie, dichas acciones resultan irracionales. Si el juicio se hace ya no en función del *tener*, sino sobre la vida, encontraremos que la racionalidad moderna a partir del individuo nos tiene en inminente riesgo de desaparición. Consumir sin cansancio, como si se viviera en más de un planeta, desde el enfoque del *tener* acomete el fin mismo del *ser*. Pero si se juzga con la lupa de la racionalidad en torno a la continuidad de la vida humana sobre la Tierra deduciremos que es definitivamente irracional. Según el criterio neoliberal, las acciones que contribuyan a la libre autorregulación del mercado son las deseables y racionales, aunque en términos de supervivencia estén negando la posibilidad de la vida misma. La depredación de la Madre Tierra ha sido el resultado de la razón instrumental, porque el fin más importante, el de la vida, nunca ha sido considerado con seriedad (Hinkelammert, 2002).

* * *

Para llegar a tal irracionalidad ha sido necesaria la construcción de diversas ideologías que legitiman las bondades de la razón instrumentalizada. Según reinterpreto a partir de las conclusiones de Weber (1981), el capitalismo se sustentó en la estructura simbólica de la ética puritana burguesa como marco de significación para justificar las acciones individualistas en el capitalismo del siglo XVI. Efectivamente, luego de la Reforma calvinista y luterana, se empezó a afirmar que a Dios se le servía mejor en las actividades comerciales y en la búsqueda de bienes propios, que en los dogmas de fe enseñados por la religión católica medieval. En otros términos, se generó la creencia perceptiva de "hacer ver" los negocios y la codicia como instancias de salvación humana. Para los puritanos, el mayor deber cristiano consistía en sacar el mayor partido posible a las capacidades que Dios les había dado a hombres y mujeres. Aspirar a conseguir cosas ya no se consideraría más peligroso para la convivencia humana al igual que en la Edad Media; antes bien, la prosperidad material ahora sería un signo de favor divino y la codicia sería un acto aplaudido en el cielo.

La legitimación final de tal ideología encontró descanso en la doctrina del libre mercado de Adam Smith, quien sostenía que el egoísmo y la avaricia no son ambiciones nocivas, por el contrario, el conjunto de las acciones individuales, en las cuales cada persona está motivada por su propio interés, producen bienestar y felicidad para toda la comunidad.[21] Según tal ideología, en el mercado hay una especie de automatismo, una "mano invisible", que conlleva al bien público. Con Smith pretender Vivir Mejor que otros ya no será nunca más una ambición egoísta; por el contrario, será una aspiración portadora del interés general. El mercado, con la ideología protestante y luego con la escuela de la economía liberal se "hace ver" como un medio para amar al prójimo. Incluso: "amor al dinero y amor al prójimo llegan a ser lo mismo" (Hinkelammert, 2009:111). El empresario no tendrá más problemas de conciencia por explotar al *otro*, ha encontrado la excusa para pensar que es servidor, da trabajo, impulsa el crecimiento nacional y sirve al interés general.

Una segunda ideología que inventó la modernidad durante los siglos XVII y XVIII para legitimar la razón instrumental fue la libertad, con el fin de hacer el costo del ejercicio de poder lo más bajo posible. Consistió en sustituir las antiguas tácticas feudales de servicio mutuo por nuevos dispositivos de sometimiento como las disciplinas, según se señaló en el capítulo anterior. Así, la libertad fue concebida para ser una novedosa estrategia de dominación, pues todos nacemos libres, de acuerdo con la democracia liberal, pero desde muy temprano en las instituciones, se somete a los cuerpos mediante el control de las ideas, para fabricar individuos dóciles y útiles dentro de la lógica del sistema capitalista (Foucault, 2009). Por otro lado, la libertad no existió tampoco, por cuanto el individuo emergió dependiente y autodefinido por su

---

[21] Así lo afirma Smith (1979:612): "Todo hombre, con tal que no viole las leyes de la justicia, debe quedar en perfecta libertad para perseguir su propio interés como le plazca, dirigiendo su actividad e invirtiendo sus capitales en concurrencia con cualquier otro individuo o categoría de personas".

capacidad de *tener*. Encadenado desde el principio, su aparente libertad hoy se restringe a elegir entre marcas en una tienda, a escoger entre un amo u otro, y a decidir entre un trabajo enajenado –si se tiene la suerte de encontrarlo– o morir de hambre. Sin embargo, al decir de Marcuse (1986), la libre elección de amos no suprime ni a los amos ni a los esclavos, y seleccionar libremente entre una amplia variedad de bienes y servicios no significa libertad, si en la orientación hacia ellos se perpetúa la alienación. De forma clara en el neoliberalismo la libertad es disfrutada por el mercado y el dinero como sujetos dignos de derechos, mientras que la humanidad está domesticada para que acepte vivir controlada por las fuerzas de las relaciones económicas capitalistas.

La sujeción del ser humano consiste en existir como un instrumento, como un *objeto*, un simple medio para servir a fines económicos. Su vida entera la dedica al cumplimiento de la función acumulativa en cuanto las disciplinas e ideologías han aumentado la docilidad y utilidad de las personas para ser vulgares elementos del sistema. Pese a ello, la representación simbólica de la realidad consigue que las personas se autoperciban como sujetos libres, consideren a sus acciones motivadas por intereses personales, crean que su destino está a merced de la diligencia de sus propios esfuerzos, méritos y trabajo, y que sus existencias transcurren insertas en sociedades democráticas. Por el contrario, sus vidas lejos de ser libres, están dedicadas a intereses que no son suyos; son tan solo instrumentos sentenciados a servir a los propósitos del engranaje capitalista. Por supuesto, no hay obligaciones o prohibiciones. Debido a que la cultura occidental ha definido la individualidad del *ser* en torno al *tener*, la mejor manera de sometimiento es facilitar la adquisición de bienes suntuarios, tecnológicos, lujos y comodidades. A cambio, los individuos no sólo venden su trabajo –cuando pueden conseguirlo–, sino también su "tiempo libre", sus valores, su conciencia. Por aspirar a Vivir Mejor, el individuo ofrece en compensación el control total sobre su propia vida (Marcuse, 1983).

Sin duda, el dispositivo más fuerte de dominación es lograr que la servidumbre sea agradable e incluso imperceptible. Que el sometimiento no se aplique a los individuos, sino que los invada, pase por ellos, y se apoye sobre ellos (Foucault, 2009). En el capitalismo esto se consigue al lograr que las necesidades de consumo para la vida parezcan genuinas y autónomas. El adoctrinamiento se logra con el uso de la publicidad y mediante la creación de valores y requerimientos, los cuales finalmente alcanzan su cometido con la coacción social y la promesa suprema de Vivir Mejor, lo que significa una vida mejor a la de hoy, pero también mejor a la de los demás. La razón instrumental se apoya en la instauración de necesidades y valores, sin los cuales sería imposible sostener el sistema de dominio. Me refiero a la necesidad de competencia, del éxito económico, del derroche, del hiperconsumismo, de la negación de la necesidad de conformidad. Gracias a los mecanismos mencionados las personas se esclavizan no solo en el trabajo, sino que en su "tiempo libre" de manera inconsciente buscan continuar enajenadas a las lógicas del orden capitalista.

Una tercera ideología cuyo contenido permitió legitimar la razón instrumentalizada fue la noción de igualdad, premisa que desde John Locke predicaba el hecho que la naturaleza humana era en sus fundamentos siempre y en todos lugares la misma, y en consecuencia, lo bueno en Europa del mismo modo lo sería en cada rincón del planeta (Randall, 1952). Efectivamente, en la medida que el varón blanco y europeo se había encumbrado a sí mismo como el único sujeto sobre la faz de la Tierra, eso también significaba que se erigiría en modelo y paradigma de lo humano. Dicho de otra manera: el parámetro de comparación para establecer la humanidad de alguien se fijaría, a partir de la modernidad, de acuerdo con la semejanza fenotípica y cultural europea. El raciocinio por tanto consistía en predicar la igualdad de todas las personas siempre y cuando fueran semejantes al paradigma del "hombre blanco". Bajo tal perspectiva, las mujeres, los "indios", "negros" o "amarillos", no serían completamente humanos en cuanto no cumplirían con el estereotipo fijado de antemano. Resulta "coincidente" que el siglo XVIII inventor de la igualdad, creara al mismo tiempo la ideología del racismo, representación simbólica de la realidad con la cual se logró "hacer ver" que el criterio de la "humanidad completa" se determinaba entre más claro fuera el color de la piel. Con ella, se trató de generar una división racial en la geopolítica del planeta, para legitimar las relaciones de dominación del centro hacia su periferia durante la mundialización del capitalismo como evento fundador de la modernidad (Maldonado, 2007).

En cuanto a las mujeres, la modernidad culminó de efectuar la división genérica del trabajo, en la medida en que las labores productivas y asalariadas se convirtieron en tareas destinadas para el varón adulto, mientras que los trabajos domésticos y reproductivos, llamados por el patriarcado "improductivos", fueron trasladados de modo definitivo a las mujeres (Wallerstein, 1988). No estoy diciendo que la división del trabajo por géneros fuera un invento del capitalismo; lo nuevo en la Edad Moderna es su valoración en torno a su capacidad del *tener*, del conseguir y acumular. El trabajo históricamente relegado al género femenino con el capitalismo fue en definitiva devaluado al máximo, y en contraste, el ejecutado por los hombres fue realzado como el trabajo en verdad auténtico. Si con la modernidad el *ser* se relacionó de manera estrecha con

su capacidad del *tener*, el mayor mecanismo de dominación intergené-
rico consistió en despreciar las actividades cotidianas ejecutadas por las
mujeres, y así legitimar el discurso masculinista según el cual ellos representan el único sujeto que en realidad *es*, en cuanto encarna la figura
del proveedor, y en consecuencia solo los varones pueden distinguirse
como iguales entre sí.

Toda vez que el criterio moderno para definir al *ser* se basó exclusivamente en el *tener*, resultaba por completo previsible que la sociedad
fuera clasificada alrededor de las características diferenciales de riqueza
y pobreza, y así surgiera la noción de la "clase social". El enfoque de la
"clasificación" fue fundado por Saint-Simon y después fue apropiado y
desarrollado por Marx y el ulterior materialismo histórico. Tal ideología perpetuó la racionalidad en virtud de la cual la gente es "portadora"
de una determinada estructura de clase, por lo que debería actuar en
consecuencia con ella; todos sus comportamientos, preferencias, intenciones y acciones, y en definitiva "su conciencia", se obligarían responder a la clase social a la cual se pertenecía (Quijano, 2000b). Como su
nombre lo indica, el materialismo es un sistema teórico sustentado en
el análisis de poder de acuerdo con el enfoque de las diferencias sociales en torno a lo material. El problema de dicha apreciación radica en
el hecho de aprehender la igualdad en relación con la posesión de las
objetos; es decir, el presupuesto de que para ser iguales cada cosa debe
ser repartida exactamente igual entre todos los individuos de una colectividad, lo que en definitiva demuestra que su propia definición del
ser sigue enraizada a la orientación del *tener* (Fromm, 1978). Ellos mismos equiparan la felicidad a la acumulación de bienes físicos y riqueza
económica. No quiero negar con ello las carencias de una parte significativa de la población mundial, es solo que en la misma definición
del Vivir Mejor, reafirmada por la idea de la "clase social", la miseria es
concebida de manera exclusiva como un asunto de distribución de lo
cósico. Tácitamente el fetiche economicista acepta que la única manera
como se logra vivir bien y en igualdad, es por medio de la consecución
y la posesión de bienes materiales.

Como en el racismo, en donde la superioridad se evaluó de acuerdo
con el paradigma "blancura de la piel", la supremacía en el discurso
del clasismo se conceptuó con el patrón "clase social". Hoy por hoy, la
comparación de las personas se hace en estricta correspondencia con
la propiedad de lo monetario. En la pirámide social se "hace ver" que
"arriba" se encuentran los adinerados, mientras que "abajo" coexisten
los inferiores: "la clase baja", según se le denomina. Con tal representación simbólica de la realidad, hay unos en la cima que son admirados
y representan el camino a transitar, pues son quienes tienen, ostentan y

consumen; mientras en el otro extremo, se encuentran los descamisa-
dos, pauperizados y oprimidos. Por su parte, en el "medio" se halla una
clase que desprecia a los de "abajo", pues pretende romper finalmente
las cadenas que los ata a sus orígenes, pero al mismo tiempo permanece
en constante genuflexión y en reverencia frente a sus ídolos adinerados.

Lo anterior no implica desconocer las vergonzosas asimetrías económicas entre los distintos grupos poblacionales o las brechas entre las
diferentes naciones del mundo. Lo que se pretende subrayar es que al
delimitar a las sociedades exclusivamente por la distribución de su "riqueza" económica, se está reproduciendo la ideología del Vivir Mejor,
con la cual se hace percibir que la esencia del *ser* no encuentra otro
resquicio de existencia más allá del *tener*. Tampoco se preconiza el es-
toicismo o una vida monástica como salida a los atolladeros en los que
nos tiene sumidos el capitalismo, pues el problema no es la propiedad
privada, sino nuestra autodefinición ontológica en torno a lo material;
el hecho de que las cosas determinen todas nuestras relaciones, intenciones, acciones y valores. Alrededor de tal percepción se construyen
instrumentos poderosos de dominación, enmascarados bajo la igualdad
legal promulgada en las constituciones de las democracias liberales, pero
que necesariamente se acompañan de las ideologías del racismo, el patriarcado, o el clasismo, como mecanismos para legitimar la razón instrumental.

Asimismo, desde su origen, tras la ideología de la igualdad se escondía
la pretensión de legitimar la dominación de Europa sobre sus colonias
durante la Edad Moderna. Si lo bueno en Inglaterra, Portugal, España
o cualquier país del continente europeo, era lo deseable en cualquier
otra latitud, según pensaban los hombres modernos, entonces la dominación sobre sus colonias ya no sería más una acción inicua; por
el contrario, sería una ayuda para que otras culturas salgan de su barbarie, una acción pedagógica para que ya no sean más "infantiles", se
"desarrollen", alcancen la adultez propia de acuerdo al paradigma de la
civilización europea, y se eleven a la categoría de lo humano (Dussel,
1994). Luego de la segunda posguerra en el siglo xx, una idéntica racionalidad fue aplicada con el discurso del "Tercer Mundo", cuando los
países occidentales pretendieron reproducir los rasgos característicos
de las "sociedades avanzadas" en el resto del mundo y generar las supuestas condiciones indispensables para la prosperidad y el progreso
económico mundial. Tal discurso universalista, como en la conquista de América, facilitó el dominio hegemónico de Occidente por medio
de una construcción ideológica en la que nadie podía poner en duda
el hecho mismo del desarrollo y su necesidad. Asimismo, produjo un
modo permisible de *ser*, al mismo tiempo que descalificaba, e incluso

imposibilitaba otras formas de autodeterminación (Escobar, 1998). La razón instrumentalizada mediante la ideología de la igualdad pretendió que todas las naciones tuvieran el prototipo de sociedad de los países adinerados, pues es el único modelo a ser imitado. Las culturas que no lo hacen son inferiores, viven en un mundo de tercera, atrasado y espurio en comparación con los niveles de buena vida de las sociedades industrializadas.

Sin duda, tal ideología enmascara la necesidad de que el mercado se expanda constantemente como requisito ineluctable para que el capitalismo pueda sustentarse, según descubrió Marx primero en el *Manifiesto Comunista* y luego en su obra *El Capital*. Lo anterior ocurre porque el sistema tiende a crear más excedentes de lo que el mismo consumo puede absorber. Es esta la razón por la cual las recurrentes crisis económicas mundiales[22] se generan por una sobreproducción acompañada de subconsumo, y en derivación, el mecanismo usado para huir de ellas, es la ampliación permanente de los mercados de las naciones periféricas. Sin embargo, como la contradicción interna reside en la baja demanda de los productos elaborados por las naciones del centro, es indispensable la elaboración de discursos de verdad predicadores de un Vivir Mejor en los países periféricos, con el propósito de que consuman sus bienes con voracidad, y el capitalismo escape constantemente de las crisis inherentes al modelo. El discurso del desarrollo resulta un medio idóneo para generar la *creencia perceptiva* de que se vive en un entorno atrasado y resulta obligado desplegar los dispositivos necesarios para alcanzar a las naciones industrializadas del "Primer Mundo", y adquirir finalmente sus capacidades de consumo.

Según se explicó en el capítulo anterior, la idea del desarrollo fue tomada de la biología y del proceso de crecimiento de los organismos vivos. Sin embargo, no habría podido comprenderse y convertirse en un dogma como lo es en la actualidad, si no se hubiera sustentado en el concepto del progreso, cuarta ideología involucrada en la legitimación de la razón instrumental.

Progresar, de acuerdo con Heidegger (2000), significa marchar más allá de ese lugar. Consiste en una representación simbólica, que si bien ha acompañado a la civilización occidental por más de tres mil años, durante la Edad Moderna ha sido el axioma dominante con el cual se ha generado la certeza de que el mundo prospera hacia un destino cada vez mejor. Tal ideología sostiene que la humanidad ha avanzado y se ha perfeccionado con respecto al pasado, y recorre una tendencia lineal

---

[22] Hago alusión a las crisis de los años 1857, 1864-1866, 1873-1877, 1890-1893, 1900, 1907, 1913, 1920-1922, 1929-1932, 1977, 1987, 1991, 1997 y 2008 (Bartra, 2009).

hacia estadios cada vez más elevados de conocimiento y cultura.[23] El discurso dice que ha habido un proceso civilizatorio que ha ocurrido y continuará sucediendo, mediante una evolución que tiene sus orígenes en sociedades bárbaras y primitivas y se dirige hacia unos niveles de perfección cada vez más altos (Nisbet, 1981). No es que sea una acción realizada gracias al esfuerzo humano, es un proceso natural e inevitable.

La percepción de la naturalidad del progreso fue respaldada con la publicación de la obra *El origen de las especies* de Charles Darwin en 1859, cuyo contenido consumaba las creencias de evolución, cambio, crecimiento y desarrollo, las cuales se habían vuelto hegemónicas durante la Ilustración del siglo XVIII. Pero además, las tesis darwinianas de la selección natural, confirmaban los preceptos del capitalismo en el ámbito biológico; es decir, constataban la permanente competencia en la naturaleza, la ineludible lucha por la existencia y la supervivencia de los más aptos. Así como en los ecosistemas primaban tales principios, en la sociedad –pensaban los darwinistas–, la guerra entre individuos codiciosos sería la principal arma de la evolución social, y la competencia sería un instrumento mucho más eficaz que la cooperación entre las personas. *El origen de las especies* legitimaba no solo el progreso como guía orientadora de la conducta humana, sino también las lógicas del capitalismo como inmanentes al orden natural.

Además, Darwin (2009:461) daba las bases para sustentar el hecho de la continua evolución de todas las especies biológicas, incluida la humana, con la que se daba piso certero al culto hacia el futuro:

> ...podemos estar seguros de que jamás se ha interrumpido la sucesión ordinaria por generación –escribía– y de que ningún cataclismo ha desolado el mundo entero; por tanto, podemos contar, con alguna confianza, con un porvenir seguro de gran duración. Y como la selección natural obra solamente mediante el bien y para el bien de cada ser, todos los dones intelectuales y corporales tenderán a progresar hacia la perfección.

Vemos pues que el progreso se convierte en una creencia perceptiva, en virtud de la cual se genera la convicción de que el cambio hacia lo mejor se acelera, y se abre hacia el futuro un destino superior al presente.

Aunque el progreso se hubiera transformado en la premisa dominante en la modernidad, hay que remontar la concepción lineal, unidireccio-

---

[23] Así lo afirmaba Herbert Spencer, defensor de la doctrina evolucionista en el siglo XVIII: "Es cierto que el hombre debe llegar a ser perfecto... El último desarrollo del hombre ideal es seguro, tan seguro como cualquier otra conclusión en que descanse la fe implícita; por ejemplo, que todos los hombres morirán... El poderoso movimiento siempre avanza hacia la perfección, hacia el desarrollo completo y un bien más puro" (citado por Randall, 1952: 453).

nal, irreversible y progresiva del tiempo –lo que Heidegger llama el tiempo vulgar–, al impacto de la tradición judeocristiana en Occidente. Los semitas pensaban que el tiempo avanzaba desde un punto inicial, fincado en la Creación divina, y avanzaba inexorablemente hacia un lejano y glorioso punto final, de acuerdo con el plan trazado por la Providencia (Nisbet, 1981). Con tal predominio de la percepción lineal del tiempo, se expresa un optimismo por el cual cada presente abre una época totalmente nueva y la historia transcurre en un proceso de evolución permanente. Dichos preceptos evocan una imagen de un futuro próspero, venturoso, radiante y, en definitiva, un por-venir en donde se podrá Vivir Mejor que en cualquier tiempo vigente y pasado. El inconveniente de lo anterior es que la imagen de un Vivir Mejor conlleva al aplazamiento permanente del bien-estar; a una incesante y sucesiva prórroga de la felicidad para el futuro. Equivale a la crítica de la utopía hecha en el capítulo precedente, ya que ubicar la felicidad adelante de la línea unidireccional y evolutiva del tiempo es predestinarla a su total imposibilidad, pues entre más se intente acercarse hacia ella, en la misma proporción se alejará el horizonte prometido.

Debido a que el discurso del progreso ha advertido acerca de la predestinación natural de una existencia más placentera en el porvenir, la disposición derivada es orientarse permanentemente hacia el futuro y a descontar la felicidad en el presente para ubicarla siempre más adelante. Así, la creencia en el progreso da sentido a la acumulación del tiempo, pues ofrece la certeza de su utilización efectiva en la posteridad. Para ello la imaginación refiere a la abundancia, la opulencia, las comodidades y la riqueza económica, de acuerdo con el principio del Vivir Mejor hedonista de la modernidad consumista. Gracias a las imágenes de una vida mejor a la presente, la acumulación de todas las cosas cobra sentido, es posible explicar el enajenamiento cotidiano de la gente como un mal necesario para "salir adelante", y resulta razonable economizar el tiempo y atesorarlo de manera útil.

Además con la idea del progreso moderno, los discursos sobre el desarrollo, el avance y todos los pensamientos relacionados con el Vivir Mejor, encuentran seguridad en su significación. Se convierten en dogmas que no pueden ponerse en duda. Se vuelven fines en sí mismos que no deben discutirse sino buscar los medios más adecuados para alcanzarlos. La meta final del desarrollo no está puesta en cuestión. Lo que se debate son los "modelos" encaminados a conseguir dicho objetivo. Y bajo tal perspectiva, los proyectos políticos desarrollistas cuando llegan a las comunidades del "Tercer Mundo" les "hacen ver" las supuestas condiciones de atraso en que viven, y el camino al progreso para Vivir Mejor y asemejarse a un patrón fijado de antemano. Con los discursos del desarrollo se generan necesidades de consumo inexistentes, las cuales esconden, en el fondo, el afán de ampliar los mercados y huir ante las crisis de sobre-producción y subconsumo inherentes al sistema económico capitalista.

En síntesis, las ideologías sobre las bondades de la codicia individua-lista, la supuesta libertad de las democracias modernas, la necesidad de adquirir la igualdad entre todos, y la naturalidad del progreso, constitu-yen discursos de verdad que buscan, por un lado, *legitimar* la raciona-lidad del capitalismo referente a una imagen de un Vivir Mejor; y por el otro, servir como marcos de *integración* para orientar la conducta colectiva en las sociedades contemporáneas.

Luego de haber priorizado algunos simbolismos estratégicos para sustentar el *statu quo* vigente, y después de describir muy brevemente la lucha de fuerzas en donde se produjeron sus respectivos significados, ahora se planteará la dificultad de romper con ellos y emanciparnos del sistema construido. Según recordaremos, la ideología en su función de *integración* suministra una guía, una especie de mapa para que la colec-tividad actúe con cierto grado de significación y se resista a cualquier tipo de cambio gracias a la seguridad que le genera sentir un determi-nado orden como propio. Las ideologías mencionadas, vistas por me-dio de la integración, sirven para que la gente no necesite buscar nuevas soluciones a sus problemas pragmáticos, en cuanto la explicación es satisfactoria de acuerdo con sus requerimientos cotidianos. Es éste el debate con el cual se finalizará el segundo capítulo.

La disyuntiva existencial de la era de la supervivencia

Abandonar los símbolos de la cultura moderna es un asunto en rea-lidad complicado. Si los mapas orientadores, aunque mal, continúan funcionando, no existirá interés alguno de explorar otras posibilidades. En otros términos, si todos los días buscáramos los zapatos debajo de la cama y ahí los encontráramos un día tras otro, no habría razón para buscarlos en el armario. Solo cuando los zapatos ya no estén en el sitio donde siempre los habíamos hallado, solo entonces, tendría sentido bus-carlos en otro lugar. Quizá la anterior analogía no sea la más afortunada, pues no es que las representaciones simbólicas dejen de funcionar de un momento a otro –como en el caso de los zapatos perdidos–, sino que pararán de actuar dentro de un proceso relativamente largo. El proble-ma radica en que las significaciones modernas aún siguen ofreciendo respuestas para la acción práctica, y en consecuencia hay una marcada resistencia para buscar los zapatos en el armario, es decir, para pensar en una vida más allá del capitalismo y otras maneras de autorregulación social.

De acuerdo con lo dicho en la sección precedente la fórmula en la vida cotidiana es sencilla: si las representaciones que usamos sirven para explicarnos el mundo, no necesitamos de nuevos esclarecimientos. De ahí la dificultad de transformar nuestras *creencias perceptivas* recibidas del pasado. No es un asunto de conciencia, o de cambio ético por el "deber ser", como plantean muchos pensadores. Es obvio que las razones morales no son suficientes. Creo con Bourdieu, que es mejor analizar la conducta humana bajo la perspectiva del *interés* y la motivación para conseguir una determinada meta. En tal orden de ideas, los mapas de representación simbólica no cambiarán si no hay un interés real para elaborar nuevas explicaciones de una realidad problemática. La racionalidad constituida en la modernidad capitalista no será re-elaborada si no fallan todas las recetas que guían la acción humana y si no hay estímulos concretos para producir sociedades alternativas.

Además, como se mencionó en el capítulo anterior, solo podemos hablar de crisis cuando la misma colectividad percibe como riesgosa una determinada situación y siente amenazada su integridad social. Por tanto, el interés de jubilar al capitalismo solo podrá darse cuando realmente se sienta la inquebrantable necesidad de hacerlo para sobrevivir, cuando la humanidad advierta el inminente riesgo de la desaparición de su especie. El dilema consiste en que los desastres ambientales advienen con mucha mayor rapidez respecto de la velocidad de las sociedades para reaccionar y "buscar los zapatos en otro lado".

En efecto, las inundaciones cada vez más frecuentes, los incendios forestales, el aumento de la extensión de los desiertos, las sequías, la extinción masiva de la biodiversidad, la deforestación, las hambrunas de los pueblos menos adinerados y el incremento de los precios de los alimentos, el despojo, el acaparamiento de la tierra, los conflictos bélicos, las revueltas por la falta de empleo, la inestabilidad política, el éxodo de cientos de miles de personas, las epidemias por falta de acceso al agua potable, la crisis energética, entre otras, son aprehendidas por la población general como problemas independientes que pueden solucionarse con la adecuación del sistema, y no como síntomas de una enfermedad sistémica y estructural que nos anuncia el fin de la modernidad capitalista y el emplazamiento a transformar radicalmente la sociedad construida. Nos resistimos a aceptar que estamos asistiendo al fin de una era, porque las ideologías, en su función de *integración*, aun nos suministran algunas imágenes orientadoras para nuestro actuar cotidiano.

Sin embargo, pese a la falta de reconocimiento de que nos encontramos inmersos en una gran crisis civilizatoria como totalidad sistémica, la degradación ambiental está anunciando, desde hace tiempo, los límites naturales del capitalismo. Y es este el aspecto nuevo de la crisis en la *era de la supervivencia*. No se trata de una falla coyuntural del modelo que pueda apelar a la sorprendente flexibilidad del capitalismo para adecuarse a un entorno cambiante, sino del hecho de haber traspasado las fronteras ambientales. Me refiero a la segunda contradicción del capital consistente en que la aparente eficacia de producir siempre más, es lograda a costa de la destrucción de la naturaleza, de la desestabilización de los equilibrios ecológicos, de la sobreexplotación de los ecosistemas, de la pérdida de la fertilidad de los suelos, y de la ruina ambiental en general. Es decir, pretender incrementar la productividad, paradójicamente socava las mismas fuentes del proceso productivo y conlleva a la catástrofe del sistema entero (Leff, 1998). Pero a diferencia de la primera contradicción, la cual es evadida con la ampliación permanente de los mercados de las naciones periféricas o mediante la "acumulación por desposesión" (Harvey, 2005) según será explicado más adelante, la debacle ambiental es imposible de eludir, pues emerge como un desequilibrio global ajeno a los arreglos que pueda efectuar el mismo sistema.

Según sostiene Armando Bartra (2010a), a diferencia de las crisis económicas ocasionadas por la sobreabundancia y subconsumo que aquejan de manera recurrente al capitalismo por su incapacidad de absorber sus excedentes productivos, la crisis civilizatoria contemporánea –llamada en esta investigación la *era de la supervivencia*–, es una crisis ecológica de escasez global y no de abundancia. Obedece a la segunda contradicción del capital, expresada por los límites impuestos por la naturaleza al actual sistema societal.

Un ejemplo esclarecedor lo podemos observar en la sustitución de exuberantes bosques tropicales por vastos sembradíos de palma africana para la producción de biocombustibles y aceite en Indonesia. Esta nación, a partir de la última década del siglo XX, ha devastado cada año 1.3 millones de hectáreas de selva tropical y ha liberado al ambiente mil 800 millones de toneladas de gases con efecto invernadero, caso ilustrador de las lógicas capitalistas para buscar alternativas energéticas ante el agotamiento de las fuentes fósiles como el carbón o el petróleo. Sin embargo, la tala indiscriminada de bosques para remplazarlos por uniformados monocultivos ha sido generada por la colosal demanda energética de la sociedad capitalista la cual ha empleado en el último siglo más energía que en todo el resto de la historia de la humanidad (IEA, 2006). La búsqueda presurosa de biocombustibles ha sido la respuesta inmediata ante el desespero del capitalismo para suplir la demanda energética desenfrenada de su sistema industrial. Sin embargo, ante la solicitud de producir siempre más para una sociedad opulenta y dependiente de energía, el mismo capital termina autodestruyendo las fuentes de su misma riqueza: el ser humano y la naturaleza, como ya predecía Marx hace siglo y medio. Esto es así porque además de la debacle ecológica generada por la inconmensurable sevicia a la que es capaz de conducir la codicia capitalista, la producción de carburantes es responsable de la tercera parte del aumento del precio global de los alimentos, ocasionada por la competencia por el uso de la tierra.

Las grandes extensiones sembradas con palma africana en sustitución de la selva tropical, representan uno de los casos más extremos a los que la humanidad ha llegado en su proceso de separación de la naturaleza, en una prisa utilitarista asistida por la técnica como medio instrumental para el rompimiento del equilibrio ecológico. El ejemplo anterior también pone de manifiesto que nos encontramos ante una crisis de escasez global: escasez de fuentes fósiles de energía, escasez de tierras y aguas por la cual compiten bioenergéticos y que producen competencia por los alimentos, escasez para satisfacer las necesidades materiales de toda la población, y escasez para mantener el nivel de vida de las naciones industrializadas. Sin embargo, la escasez en el corto plazo, es fuente de acaparamiento y especulación, por lo que constituye un excelente negocio generador de ganancias extraordinarias (Bartra, 2010a) como lo demuestra el dinamismo del aceite de palma africana. Las tasas de ganancia aumentan en la misma medida en que el futuro de la humanidad se destruye (Hinkelammert, 2009) y nos pone ante la disyuntiva de nuestra propia supervivencia en el planeta.

Se trata un periodo histórico en el cual las ideologías ofrecen cada vez menos orientación, pero todavía siguen guiando el actuar cotidiano y creando resistencia para efectuar los cambios requeridos. Es por ello que es una crisis de la civilización. El punto de inflexión que definirá su recuperación o su suicidio final. No es una crisis de la modernidad. Ella ya no puede salvarse. Su mayor auge durante el neoliberalismo es justamente la causa de su deceso. Con todo, asistimos a un tránsito de época que en términos de nuestra vida puede parecernos largo en exceso, pero a la luz de la historia está adviniendo de manera vertiginosa, pues la naturaleza ya puso los límites a la insostenible sociedad construida.

Los defensores de la modernidad como proyecto inacabado argumentarían en contra de la anterior declaración, que si bien coinciden en que hay muchos efectos perversos que habría que corregir, ellos podrían solucionarse sin salir de la modernidad. Es más, señalarían que solo es posible remediarlos con los recursos modernos. Mencionarían además que solo mediante un acuerdo argumentativo y un consenso universalizable podremos evitar la extinción de nuestra especie. Asimismo, dirían que es precisamente por la ciencia moderna y toda la información que ella nos ha suministrado que podemos ahora acordar acciones guiadas por nuevos principios éticos.

Para el punto del "acuerdo argumentativo", respondería que un verdadero diálogo implicaría una interlocución equitativa con formas no occidentales de conocimiento, lo cual es justamente lo que la visión eurocentrista no incluye dentro de sus interpretaciones de la modernidad.[24] Además considero que ese diálogo no implica la necesidad del "mejor argumento" como mecanismo uniformador del consenso; antes bien, significa la apertura hacia la pluralidad y creatividad epistémica de culturas locales que no pueden ser calcadas o copiadas, sino valoradas desde la diversidad. Otro punto a resaltar, advertido por Patricia Noguera (2004:63), es que ese supuesto consenso sería acordado únicamente entre seres humanos, excluyendo de la nueva ética a otros interlocutores válidos "que nos hablan, que debemos escuchar y no podemos ignorar: los ecosistemas, la tierra, el universo".[25]

No obstante, hay que considerar la tesis habermasiana de que también se necesitan soluciones universalizables, puesto que no serán suficientes acciones realizadas por territorios específicos o por naciones periféricas. Un ejemplo de ello es el proyecto de Declaración Universal de los Derechos de la Madre Tierra, el cual se discutirá con detalle en el siguiente capítulo. De modo que la cuestión se entiende por ambas vías: por un lado, en reconocer la variedad de racionalidades que subsisten a contracorriente del capitalismo globalizado, respetando su autodeterminación, sin pretender trasladarlas o reproducirlas como imitación a otros espacios; pero por el otro, será necesario escuchar y aprender de su sabiduría para encontrar soluciones alternativas que deben ser consensuadas a escala global.

De otro lado, en lo referente al punto de la ciencia y técnica moderna, la crítica en este trabajo se enfoca, precisamente, a que la discusión sobre la salida a la crisis ambiental se centre en exclusiva en la

---

[24] Boaventura de Sousa Santos (2010:40) cita una entrevista a Habermas publicada en 1985, por Perry Anderson y Peter Dews, en la cual al ser interrogado sobre si su teoría de la acción comunicativa "podría ser útil a la fuerzas progresistas del Tercer Mundo, y si tales fuerzas podrían ser útiles a las luchas del socialismo democrático en los países desarrollados, Habermas contestó: 'Estoy tentado a contestar no en ambos casos. Estoy consciente de que esta es una visión limitada y eurocéntrica. Preferiría no tener que contestar'".

[25] Incluir a la naturaleza como interlocutora válida es un asunto que debe sonar descabellado para la cultura occidental moderna. Sin embargo, es necesario recordar que muchas otras culturas la incluyen dentro de sus acuerdos comunales: la Madre Tierra habla y sus hijos debemos escucharle.

implantación de tecnologías limpias o energías renovables, las cuales si bien son deseables, son soluciones dirigidas a mitigar las consecuencias y no las causas que la ocasionaron. Una salida alternativa consiste en transformar los símbolos culturales modernos con los cuales nos relacionamos con el mundo y sobre la base de otros nuevos, plantear soluciones pragmáticas que se dirijan al núcleo del asunto. Es acá donde se circunscriben *las utopías en la era de la supervivencia*, que ampliaré en lo que sigue.

De modo que la afirmación de que la modernidad ya no puede salvarse responde no a los defectos de la modernidad, sino a su esencia, lo que se debe, de acuerdo con lo expuesto hasta ahora, al olvido de que nuestro *ser* solo es posible que *sea* en una relación intersubjetiva con los demás seres humanos y con la naturaleza. En tal sentido, he insistido en que la era de la supervivencia es el producto de la miseria del pensamiento occidental y de la aparente separación del ser humano del medio natural, pues al producirse esa imaginaria des-relación, la humanidad quedó abandonada y aislada dentro de sí misma, y en consecuencia debió autodefinirse inmediatamente por medio de la posesión de lo cósico, para solucionar la angustia que su soledad le produjo. El individualismo es una consecuencia de la fingida disyunción de la cultura occidental y los ecosistemas, y del ensimismamiento por la desvinculación y competencia con su misma comunidad.

A diferencia de lo interpretado por Darwin, la supervivencia de las especies, incluida la humana, es un asunto no de lucha individual por el alimento o la vida, sino de ayuda mutua y cooperación, de acuerdo con lo argumentado por el ruso Pitotr Kröpotkin (1978) quien ya había debatido la hipótesis de la selección natural en el siglo xix argumentando que la socialización, como en las colonias de hormigas, las bandadas de aves o los cardúmenes de peces, es materia de supervivencia, porque en el apoyo mutuo, en la colaboración de conjunto reside el aspecto fundamental para la conservación y el mantenimiento de la existencia de cada especie. En una línea similar, pero yendo aún más lejos, la genetista Lynn Margulis descubrió que la cooperación continuada y la dependencia simbiótica que ha devenido de manera permanente entre todas las formas de vida, han sido los dos factores más poderosos e importantes para la evolución y la supervivencia de las especies (Capra, 1998).

En cualquier caso, los humanos, en cuanto seres biológicos, conservamos el instinto de supervivencia como la inclinación natural más arraigada a nuestra condición de organismos vivos. Precisamente, como el riesgo de autoextinción es lo que está en juego, no puede haber un interés más grande para la especie que el aseguramiento de su propia vida. No es un asunto de altruismo, de sacrificarse para que otros vivan. Es una cuestión de reconocer que somos entes relacionales y comunitarios, y que solamente en el conjunto de los *otros* –seres naturales y humanos– es posible nuestra existencia.

En la medida en que la amenaza para la humanidad está en la racionalidad de la modernidad capitalista, no puede haber ninguna solución para la crisis civilizatoria dentro de la modernidad misma. No consiste en cuestionar un modelo de producción, como un asunto exclusivamente económico, sino a la crisis del pensamiento como totalidad sistémica. De acuerdo con Foucault (1979), los sistemas de poder están ligados de modo circular a regímenes de verdad que los originan y los mantienen, es decir, los contenidos discursivos se instituyen como verdades incuestionables que hacen perdurar los regímenes de dominio. Por eso, seguir ofreciendo soluciones modernas a los problemas de hoy, significa permanecer encerrados en un círculo vicioso, del cual dependen ciertas verdades para mantener su hegemonía. Así, la pregunta que debe hacerse, siguiendo a Foucault, es si es posible cambiar el régimen político, económico, cultural de producción de la verdad, o en nuestro caso, si la utopía del Buen Vivir obedece a un régimen de verdad alternativo a los discursos ideológicos de la modernidad.

No se pretende decir que la utopía del Buen Vivir sea absolutamente no moderna. Lo es en muchos rasgos. No se trata de estigmatizar a todos y cada uno de los principios de la modernidad. Más bien consiste en establecer un diálogo con otros imaginarios culturales que nos permitan encontrar las condiciones para adaptarnos a una nueva época y salirnos de los actuales discursos de verdad que mantienen el *statu quo* vigente. Justamente, en la *era de la supervivencia* las utopías hacen un llamado global a escuchar otras formas de convivencia, otros juegos de lenguaje, otras racionalidades y filosofías vivas acalladas por las múltiples relaciones raciales, culturales y económicas de dominación constitutivas de la Edad Moderna.

A partir del siguiente capítulo se presenta específicamente la utopía del Buen Vivir, como discurso político inspirado en los imaginarios de los pueblos indígenas y campesinos latinoamericanos, el cual reconoce en la crisis ambiental el problema central de la civilización contemporánea, y plantea otras maneras de convivencia y autorregulación social retomadas de los pensamientos de sus propios pueblos. Se trata de una utopía que reacciona ante la impotencia de la racionalidad moderna para reparar el estrangulamiento planetario producido por el modelo capitalista, y que actualmente tiene un notable impacto en las discusiones sobre la gran crisis civilizatoria.

3. LA UTOPÍA DEL BUEN VIVIR

No existe nada que no haya dependido de otra cosa... pues incluso la misma dependencia no existe con una naturaleza propia.

Nāgārjuna
Fundamentos de la vida media

En el presente capítulo se presenta la hipótesis en virtud de la cual las *utopías en la era de la supervivencia* están configurándose relativamente desligadas de los discursos de verdad modernos. Esta afirmación se refiere a la aprehensión del individuo humano como único sujeto y centro del mundo, separado de la naturaleza, en la que él se representa a sí mismo como aquel que da medida a la totalidad de lo existente, pero también, a las estrategias discursivas del Vivir Mejor asociadas con las necesidades del capital, según se discutió en el capítulo anterior. Para ello, se expondrán los principios epistémicos del Buen Vivir, en contraste con los entramados simbólicos que se han expuesto críticamente hasta el momento. Se mostrará la manera en que mediante sus recursos retóricos es posible re-simbolizar percepciones y creencias que han sido recibidas simbolizadas por parte de la ideología, con énfasis particular en la visión ontológica de dicho discurso utópico, analizando cómo sobre tal base es posible plantear soluciones prácticas mucho más creativas que las esbozadas por la racionalidad moderna.

En la sección anterior se realizó un corto recorrido por ciertos procesos históricos de producción de pensamiento occidentales, dado que uno de los aspectos escondidos, pero constitutivos de la modernidad, es el avasallamiento de las perspectivas cognitivas, simbolismos, imaginarios, y productos culturales de todas las regiones y poblaciones del planeta, para sustituirlos luego, por un único orden cultural global en torno a la cultura europea. En otros términos, a partir de la conquista de América, todas las sociedades del mundo pretenden ser reducidas a la manifestación de la historia y la cultura occidental, con el propósito de crear formas de saber apropiadas para el desarrollo del capitalismo a escala global (Quijano, 2000a). Efectivamente, y de acuerdo con lo enseñado por Foucault (1979; 1996; 1999), el poder no puede ejercerse sin la definición de discursos que hacen funcionarse por verdaderos, pero tampoco, sin la exclusión, omisión e invisibilización de toda forma de saber que no sea compatible con el sistema de conocimientos que le sirvan al poder. Así, durante la colonia se impuso un tipo de discurso eurocentrista y capitalista, el cual no solo privilegió una cultura sobre las demás, sino que también acalló, suprimió y despojó a los otros pueblos de sus propias y singulares identidades históricas.

Una vez los pueblos colonizados lograron su aparente descolonización durante los siglos xix y xx, hubo un aspecto que permaneció intacto: la colonialidad del saber (Lander, 2000), la dimensión epistémica de conocimiento que continuó reproduciendo por su propia cuenta las coacciones del poder del centro sobre su periferia. Esto no significa que el régimen de verdad puesto en juego espontáneamente sobre los mismos pueblos corresponda a la totalidad de los modos de conocer y racionalidades europeas durante todas las épocas, sino que concierne a una perspectiva muy específica de saber de la Europa occidental, cuyo contenido se ha descrito antes, y que muy a pesar de las críticas hechas por pensadores y movimientos sociales del mismo continente y del resto del mundo, es la pobreza de pensamiento que hoy, en la *era de la supervivencia,* aún mantiene su predominio. La crisis vivida por todos, es la de este tipo de civilización, vinculada e integralmente relacionada, con una forma particular de saber que ofrece la estructura simbólica de significaciones para que el sistema capitalista pueda sustentarse.

Para fortuna de todos los pueblos del planeta en el contexto de la gran crisis, el proyecto de reducción de la diversidad de saberes a un uniformado, homogeneizado y emparejado pensamiento en torno a la cultura occidental no fue concluido por completo y, simultáneamente a la decadencia civilizatoria vista como totalidad, hay *otras* historias y racionalidades que coexisten en un mismo tiempo y espacio histórico. Corresponden a *otros* tipos de perspectivas cognitivas, *otras* gnoseologías compuestas por lógicas diferentes a las aceptadas por los modos de saber dominantes, y que tienen *otros* símbolos como mediadores para relacionarse con el mundo.

El *suma qamaña* o *sumak kawsay* es, justamente, una de esas racionalidades que está ayudando a construir una utopía, la cual obedece a un régimen de verdad alternativo a la esencia de la modernidad, según expondré a lo largo del capítulo. A continuación se expondrán de manera breve sus principios y después se describirá su episteme en lo pragmático en las distintas dimensiones del discurso político.

LOS PRINCIPIOS EPISTÉMICOS DEL BUEN VIVIR

Para empezar es necesario explicar la noción de racionalidad. Para ello, se retoma el punto antes mencionado de que existen muchas maneras en que puede explicarse el mundo, y que la realidad no es algo objetivo, ni de cierta manera que pueda conocerse "tal cual es", como si pudiera llegarse en definitiva a una comprensión pura y no contaminada de la realidad. A diferencia de esta posición positivista, la realidad surge o emerge dependiente de quien la percibe, porque los sujetos no están separados de su entorno, sino que están, desde siempre y constitutivamente, en relación con el mundo.[1]

En el campo de las ciencias, esta posición ha sido el paradigma que ha gobernado la física del siglo xx. Específicamente, la mecánica cuántica sostiene que a escala subatómica todos los objetos que vemos, como un ladrillo, una silla o una mesa, no son ni estáticos, ni sólidos. Dependen de como se vean las unidades atómicas, a veces aparecen como ondas y en ocasiones como partículas, lo que implica que dicha unidad puede estar al mismo tiempo en dos o más lugares (Capra, 2007). ¿Cuál es entonces la realidad física? La perspectiva cuántica sugiere que tan solo podemos hablar de posibilidades, y quien elige entre las posibilidades, es el observador haciendo las relaciones con el objeto observado. De manera que el observador al escoger entre las diversas probabilidades, literalmente crea su propia realidad.

En la misma lógica, la escuela de la neurofisiología de la enacción de Francisco Varela (2000), advierte que la realidad está siempre coo-emergiendo, coo-surgiendo, como fruto de la constante interacción entre el conocedor y el medio en el que el mismo se encuentra inmerso. Para este neurofisiólogo, la cognición no podría ser la recepción pasiva, ni la recuperación de las propiedades de un mundo independientemente del que percibe, sino la capacidad creativa de la mente para generar significados. No se trata de un evento pasivo, sino activo, en donde el observador construye un significado mediante su interacción con el medio.

A la cuestión a la que quiero llegar es que, tomando como base cualquiera de las anteriores concepciones, una racionalidad ya no podríamos definirla como la capacidad de la mente para llegar a un conocimiento verdadero de la realidad, sino como una de las muchas formas en que los seres humanos se ubican significativamente dentro del mundo. Es una manera activa en que interpretamos la constante experiencia vivida y

---

[1] Tal perspectiva fenomenológica debe en Occidente su descripción sistemática a Husserl, James, Heidegger o Merleu-Ponty, pero en la tradición oriental se remonta a la tradición *madhyamaka* de la India del siglo ii.

un modo de comprender la manera en la que aparecen los fenómenos. Una racionalidad no es la comprensión entendida como un espejo de la naturaleza (Rorty, 1983), sino un dimensionamiento creativo del significado que se hace del mundo; es la gestación de un universo sobre la base del lenguaje, la historia social y la corporalidad; es el ordenamiento de una experiencia interpretada mediante algunos parámetros culturales compartidos con *otros* en sociedad.

Sin duda, entender la realidad de tal modo, nos permite dar cuenta de que vivimos en un mundo en el que, en rigor, nadie puede pretender comprenderlo mejor que los demás. Pero también es un mecanismo para ayudarnos a permanecer abiertos a la experiencia del *otro*, reconocer que siempre es posible interpretar de *otro* modo, hacer un auténtico diálogo tomando en serio el punto de vista de la alteridad. Una racionalidad no pretende decir la verdad, sino que es un esfuerzo para explicar de manera significativa el qué, el cómo y el para qué se hacen las cosas. Es un sistema simbólico que se construye intersubjetivamente para darle sentido a las acciones. No obstante, es importante no perder de vista una cuestión: una cultura que elabora cierta racionalidad no teoriza sus presupuestos sino que los vive; corresponde a un asunto que atañe a la cotidianidad y vivencialidad de las mismas comunidades y no necesariamente a la razón.

El esfuerzo que hace la utopía del Buen Vivir es tematizar las racionalidades de algunas culturas campesinas, indígenas y afrodescendientes, con el propósito de que sirvan de insumo para la construcción de un discurso que oriente la acción en el presente. Lo interesante del Buen Vivir es que no se construye a partir de un saber erudito o cientificista, como pretendió el marxismo ortodoxo; por el contrario, está cimentado en racionalidades, formas de interpretar el mundo y prácticas vivas de diversas comunidades rurales latinoamericanas. Si bien parte de *a priori* que podrían ser debatibles –y que se discutirán en los capítulos siguientes–, la utilidad del discurso utópico reside en el hecho de configurar imágenes penetrantes que, además de guiar a una colectividad, también sirvan para que la gente se explique de *otra* manera su mundo y reoriente su pensamiento y acción. En tal sentido, es meritorio que un discurso de estas características surja en épocas en donde nos estamos preguntando por la posibilidad de la supervivencia humana sobre la Tierra.

* * *

El punto de partida para comprender el Buen Vivir es el entendimiento del principio de la relacionalidad, noción básica de la cual se derivan los demás principios, y concepción filosófica[2] que se manifiesta en los diversos campos de existencia de muchos pueblos indígenas, campesinos y afrodescendientes del continente americano. La relacionalidad, como rasgo fundamental de estas racionalidades, sostiene que todo está conectado, todo es interdependiente y todo está interrelacionado con lo demás.[3] Nada existe de manera solitaria, porque cada entidad es parte integral de la totalidad (Estermann, 1998). Cada uno de los componentes del cosmos cumple una función necesaria y, en consecuencia, no es posible separar, divorciar o dividir, lo que inmanentemente está unido. Pensar que algo está fuera, abstraído o aislado de la red de vínculos con el medio es aceptar su inexistencia, en la medida en que no puede haber un ente que sea por completo carente de relaciones.

Mediante el principio de la relacionalidad, podemos percibir el primer contraste con las ideologías de la modernidad, las cuales parten de la supuesta existencia de unidades desunidas, compartimentadas, fragmentadas y desligadas entre sí, disyunción sobre la que fue posible la aparición del ser humano como sujeto apartado de la naturaleza. Según dicha deformación simbólica de la realidad, hombres y mujeres somos entes aislados, que vivimos entre cosas inertes siempre disponibles para nuestros afanes explotadores. Por el contrario, en la otra orilla de tal ideología, el principio de la relacionalidad reconoce que en el tejido de la vida, sus múltiples constituyentes están inseparablemente asociados; y, en derivación, un sujeto separado y autosuficiente, según lo entiende la filosofía moderna, sería una concepción decididamente absurda, porque solamente es posible su existencia a través de la relación con el todo.

El principio de la relacionalidad indígena en América no es exclusivo de su filosofía, sino que tiene una profunda afinidad con muchas otras formas de pensamiento, como lo es el caso de la doctrina budista *madhyamaka*.[4] Específicamente encuentro correspondencia con el concepto sánscrito *pratītyasamutpāda* –traducido como ori-

---

[2] Siguiendo a Josef Estermann (1998) aquí se toma la palabra "filosofía" en un sentido amplio, es decir, como el esfuerzo humano por entender el mundo, hecho que compete a todos los pueblos del mundo en todas las épocas, y no exclusivamente a la concepción de una sola cultura.

[3] Sin duda esta es una visión compartida por muchos pueblos no occidentales en el mundo y que ha influido ampliamente en la conceptualización de la llamada Ecología Profunda, inaugurada por Arne Naess.

[4] El *madhyamaka* –doctrina de la vía media– es una escuela filosófica de la India del siglo II fundada por el monje budista Nāgārjuna, la cual tuvo gran influencia en el pensamiento de China, Tíbet, Corea y Japón (Arnau, 2005).

gen condicionado, relacionalidad o contigencia–, el cual hace referencia a que la existencia de cualquier cosa o fenómeno es el resultado de causas y condiciones que están también condicionados. Según la noción *pratītyasamutpāda*, no hay nada que sea independiente de lo que lo rodea, o que pueda existir de manera autónoma, ya que las cosas se apoyan unas en otras, en una relación de dependencia y condicionamiento mutuo (Arnau, 2005). El término, al igual que en la relacionalidad indígena, hace hincapié en la característica interdependiente de todo lo que existe, de la imposibilidad de aislar algún elemento de la realidad y de que algo sea autónomo de lo demás. Tal perspectiva budista reúsa de manera radical concebir la substancialidad de alguna cosa existente por sí misma y a partir de sí misma, pues ella solamente puede ser si está en relación con *otras*, dentro de un condicionamiento recíproco (Saviani, 2004).

Además de la concurrencia con el budismo, el principio de la relacionalidad también tiene marcadas coincidencias con la filosofía bantú del África central, la cual plantea la unidad y el intrínseco vínculo entre vivos, difuntos, divinidades, plantas, animales, piedras, tierra, mares, ríos, fuego, estrellas y herramientas. Para el bantú el mundo depende del equilibrio y la armonía entre estas fuerzas vitales, íntimamente interrelacionadas (Tempels, 1959). En América, la racionalidad del bantú fue sembrada por los millones de africanos esclavizados quienes reconstruyeron dicho contexto cosmogónico en el continente donde forzadamente asentaron su terruño. De hecho, para Manuel Zapata Olivella (1997), la comprensión de los humanos vivos hermanados inseparablemente a los muertos y al resto de los seres naturales de la Tierra, las divinidades y el cosmos –la ontología del muntú–[5] fue lo que permitió mantener unida a los descendientes de la diáspora africana. En el muntú la existencia no puede considerarse de modo aislado, sino hondamente ligada a la totalidad (Walsh, 2009).

Tanto en la perspectiva indígena como en la afro, la relacionalidad cobra su mayor sentido en lo que Floriberto Díaz (2007) denomina "la comunalidad", entendida como el sentido profundo de la vida en relación con los demás, con el resto de personas pero también con los *otros* seres de la Madre Tierra. En efecto, para muchos pueblos no es el término comunidad entendido exclusivamente en referencia al círculo humano, sino de una manera ampliada que incluye también a plantas, animales, el agua, las piedras, el aire y el cielo, o las montañas. Son racionalidades en donde el énfasis está en el "nosotros", en la colectividad, la cual ubica a cada uno de sus miembros en función de un contexto organizativo

---

[5] El muntú en la filosofía bantú es la persona, viva o difunta, inherentemente relacionada con los demás entes del cosmos (Tempels, 1959)

mayor, y en la que la definición del individuo se basa en su capacidad de ser "parte de", "ser con" y "estar con" otros sujetos de la comunidad.

En contraste con esta racionalidad comunitaria que pervive en las vivencialidades de muchos pueblos a lo largo y ancho del planeta, la modernidad capitalista ha construido sus múltiples estrategias discursivas en torno al individualismo y al "yo" independiente, unitario y bien demarcado. En divergencia, la utopía del Buen Vivir reconoce el hecho de que el individuo no puede vivir sino en permanente relación con su comunidad; y a su vez, la comunidad no puede *ser* sino en función de sus individuos, pues lo que cada uno *es*, se determina por sus interacciones. Análogamente, las tradiciones orientales afirman que no tiene ningún sentido concebir a un "yo" al margen de sus vínculos con el *otro*, dado que el ser humano, como el resto de los entes, no puede tener una identidad en sí mismo y, por tanto, no hay un verdadero "yo" independiente. Esto quiere decir que no podemos decir nunca "esto soy yo", porque nos constituimos en todo momento por medio de la infinidad de lazos con el entorno. En realidad, al intentar ubicar nuestro "yo", nos damos cuenta de que estamos tan hiperrelacionados que nuestra propia identidad nos trasciende (Varela, 2001).

Lo anterior no significa que el individuo bajo tal concepción salga de escena. Antes bien, es un reconocimiento de que un individuo sólo puede *ser* en la medida en que es un ente distinguible de todo lo demás, pero al mismo tiempo, este debe permanecer ligado al medio, porque únicamente en la conexión con su entorno es posible que mantenga su individualidad. Es una manera de afirmar que lo *uno* no puede existir sin lo *otro*, porque lo que cada uno *es*, se estructura mediante sus interacciones. Para explicarlo en términos biológicos imaginemos el caso de una célula. Ella mantiene su individualidad al diferenciarse del medio que le rodea por medio de una membrana biológica, pero ella no podría existir si no estuviera permanentemente ligada a su espacio extracelular (Varela, 2000). Como puede apreciarse, se trata de una dialéctica ontológica que plantea una perspectiva diferente del individuo moderno, en la cual este no se aprehende como un ente aislado y solitario, sino en constante relación y sobreabundancia dentro de la red de vínculos con la comunidad.

Para la mayoría de las comunidades indígenas y afro el individuo solo está perdido, es una nada, un vacío total, porque para *ser* debe estar relacionado. En términos occidentales, la pregunta que interroga por el sentido su *ser* es contestada por medio de su relación, por medio del sinnúmero de nexos vitales con su entorno, lo cual contrasta con su homóloga respuesta del Vivir Mejor moderno cuyo raciocinio soluciona el mismo cuestionamiento con la afirmación "soy lo que tengo". Para las racionalidades de las que se nutre la utopía del Buen Vivir, el acento ontológico no es el individuo, sino la relación, porque la atención no está puesta en el "yo", sino en el "nosotros" (Lenkersdorf, 2005), la comunidad, y dentro de ella, los humanos somos miembros integrados a una colectividad; simples actores específicos dentro de una red de relaciones (Estermann, 1998).

Sin embargo se ha mencionado que los integrantes de la comunidad no son solo los humanos, sino que ella hace referencia a la totalidad de los seres de la Madre Tierra y, en corolario, animales, plantas, montañas, aire, o agua son parte de la comunidad, hermanos nuestros, pues todos, sin excepción, hemos sido paridos por la tierra. Según esta concepción del mundo la tierra no es un *recurso natural*, como lo sugiere el discurso dominante occidental, por el contrario –en palabras del antropólogo mexicano mixe Floriberto Díaz (2007:40-52):

> "...es para nosotros una Madre, que nos pare, nos alimenta y nos recoge en sus entrañas... Para nuestras abuelas y abuelos sabios, el punto de partida y de llegada era la Tierra. Por eso llegó a ser la Madre de todos los seres vivos: de ella somos, de ella nos alimentamos y a ella retornaremos..."

Mucho más que un *objeto* o una cosa –según señala el discurso ideológico moderno–, es una madre que ampara a sus hijas e hijos, y ofrece todos los elementos necesarios para vivir. Los humanos somos tan solo una de sus criaturas: nada más que una de sus expresiones hermanada indisolublemente con el resto sus retoños.

Admitir la metáfora de la Tierra como Madre, nos permite aceptar que ella y todos sus componentes son organismos vivos. El subsuelo –incluido el gas, el carbón y el petróleo–, el suelo, el agua, el aire, las montañas, plantas y animales son hermanos vivientes, complejamente concatenados dentro del nudo de relaciones. En realidad, no es biocentrismo, ecocentrismo o cosmocentrismo, sino una trama de relaciones vacías de todo centro, pues si intentáramos poner la atención en algún eje medular, nos daríamos cuenta que el principio de la relacionalidad justamente da cuenta de que cualquier núcleo está, por definición, desde siempre, ya desbordado. Dicho en otros términos: cada elemento puede ser centro y circunferencia en el mismo momento (Giraldo, 2012a). Pensar "lo vivo", en dicotomía con "lo muerto", deja de tener sentido si concebimos a la vida en la Tierra como una compleja y vasta red de relaciones, en donde cada fenómeno se condiciona y depende de muchos otros. Incluso el concepto de Gaia, del reconocido científico James Lovelock (2007), parece estar en sintonía con el ancestral juicio tribal de que la Tierra es un organismo vivo. Para Lovelock, Gaia es un sistema interrelacionado que ha sido capaz de mantener al planeta apto para la vida durante más de 3 mil millones de años, lo cual ha sido conseguido mediante la autorregulación de su temperatura y de su química. El autor sostiene que "… es necesario conocer la verdadera naturaleza de la Tierra e imaginarla como el ser vivo más grande del sistema solar, –y– no como algo inanimado" (2007:39).

Tanto para las racionalidades de los pueblos originarios, como para los más aceptados estudios científicos sobre la fisiología de la Tierra, nos encontramos dentro de un planeta vivo, en todos sus aspectos y componentes, lo cual nos permite tener una percepción ontológica radicalmente diferente a las ideologías modernas, pues los humanos no somos el centro de nada, sino tan solo entes en constante relación con el conjunto de fenómenos naturales; una especie viviente más inmersa dentro de un enmarañado sistema vivo. Para la utopía del Buen Vivir, la Madre Tierra es la fuente de la vida, un organismo vivo, un sujeto, en toda la majestuosidad de la expresión, y nosotros solo somos parte de ella, una de sus porciones constitutivas. Reiteramos, una vez más, que ello no implica la pérdida o desaparición de la individualidad, sino que la misma se expresa ampliamente en su capacidad de relacionarse con otros seres de la comunidad. Que el individuo sea una identidad que trasciende su organismo no significa que se pierda a sí mismo; más bien hay que decir, que solo ese "yo" se convierte en un auténtico individuo cuando se incorpora al "nosotros" de la colectividad.

La relacionalidad, como noción fundamental de la racionalidad de la que bebe la utopía del Buen Vivir se manifiesta en una serie de principios derivados, los cuales están tan estrechamente interconectados entre sí que cada uno de ellos no tendría sentido sin los demás. El primero de ellos es el principio andino y mesoamericano de la complementariedad,[6] el cual hace referencia a que nada existe de manera solitaria, sino siempre en convivencia con sus complementos específicos (Estermann, 1998). No hay nada existente por sí mismo, debido a que todos somos miembros de una gran comunidad ligada en redes de interdependencia mutua y, por tanto, cada entidad es naturalmente incompleta y necesita del resto para existir. El principio nos enseña que vivimos en un mundo de simbiosis, en donde cada quien está incompleto y requiere de "lo

---

[6] Análogamente a las racionalidades indígenas, Niels Bohr en el campo de la física cuántica, introdujo el concepto de complementariedad al considerar que partícula y onda son descripciones complementarias sin las cuales no podríamos explicarnos la realidad atómica. Del mismo modo, en el pensamiento chino la noción de complementariedad tuvo hace 2 mil 500 años un papel fundamental, al considerar que conceptos opuestos mantienen una relación complementaria los unos con los otros. Tal idea está representada en la conocida figura del *yin* y el *yang* (Capra, 2007).

otro" para complementarse (Medina, 2008). En otras palabras, es como si pensáramos en fichas de un rompecabezas, las cuales son insustanciales como unidades solitarias en la medida en que necesitan de las otras para armar cierta figura, pero que al unirse de manera armónica completan integralmente una totalidad.

La agricultura campesina del policultivo es quizá la actividad en donde mejor se expresa el principio de la complementariedad, pues la siembra no se basa en simples monocultivos sino en barrocas combinaciones (Bartra, 2010b). En un mismo policultivo pueden coexistir hasta doce o más plantas entremezcladas en complementación solidaria. Los campesinos, especialmente de zonas tropicales, saben que la diversidad del conjunto les permite aumentar el aprovechamiento de la tierra y reducir la incertidumbre de perder una cosecha por completo, dado que si por algún factor alguno de los integrantes del policultivo falla, se puede compensar con la producción del otro componente. La investigación agroecológica ha demostrado que las ventajas de los sembradíos plurales y entreverados está relacionada con su capacidad de complementarse entre sí y hacer un mejor uso asociativo de la luz, el agua y los nutrientes, lo que a su vez, permite disminuir el crecimiento de las malezas. Los cultivos compuestos por especies complementarias capturan nutrimentos unos de otros, como en el caso de la fijación del nitrógeno hecha por las leguminosas asociadas; o el de la agroforestería, cuando las hojas de los árboles caen al suelo y se descomponen liberando distintos nutrientes. Las ventajas de la complementariedad también se manifiestan en la menor cantidad de plagas de los cultivos asociados, en respuesta a la abundante fauna de enemigos naturales presentes en estos sistemas, pero, además, a la dificultad de los insectos de permanecer en sembradíos dispersos, y a los efectos alelopáticos de plantas mutuamente complementarias (Liebman, 1999).

Según se aprecia la complementariedad se estructura sobre la base de la pluralidad y la diversidad holística. A diferencia de los homogéneos y uniformados monocultivos, en los plantíos polifónicos, los demás no son competidores, sino compañeros asociados integralmente en una armónica sinfonía. Así, en la agricultura simbiótica, algunas plantas regresan al suelo lo que otras han sacado; unas ofrecen sombra impidiendo el crecimiento de malezas, o bien se protegen recíprocamente mediante sustancias repelentes o tóxicas para las plagas. Similarmente, esta misma lógica se expresa en la vida comunal de los pueblos indígenas y afro-descendientes de Latinoamérica, en las cuales existe la convicción de que el individuo autónomo y separado está incompleto y, en derivación, solo es posible *ser* en el mutualismo comunitario. Al igual que en el policultivo, cada miembro se complementa con los demás, puesto que todos son necesarios para hacer realidad la consonancia del concierto colectivo.

En marcado contraste, el saber occidental privilegia no la cooperación del conjunto, sino la competencia entre semejantes. Como ejemplos, el monocultivo no solo entra en contra natura de la variedad agroecológica, sino que destruye a toda planta que intente crecer junto a la sembrada; la monocultura no tolera la diversidad y la pluralidad del multiculturalismo por lo que subsume dentro de sí a toda expresión cultural ajena; o el monopolio codicioso de una sola empresa devasta sin conmiseración a su competencia (Lenkersdorf, 2005). Es claro que el principio moderno como antítesis de la complementariedad, es la competitividad, en donde los verbos disputar, rivalizar, contender o combatir están en las antípodas de la coordinación, la cooperación y la complementación enseñada por el policultivo. Lo racional en la modernidad es la eliminación de todos los competidores potenciales, pero nunca la integración equilibrada entre coequiperos. Según advierte Huanacuni (2010), en todos los ámbitos de la sociedad contemporánea la eterna lucha que hay que ganar aun a costa de la destrucción de los demás, es el valor afirmado, pues competir es la única forma de relación conocida, pero nunca se explora, ni siquiera se considera, la posibilidad de complementarnos.

Para las racionalidades en las que se inspira la utopía del Buen Vivir, en cambio, no solo todos los seres de la Madre Tierra son sujetos, sino sujetos que se complementan. Similarmente a los ecosistemas, en donde unas especies no desplazan a las otras, sino que dialogan, se hacen compañía, se asocian, se sintonizan o se acomodan y se reacomodan de modo que puedan convivir entre todas, el principio de la complementariedad en ciertas sociedades rurales se manifiesta como la expresión por excelencia de la vida comunitaria (Medina, 2008). No quiere decir que sea un proceso idílico y ausente de conflictos, pero los mismos buscan solucionarse mediante el acuerdo o el consenso. Justamente, el derecho consuetudinario indígena está orientado no a la coacción, punición o castigo como ocurre en el sistema jurídico occidental, sino que se busca la manutención del equilibrio comunitario y espiritual, por medio de un proceso argumentativo que permita encontrar un arreglo entre las partes para restablecer la convivencia afectada por algún tipo de agravio (Collier, 1995).

El principio de la complementariedad es, en definitiva, una racionalidad intersubjetiva, fincada en la comunidad, en donde todos somos sujetos que nos necesitamos los unos a los otros, y nos complementamos. El tipo ideal, en términos de Weber, es la integración de entes ontológicamente distintos pero necesariamente complementarios.

Según Estermann (1998) el segundo principio derivado de la relacionalidad es la correspondencia, cuyo contenido sostiene que todos los aspectos de la realidad se corresponden de manera armoniosa, en una correlación mutua y bidireccional. Esta perspectiva difiere de la lógica occidental newtoniana en la cual la causa produce el efecto, pero ignora la otra flecha de la relación: el hecho de que sin efecto no puede haber causa. La tradición del budismo *madhyamaka*, utilizando las analogías, sostenía que "sin planta no hay semilla y sin semilla no hay planta", o que "el padre es tan causa del hijo como el hijo del padre", es decir, no existe efecto si no hay causa (Arnau, 2005). En la lógica de la utopía cercana a la filosofía oriental, hay una correspondencia entre causa y efecto, es decir, hay siempre relación mutua y no unidireccional como se concibe en la racionalidad occidental moderna. Se asemeja a la medicina homeópata, en donde hay correspondencia entre la enfermedad, el modo de curar y el medicamento, de modo que el proceso de recuperación de la salud se logra por medio de sustancias similares o correspondientes a las que causaron el proceso patológico.

En el ámbito pragmático, el principio de la correspondencia se expresa en la reciprocidad de las comunidades campesinas, indígenas y afrodescendientes y, en general, en la cotidianidad de las sociedades rurales latinoamericanas. Dado que la correspondencia no permite la unidireccionalidad en las relaciones, la racionalidad derivada señala que a cada acto le corresponde un acto recíproco, es decir, el esfuerzo de una acción realizada por alguien debe ser recompensado por otro esfuerzo de la misma magnitud (Estermann, 1998). La reciprocidad antes que un valor instrumental, utilitario y economicista, según ha sido delineado por los trabajos de la sociología norteamericana sobre el "capital social", es una normativa relacional que persigue guardar el equilibrio y la armonía comunitaria. Imaginar una relación entre dos, en la que una de las partes da y la otra solo recibe, es romper la estabilidad que debe ser mantenida en la totalidad.

La reciprocidad puede apreciarse en el trabajo colectivo, en lo denominado en diferentes partes de Latinoamérica como mingas, convites, tequios o faenas, actividad consistente en la convocatoria de toda la comunidad para el mantenimiento de carreteras y caminos, acueductos, escuelas, parcelas comunales o la construcción de casetas comunales, polideportivos, diques e infraestructura para el beneficio común. En tal organización cada miembro ofrece su esfuerzo físico en forma de trabajo o especie, para que mancomunadamente el trabajo público alcance a cada uno de los integrantes del colectivo. Asimismo la reciprocidad también puede percibirse en la "mano vuelta" o "mano cambiada", la cual es una forma institucionalizada laboral de ayuda mutua aún presente en muchas comunidades rurales de Latinoamérica. En este tipo de actividad, el dueño de una parcela se pone de acuerdo con algunos de sus vecinos para hacer un determinado trabajo conjunto en su predio, con la condición tácita de regresarles el favor en el momento que ellos lo requieran. Por su parte, la práctica del trueque, en la que se intercambian bienes sin intermediación monetaria, es también una manera de reciprocidad económica, pues garantiza que entre todos los miembros haya una compensación justa y equilibrada. Del mismo modo la reciprocidad se hace presente en la ayuda equitativa durante la realización de fiestas patronales, bazares, rituales y diferentes eventos de la vida comunitaria de los habitantes del campo.

Sin embargo, tal principio vivencial expresado en las labores comunitarias y económicas, y en la práctica cotidiana de la comunalidad mancomunada, no solo compete a las interrelaciones humanas, sino también a las interacciones con la naturaleza. La racionalidad consiste en que así como la tierra nos ofrece todos los elementos físicos necesarios para vivir, ella requiere que los humanos actuemos con sentido de reciprocidad o en correspondencia. Cuando no lo hacemos, como ocurre en la actividad extractiva, se crean profundos desequilibrios en la relación, porque las personas son las únicas receptoras inmersas en un vínculo unidireccional. Siguiendo tal lógica, los desastres naturales son el resultado de un desequilibrio originado por la falta de reciprocidad por parte del ser humano hacia la tierra. Probablemente todavía muchos campesinos son incapaces de cortar un solo árbol del bosque o rastrojo sin sembrar en el mismo momento o poco después, cinco o más plántulas para retribuir al suelo lo extraído, o bien, retirarse para que exista regeneración natural. Esto hace parte de la lógica según la cual si no hay reciprocidad hacia el bosque, su parcela en algún momento se quedará sin agua.

En términos ontológicos, en cuanto el ser humano es emergencia de un nudo de relaciones complejamente interconectadas, él cumple, como las demás especies, una función muy específica. Es ante todo un Agri-Cultor en la profundidad máxima del término, un cultor o cuidador, que ayuda a abrir el suelo para que el agua lluvia penetre en ella y la fertilice. Él no es un productor, a diferencia de lo que denomina utilitariamente el discurso dominante, porque la verdadera productora es la Madre Tierra, la *Pachamama*[7] –como en quechua se le denomina–, y el papel de los humanos es solo cultivarla (Estermann, 1998). En pala-

---

[7] La verdad es que el concepto de la *Pachamama*, más que la Madre Tierra, podría ser traducido en nuestra lengua –lo que es siempre reducir– como un cosmos espacio-temporal complejamente interrelacionado.

bras de un campesino boliviano: "Aquí, estos animalitos que ves, no son míos; parecen míos, pero no son. Yo sólo soy pastor... cuidantes nomás somos. Primero de nuestro Dios, después de nuestros *Apus* –cerros– de ellos son. Pastores nomás somos" (Medina, 2008: 94). Para el campesino citado su problemática existenciaria –en palabras heideggerianas–,[8] la resuelve siendo un cuidador, un pastor juicioso de un interrelacionado sistema vivo.

En cuanto pastor el trabajo tampoco es un castigo divino, ni está enfocado a "dominar la tierra" como lo predica el mito del Jardín del Edén. Es, sobre todo, un diálogo íntimo con la tierra, pues el trabajo de la parcela, la chacra o la milpa es el gran lazo que permite la conexión plena con la naturaleza (Medina, 2008). Hay además un vínculo afectivo con el cultivo, por lo que el Agri-Cultor sabe que este se pone triste si no se le visita, se le cuida o se le conversa (Lenkersdorf, 2005). Castigo sería cuando alguien se vuelve esclavo, pero ontológicamente para el campesino el vínculo con la tierra por medio del trabajo es la vida misma. El *ser* campesino, no puede nunca asociarse con lo que se llama hoy un pequeño productor agrícola, puesto que es un concepto tan complejo que incluye la producción, pero que la rebasa por encima. La agricultura para el campesino no es un negocio –aunque produzca ingresos económicos–, ni un modo de sobrevivencia, es una forma de "*ser* y estar en el mundo", en la cual la tierra cultivada ofrece las bases culturales, espirituales, identitarias y materiales para existir, y en correspondencia el Agri-Cultor actúa recíprocamente mediante el cuidado.

Por duro que sea físicamente, el trabajo para los campesinos es al mismo tiempo relacionalidad, complementariedad, correspondencia y reciprocidad. Es festividad, meditación y contemplación –la felicidad última para Aristóteles–, pero también el sentido mismo del *ser*. El trabajo en definitiva es lo que la gente hace en una parte importante de su tiempo. Sigmund Freud (2007) creía que debido a que el trabajo produce infelicidad y carece de placer existe una natural e instintiva aversión hacia él. Por el contrario, como enseñan los campesinos o según fue expuesto por Marx (1969), el problema no es el trabajo en sí mismo, sino el trabajo enajenado, represivo y miserable del capitalismo, el cual no afirma a los trabajadores sino que los niega, los reprime y los anula. Para los campesinos que laboran en su propia tierra, el trabajo no es una carga o una condena que deba pagarse. Lo que esclaviza es el trabajo robado o aprovechado por otros, porque la condición necesaria para que el trabajo sea fiesta, celebración y afirmación es que, insoslayablemente, debe ser libre.

---

[8] Es decir, el *ser* que se pregunta por el sentido de su existencia.

En resumidas cuentas, los principios de la relacionalidad, complementariedad, correspondencia y reciprocidad se expresan en el concepto del Buen Vivir, que en todo su esplendor significa la "vida en plenitud", el hecho de ser y estar tan lleno que se es sobreabundante. Es estar bien consigo mismo, lo que por definición significa vivir en armonía, respeto y equilibrio con lo existente, por medio de la comprensión de que todo está interconectado con lo demás (Huanacuni, 2010). Es la experiencia plena de una vida fincada en las relaciones armónicas y equilibradas entre los miembros de la gran comunidad de la Madre Tierra, entre los que están incluidos, por supuesto, los seres humanos. Es la vida gozosa en la cual la múltiple interrelacionalidad entre sujetos conectados en una compleja red produce bienestar, placer y felicidad. Es una manera de concebir la vida asociada con el bienestar de la Madre Tierra y de los seres humanos en su conjunto.

El concepto del Buen Vivir aparece en varios de los pueblos originarios de América, según podemos apreciarlo en las expresiones *sumak kawsay*, en quechua; *suma qamaña*, en aymara; *kyme mogen*, en mapuche; ñande *reko* o *teko kavi*, en guaraní; *shiir waras*, de los ashuar; *laman laka*, del pueblo Miskitu en Nicaragua, o "volver a la maloka" de los pueblos amazónicos. Se trata de nociones que, respetando la diferencia y la rica diversidad de cada uno de ellas, contienen puntos de encuentro sobre los cuales se está ordenando el discurso político interpretado en este trabajo bajo el rótulo de utopía, en el sentido no peyorativo explicado ampliamente en el primer capítulo.

Al decir de Medina (2008) los campesinos bolivianos hablan de una "vida dulce", para hacer referencia a una situación en la que sus chacras florecen, hay tiempo para compartir festivamente, hay agua, montes y praderas para pastorear los animales, y cuando hay bienes suficientes para la reciprocidad. De ahí surge la amistad, la alianza, la confianza, la cooperación mutua. La "vida dulce" es una vivencia interrelacionada en donde importa la accesibilidad de lo necesario y lo suficiente para Vivir Bien. Es importante no perder de vista que "lo necesario" no incluye la necesidad impuesta por la coacción. Consiste en no carecer de nada salvo de lo enajenante. Prescindir de todo aquello que nos vuelve no libres. Es una forma de decir que el Buen Vivir propende por la falta de privaciones, tener de entrada todo, lo que representa mantenerse desbordado y en sobreabundancia del *ser*, pero nunca del *tener*. En palabras del Canciller de Bolivia David Choquehuanca:

> ...el *Vivir Bien* apunta a una vida sencilla que reduzca nuestra adicción al consumo y mantenga una producción equilibrada sin arruinar el entorno. En este sentido, *Vivir Bien* es vivir en comunidad, en hermandad y especial-

mente en complementariedad. Es una vida comunal, armónica y autosuficiente. *Vivir Bien* significa complementarnos y compartir sin competir, vivir en armonía entre las personas y con la naturaleza. Es la base para la defensa de la naturaleza, de la vida misma y de la humanidad toda.

En contraposición al Vivir Mejor occidental, la racionalidad del Buen Vivir no pretende que unos vivan mejor que otros, pues no se puede pretender Vivir Bien sabiendo que los demás están mal. Sería como aceptar el desequilibrio relacional y la desarmonía comunitaria. El ideal, por el contrario, es que todos podamos Vivir Bien, dentro de un conjunto de relaciones equilibradas, armónicas, equitativas, complementarias y recíprocas entre las personas, pero también entre los seres humanos y la naturaleza. Según puede apreciarse es una lógica radicalmente diferente al raciocinio predatorio del Vivir Mejor, y de su fetiche por el progreso, el individualismo, la competencia y la fascinación por la técnica moderna. En discrepancia, para el Buen Vivir el *ser* no puede definirse nunca por su capacidad de *tener,* sino por su facultad de relacionarse armónica y equilibradamente con la totalidad. El Vivir Bien, en suma, es un paradigma opuesto al modelo de la buena vida occidental moderna, debido a que no es la separación con la naturaleza, ni el énfasis en la racionalidad concebida a partir del individuo, sino la inmanencia de la relación intersubjetiva y la atención en la vida comunitaria, las que dan las bases para Vivir Bien.

Ahora bien, la vida en comunidad no es una abstracción, sino una práctica cotidiana que sucede desde un determinado lugar. Como ha señalado el filósofo japonés Kitaro Nishida, el conocimiento parte de la experiencia vivida desde el "aquí", porque el punto de vista, la racionalidad por la cual se construye un mundo, está intrínsecamente arraigada al lugar, al pensar con un punto de referencia, al hecho de estar en alguna parte. La experiencia de la vida en plenitud está asociada con las relaciones con las montañas, el suelo, los ríos, es decir, la manera como se territorializa un espacio construido en lo social y en lo histórico. Suena contradictorio que la etimología de la utopía sea justamente lo contrario de lo que aquí se quiere expresar, porque, de modo paradójico, la utopía cuando es un sueño que aspira a realizarse es volver a ver lo que ya tiene su propio lugar.

La utopía del Buen Vivir tiene además una manera característica de concebir la temporalidad, la cual está ligada a la manera de relacionarse con el territorio, donde se asienta la base de la experiencia cotidiana. Para las racionalidades campesinas, indígenas y afro, la manera de vivir el tiempo está indisolublemente vinculada a los ciclos agrícolas, por lo que a diferencia de la linealidad, progresividad e infinitud del tiempo moderno, la temporalidad es cíclica, parecida al eterno retorno nietzscheano, pues hay siempre posibilidad de volver al punto de partida. Se mencionó en el capítulo anterior que el tiempo del progreso es el que da sentido a la acumulación, pues como nunca habrá retorno, es menester atesorar, reservar y descontar del presente para llevarse al futuro. Por el contrario, cuanto existe ciclicidad en el tiempo, como ocurre en las economías campesinas, acumular no tiene sentido porque siempre habrá retorno de los periodos de sequía y lluvias, recuperación de la fertilidad del terreno por la rotación de cultivos o reintegro de las semillas para la siembra luego de la cosecha. Para la racionalidad cíclica el futuro está algunas veces adelante y otras veces atrás, mientras que el pasado en ocasiones se encuentra atrás aunque también adelante. Por eso la lógica de la utopía del Buen Vivir no es un progreso inevitable hacia lo mejor, sino hacia el restablecimiento o retorno de la armonía que ha sido alterada.

De modo que a diferencia de la razón instrumentalizada que no pone en cuestión el punto de llegada sino solo los modelos o medios para alcanzarlos, la utopía del Buen Vivir se sitúa en el meollo del asunto al discutir también los fines, para luego buscar los medios más adecuados para cumplir los nuevos objetivos. Vivir Bien es el fin, pero debe ser entendido como un arte de vivir en armonía con la gran comunidad de seres humanos y demás sujetos naturales, por lo que el bienestar no puede significar ruptura, sino restitución óptima del orden alterado. El objetivo es "estar bien con los demás" lo que incluye la comunalidad con las demás personas, pero también con la Madre Tierra, de la que depende incuestionablemente nuestra vida. Como lo muestra la emancipación de la naturaleza, no podemos intervenir como dominadores sin que destruyamos en el mismo acto también el equilibrio, y nos llevemos por delante nuestra posibilidad de supervivencia.

Los defensores de la modernidad como proyecto inacabado cuestionarán que podemos hablar de utopía sólo en la medida en que la inscribimos en el racional de que la historia está por hacerse, una de las grandes ideas ilustradas que acompañan la historia del progreso y que se circunscriben en la noción de la temporalidad lineal orientada hacia el futuro. Según tal perspectiva, únicamente desde la noción del tiempo irreversible podemos incidir, cambiar el curso de los acontecimientos y no estar a merced de un destino fijado de antemano. En consecuencia, toda utopía, incluyendo el Buen Vivir, sería por definición siempre moderna. La respuesta a esta posible crítica es que, efectivamente, la utopía del Buen Vivir acepta que puede hacerse la historia, sin embargo, la historia por hacer es un retorno de lo posible, según la ciclicidad del tiempo campesino. En palabras de Heidegger sería un gestarse histórico en el presente, pero que surge de un pasado vivo que no ha dejado de ser. En tal sentido, el Buen Vivir hace un retorno a sí mismos para abrir sus posibilidades propias y proyectarse en el advenir. Por tanto hacer la historia no necesariamente se asienta en una visión unidireccional, progresiva e infinita del tiempo, como se expuso en el primer capítulo, y en este sentido la utopía interpretada se aleja de la modernidad.

Otra crítica a la que es posible adelantarse es que el discurso parte del supuesto de que las comunidades indígenas o algunas campesinas, viven y han vivido en relación armónica con el medio natural. No desconozco que se trata de un romanticismo ajeno a las evidencias de los impactos sobre la naturaleza de diversas culturas no occidentales, las cuales contribuyeron a la extinción de animales, deforestación, cambios sobre el clima y sequías, erosión y destrucción de sus propias sociedades. Es evidente que unos más que otros, pero todos somos corresponsables de haber devenido a la *era de la supervivencia*. Lo que importa tener en la cuenta es que el discurso utópico es ante todo un discurso político que no necesariamente tiene pretensiones de verdad. En el caso de la utopía del Buen Vivir retoma varias ideas de diferentes culturas y las aderreza para hacer convincente y penetrante una propuesta, y hacer emerger un nuevo imaginario a partir de las racionalidades de algunas sociedades rurales latinoamericanas. No es que se considere a unas culturas superiores frente a las otras; no son ni mejores ni peores que las demás. Es solo que cuando se agotan las fuentes inspiradoras en contextos de crisis sistémicas, es necesario mirar hacia otras racionalidades, construir nuevos marcos epistémicos y, sobre su base, elaborar proyectos alternativos. En la generalización y la traducción a la cultura occidental se pierde mucho contenido, pero lo que importa en este caso es lograr que el discurso sirva para orientar la acción y estimular la creatividad política.[9]

[9] Es importante aclarar que aunque la utopía del Buen Vivir pretenda apoyarse en cosmovisiones y filosofías procedentes de culturas heterogéneas, no intenta uniformarlas, equipararlas o universalizarlas, porque la idea finalmente es construir un discurso político que respete y reconozca la multiculturalidad y que no repita la homogenización propia del proyecto moderno. Se retomará esta discusión en el siguiente capítulo.

El discurso político del buen vivir

> *Quizá la historia universal es la historia de unas cuantas metáforas.*
>
> Jorge Luis Borges
> *Otras inquisiciones*

Durante la argumentación hecha en el primer capítulo sobre la ideología se intentó alejarse del concepto según el cual existe una verdad absoluta, una realidad que nosotros conocemos de manera privilegiada pero que los demás ignoran debido a la acción de la ideología; más bien se eligió analizar la realidad como percepciones que la imaginación ordena de diferentes modos (Hume, 2001), y que están mediatizadas por representaciones simbólicas, con las cuales aprehendemos y juzgamos nuestra relación con el mundo (Geertz, 1991). Así, la ideología actuaría no sobre la realidad misma, como pensaba el joven Marx, sino sobre los mediadores simbólicos (Ricoeur, 2008), lo cual se logra mediante ciertos elementos discursivos que se convierten en verdades incuestionables para el colectivo. En consecuencia, la tarea que le corresponde al discurso utópico es re-simbolizar los mediadores construidos por la ideología a fin de que surjan *otras* significaciones.

Se ha dicho que la metáfora es el recurso retórico del discurso que mejor cumple dicho objetivo, en la medida en que en pocas palabras es capaz de explicar las cosas fácilmente generando un excedente de significación. Además la metáfora, de acuerdo con Ricoeur (1980), es un medio figurativo idóneo para "poner ante los ojos" y evocar la aparición de un conjunto de imágenes por medio del lenguaje. La función de esta figura estilística es despertar la imaginación y generar *creencias perceptivas* en una comunidad lingüística. Cuando se usa en el discurso utópico, provoca la apertura de lo imaginario al hacer que el receptor vea con palabras. La meta, en un primer momento, es desenmascarar los disfraces ideológicos, poner en tela de juicio las certezas que hemos considerado incontrovertibles y conseguir que el mundo como lo concebimos en la cotidianidad parezca extraño, nos genere dudas y destruya en cierto modo lo que siempre nos ha parecido totalmente evidente; y en un segundo momento, conmover, motivar y guiar la acción por un cambio en el orden establecido.

En el caso que nos ocupa, el discurso utópico del Buen Vivir procura "hacernos ver" el mundo como campesinos o indígenas. Por supuesto que quienes habitamos las ciudades no vivimos de tal modo, pero precisamente de lo que se trata es de hacer una transgresión, de llevarnos a una racionalidad que nos haga cuestionar nuestra propia cotidianidad, de emanciparnos en contra de nuestros pensamientos. En efecto, cuando el discurso hace uso de una serie de metáforas, logra proyectar de manera creativa un mundo determinado, provocando la apertura de lo imaginario, una vez lo contrastamos con las metáforas ideológicas con las cuales usualmente nos relacionamos con la realidad.

Así, ante las ideologías que nos "hacen ver" la Tierra como objeto y la naturaleza como recurso, el discurso utópico del Buen Vivir nos la "hacer ver" como Madre y ser vivo. Frente a la concepción ontológica de nuestro "yo" autónomo, solitario e independiente, las metáforas nos "hacen vernos" como conectados, dependientes y complementarios de nuestra gran comunidad biótica y humana. En oposición al concepto del mundo en proceso incansable de progreso y desarrollo, se nos presenta como un complejo en equilibrio al que debemos insertarnos armónicamente. En contraste de la racionalidad concebida a partir del individuo, se nos "hace ver" la vida como una interrelación comunal en la cual no podemos estar bien si los demás están mal. En lugar del Vivir Mejor que en el presente y que las otras personas, se nos presenta el Vivir Bien como plenitud y sobreabundancia del *ser*. A diferencia del tiempo lineal orientado al futuro, las metáforas nos "hacen ver" el tiempo como un ciclo natural de eterno retorno.

Quiero mostrar que estos simbolismos, metáforas o principios sirven en el discurso político para reorganizar una multiplicidad de significaciones subordinadas, pues en todo discurso existen ciertas significaciones centrales que ordenan al resto de la red. El objetivo es que con la dimensión creativa del lenguaje podamos orientar la acción política en el presente y evitar el refugio en el horizonte, donde residen las ilusiones irrealizables. Al contrario, se entiende la utopía, con Mannheim (1987), como un sueño que puede y siempre está en aras de su realización. Asimismo, de acuerdo con lo dicho, la característica diferencial frente a la ideología consiste en que la utopía intenta trascender un orden dado, mientras que la ideología busca preservarlo. De modo que únicamente es posible hablar de utopías, cuando en nombre de una serie de ideas – en nuestro caso el Buen Vivir–, se intenta destruir el orden establecido para luego modificarlo por *otro* que se considere más loable.

En cuanto toda utopía pretende ser realizable, veremos ahora algunos de los instrumentos que hasta ahora se han establecido, para aterrizar su filosofía en políticas públicas concretas.

* * *

Lo primero que se debe decir es que cualquier política del Buen Vivir debe tomar muy en serio el principio de la complementariedad. El hecho de que nunca un discurso está totalmente acabado y que siempre debe complementarse con otras formas de conocimiento. Así, la epistemología del Buen Vivir perfectamente puede establecer diálogo con la ecología profunda, el pensamiento complejo, la física cuántica, las nuevas ciencias de la vida, el budismo y la filosofía oriental, la fenomenología, las teorías feministas, el marxismo, la agroecología y con las escuelas latinoamericanas de pensamiento ambiental y ecología política, la modernidad/colonialidad, la investigación acción participativa o la pedagogía de Paulo Freire, entre muchas otras. La idea finalmente es entrar en una dialéctica complementaria, incluso con la misma modernidad, para nutrirse de lo que se intenta superar, pero también de lo que se debe conservar.

Según ha señalado Eduardo Gudynas (2011), la utopía del Buen Vivir es mejor concebirla como un proceso en construcción, un punto de encuentro de epistemologías y ontologías relacionales. Antes de ser un concepto plenamente acabado, es una construcción donde se reúnen múltiples voces para elaborar multiculturalmente un proyecto alternativo. De manera que no puede tomarse la concepción aymara o quechua del Buen Vivir, ni la de ningún otro pueblo, y calcarla a modo de receta en cualquier espacio territorial. Es indispensable que la utopía se constituya en un lugar de encuentro donde confluyen diversas posturas con el objetivo común de elaborar políticas que entren en contradicción con las lógicas del capitalismo y la defensa de principios diferentes. No obstante, como advierte Catherine Walsh (2010), es necesario protegerse del peligro de modernizar el Buen Vivir, pues cualquier visión comprometida no puede ser coaptada con la racionalidad sobre la cual se ha edificado el *statu quo* dominante. Por otro lado, también es preciso distanciarse y aprender de las patologías de utopías previas, como lo fueron las experiencias del socialismo autocrático del siglo XX. Para evitar ambas contradicciones, el proyecto no puede depender de la potestad de quienes estén en el poder una vez el movimiento logra convertirse en autoridad. El control debe estar siempre en manos y bajo supervisión del mismo pueblo, so pena de que los ideales inspiradores sean traicionados, según ha enseñado el maquiavelismo político durante siglos.

Asimismo, es necesario considerar las patologías de las utopías analizadas por Ricoeur (2008). Para el autor todas las utopías comienzan con una actividad creadora, pero paulatinamente se van convirtiendo en una suerte de cuadro pintado, una imagen petrificada en el horizonte, como si el tiempo hubiera quedado detenido. Para Ricoeur las utopías no han comenzado aún cuando ya han quedado paralizadas en el tiempo. Cualquier acción debe responder al modelo que ya ha sido pincelado. El filósofo incluso se pregunta si todas las utopías no se transforman, en cierta medida, en religiones secularizadas.[10] Para evitar enfermar de este recurrente vicio, es vital no perder nunca la flexibilidad del proceso. Así, en el caso del Buen Vivir el consenso debe darse sobre su esencia, es decir, en el cuestionamiento de la racionalidad moderno-capitalista y sobre los cambios requeridos en cuanto a la convivencia humana y la relación con la naturaleza, pero la apuesta por los medios tiene que hacerse en un entorno multicultural, sin pinturas fijas, ni dogmas prefabricados. Desde luego que los aportes de las filosofías indígenas, afro y campesinas son muy importantes, pero no se trata de una postura etnocéntrica ni esencialista, porque la dimensión creativa de la utopía depende, justamente, de la complementariedad con otras ontologías, epistemologías y éticas procedentes desde diversos espacios planetarios de las cuales pueda aprenderse de manera conjunta.

Sin embargo ello no significa que sea posible una apertura tan amplia que al terminar metiéndolo todo, la utopía termine convirtiéndose en lo mismo que pretendía cambiarse. Es necesario tener en claro que las políticas públicas del Buen Vivir deben fundarse en los principios de la relacionalidad, complementariedad, correspondencia y reciprocidad, y que los fines buscados son el Vivir Bien en comunalidad, armonía y equilibrio con todas las formas de existencia. Estas son las significaciones centrales a las que tendría que remitirse cualquier política pública y cualquier ordenamiento jurídico de dicha la utopía.

Un paso significativo en este sentido han sido las constituciones aprobadas en 2008 en Ecuador, y 2009 en Bolivia, las cuales incorporan el Buen Vivir como el paradigma sobre el cual se sustenta la reconfiguración de sus Estados. Efectivamente, ambos países tras algunos cambios históricos y sociales, retomaron algunos presupuestos de sus sociedades rurales a fin de que sus nuevas cartas políticas estuvieran inspiradas en las racionalidades antes expuestas. Lo plausible de este intento es que por primera vez en Latinoamérica dos países establecen sus proyectos políticos, apoyados en filosofías históricamente excluidas, subordinadas y discriminadas, lo cual es de por sí un acto decolonial (Walsh, 2009), ya que profana el raciocinio de la colonialidad del saber, uno

---

[10] Prueba de la intención de las utopías de volverse religiones secularizadas está en la siguiente proclamación de los seguidores de Saint-Simon en 1831: "Hasta ahora el saint-simonismo ha sido una doctrina y nosotros hemos sido sus doctores. Ahora ha llegado el momento de realizar nuestras enseñanzas. Vamos a fundar una religión… Ahora somos –sus– apóstoles" (*Religion saint-simonienne: Cérémonie du 27 novembre* citado por Manuel y Manuel, 1984).

de los elementos constitutivos y reproductores del patrón de poder del sistema-mundo moderno (Quijano, 2000b). Si recordamos que con la modernidad, y la ideología racial, la alteridad fue expulsada de las posibilidades para reducirlas a un único discurso de verdad en torno a la cultura europea (Escobar, 2005), nos percataremos de que el solo hecho de refundar un Estado basado en las cosmovisiones y sabiduría de los habitantes rurales del subcontinente es un ensayo meritorio para comenzar a destruir uno de los peldaños necesarios del poder mundial capitalista.

Al respecto el preámbulo de la Constitución ecuatoriana señala:

Nosotras y nosotros... reconociendo nuestras raíces milenarias forjadas por mujeres y hombres de distintos pueblos, celebrando a la naturaleza, la *Pachamama*, de la que somos parte... apelando a la sabiduría de todas las culturas que nos enriquecen como sociedad... decidimos construir una nueva forma de convivencia ciudadana, en diversidad y armonía con la naturaleza, para alcanzar el buen vivir, el *sumak kawsay*....

Similarmente indica el preámbulo de la Constitución boliviana:

El pueblo boliviano, de composición plural, desde la profundidad de la historia, inspirado en las luchas del pasado... construimos un nuevo Estado. Un Estado basado en el respeto e igualdad entre todos, con principios de soberanía, dignidad, complementariedad, solidaridad, armonía y equidad en la distribución y redistribución del producto social, donde predomine la búsqueda del *Vivir Bien*...

Por supuesto que las constituciones conservan los principios de las democracias liberales modernas creadas durante la Ilustración europea. En realidad mezclan los valores modernos como la igualdad o la libertad, con los valores comunitarios de la reciprocidad, la complementariedad, la armonía, y la solidaridad del Buen Vivir. Lo interesante del asunto es la forma en que los movimientos sociales comienzan a incidir para que los instrumentos jurídicos y políticos recojan el concepto del Buen Vivir como el principio ordenador de ambos Estados. Ello simbólicamente implica una vuelta a lo *sido*, a un pasado vivo que no ha dejado de ser, a una herencia cultural que pervive especialmente en muchas áreas rurales, en donde predomina el paradigma comunitario, y en donde las percepciones de la naturaleza son radicalmente diferentes a los de la cultura dominante.

En términos prácticos, el hecho más significativo es la declaración de los derechos de la Madre Tierra, tanto en la Constitución ecuatoriana como en la legislación boliviana. En el caso de Ecuador, en forma pionera en el mundo, se promulgaron los derechos de la naturaleza: La *Pachamama* –señala la Carta Magna–:

> ... tiene derecho a que se respete integralmente su existencia y el mantenimiento y regeneración de sus ciclos vitales, estructura, funciones y procesos evolutivos. Toda persona, comunidad, pueblo, o nacionalidad podrá exigir a la autoridad pública el cumplimiento de los derechos de la naturaleza...

Independientemente a las valoraciones humanas en cuanto a utilidad, interés económico o estético, la naturaleza normativamente pasó a ser un sujeto de derechos. Esto significaría que la Madre Tierra, por lo menos legislativamente, no podría ser considerada más en forma de objeto, sino como un sujeto más allá de cualquier provecho para la humanidad. Una innovación legal en el texto constitucional es que la *Pachamama* tiene derecho a una restauración integral, es decir, a la recuperación integral de los ecosistemas que han sido degradados o destruidos por la contaminación, deforestación o cualquier acción humana que haya vulnerado el equilibrio ecológico (Gudynas, 2009).

Sin embargo, estas interesantes herramientas legales, que en el papel buscarían perseguir el equilibrio y la armonía en las relaciones con la Madre Tierra, han tenido serias dificultades en su aplicación, pues la práctica administrativa se ha seguido ciñendo al tradicional derecho ambiental antropocéntrico. El problema ha consistido en que, si bien los derechos de la naturaleza están expresamente reconocidos en la Constitución, de una manera esquizofrénica, en otros artículos quedó concebida la naturaleza con la tradicional metáfora moderna del *recurso natural*. Justamente, esta contradicción es la que ha hecho que en los actos judiciales se conserve la concepción tradicional del derecho humano a un ambiente sano, y se evadan los derechos del sujeto naturaleza.[11]

Por su parte, aunque Bolivia no incluyó en su Constitución los derechos de la naturaleza, en el año 2010 promulgó la *Ley de la Madre Tierra*. El texto jurídico señala que su objeto es "reconocer los derechos de la Madre Tierra, así como las obligaciones y deberes del Estado Plurinacional y de la sociedad para garantizar el respeto de estos derechos". Específicamente, se establecieron los derechos de la naturaleza relacionados con el derecho a la vida, a la diversidad, al aire limpio, al agua, al equilibrio, a la restauración y a vivir libre de contaminación. El objetivo,

---

[11] Información suministrada por Mario Aguilera Bravo, quien participó como asesor de la comisión de biodiversidad y recursos naturales en la Asamblea Nacional del Ecuador.

de acuerdo con otra ley regulatoria promulgada durante el año 2012,[12] consiste en que quienes violen los derechos de la naturaleza de manera premeditada o accidental, deben rehabilitar dichas áreas y someterse a otras responsabilidades legales.

Aunque tanto en Ecuador como en Bolivia no haya existido hasta el momento una aplicación efectiva de estos derechos, y que incluso los mismos hayan sido violentados por las acciones desarrollistas de los gobiernos en curso, resulta muy interesante el rumbo que van adquiriendo las luchas sociales, en el sentido de ir construyendo instrumentos para proteger la reproducción de la vida y al mismo tiempo, subordinar los derechos del gran capital con respecto a los derechos humanos y la *Pachamama*. Según se había mencionado durante el capitalismo y más aún, en su expresión liberal, el dinero se transformó en un sujeto con toda la gabela de derechos mientras que las personas y la Madre Tierra fueron convertidas en objetos sometidos y disciplinados para servir al engranaje del modelo. Considero que la utopía del Buen Vivir con este tipo de herramientas va saliendo de las lógicas del capitalismo, al privilegiar la vida sobre el capital. Como señala François Houtart (2009) de lo que se trata no es de acabar el capitalismo en forma directa –eso no es posible–, sino en lograr que políticas concretas vayan en la dirección de contradecir, a largo plazo, la racionalidad del sistema.

Por otro lado, en lo relativo a la refundación del Estado, tanto Ecuador como Bolivia establecieron en sus cartas políticas el concepto de interculturalidad y plurinacionalidad,[13] Boaventura de Sousa Santos (2010) sostiene que este reconocimiento implica un desafío al concepto del Estado moderno, en específico a la idea que sostiene que en cada Estado hay una sola nación. Por el contrario, la plurinacionalidad acepta que en un mismo Estado coexisten diversas naciones culturales. Retomando la epistemología comunitaria de los pueblos indígenas, ello

[12] Así está redactado el primer fin de la Ley: "Establecer la visión y los fundamentos del desarrollo integral en *armonía y equilibrio* con la *Madre Tierra* para *Vivir Bien*, garantizando la continuidad de la capacidad de regeneración de los componentes y sistemas de vida de la *Madre Tierra*, en el marco de la compatibilidad y *complementariedad* de derechos, obligaciones y deberes; recuperando y fortaleciendo los saberes locales, conocimientos ancestrales, cosmovisión y las propias vivencias de las bolivianas y los bolivianos, las naciones y pueblos indígena originario campesinos, y las comunidades interculturales y afro bolivianas, acorde a la Constitución Política del Estado" (las cursivas son mías).

[13] Artículo 1 de la Constitución boliviana: "Bolivia se constituye en un Estado Unitario Social de Derecho *Plurinacional Comunitario*, libre, independiente, soberano, democrático, intercultural, descentralizado y con autonomías..." Artículo 1 de la Carta Política ecuatoriana: "El Ecuador es un Estado constitucional de derechos y justicia, social, democrático, soberano, independiente, unitario, intercultural, *plurinacional* y laico..." (las cursivas son mías).

123

podría interpretarse como una ontología relacional, en donde ya no los individuos, sino las comunidades, mantienen su propia individualidad al diferenciarse culturalmente de las demás; pero al mismo tiempo, no buscan la independencia, porque se asumen como parte constitutiva de una totalidad política. En palabras de Santos (2010:30) "...la plurinacionalidad refuerza la comunidad, al mismo tiempo que revela sus límites. O sea, en la plurinacionalidad no hay comunidad sin intercomunidad...".

Sin embargo, para que el concepto de la plurinacionalidad en la utopía del Buen Vivir no sea una declaración de buenas intenciones sin operación práctica, es necesario aplicar, en serio, y no solo en el ámbito legal, las nociones de autonomía y autogobierno, pluralismo jurídico, o democracia intercultural, todas ellas, luchas de los pueblos indígenas en Latinoamérica, las cuales se actualizaron con especial fuerza a partir del levantamiento zapatista mexicano de 1994, pero que se remontan a las disputas por la autonomía y el control de sus territorios desde épocas anteriores a la conquista (Kraemer, 2003).

La utopía del Buen Vivir exige que el marco jurídico, educativo, político, económico y ambiental no solo se enfoque en el individuo, como ocurre en las democracias modernas, sino que también las políticas se orienten al paradigma de la vida comunitaria, en la que las acciones concretas busquen la armonía y el equilibrio con lo existente. Toda intervención política debe fincarse en el principio relacional según el cual el perjuicio contra una parte de la gran comunidad, es el daño de la comunidad en su conjunto. Por tanto el criterio para el diseño de las políticas públicas debe considerar primero la integridad y salud de la Madre Tierra, luego la armonía de la vida comunitaria y, finalmente, al individuo en cuanto sujeto constitutivo de un contexto organizativo más amplio (Huanacuni, 2010). Darle prioridad a los derechos de la Madre Tierra sobre los humanos no daría lugar a un ecofascismo, como podría especularse; por el contrario, hacerlo es reconocernos como seres interdependientes de los *otros* seres naturales e integrantes de la gran comunidad de la Madre Tierra. Significa aceptar que no es posible garantizar el derecho a la vida, a la salud, a la libertad, a la dignidad, a los alimentos y el agua para los humanos, si primero no protegemos los derechos de la Madre Tierra (Giraldo, 2012a).

En cuanto a la afirmación de que la segunda prioridad es la comunidad, ello de ninguna manera quiere decir que por buscar el Vivir Bien común se vulneren los derechos individuales de sus miembros, porque si eso ocurriera, se violaría el principio según el cual no se puede Vivir Bien si los demás viven mal. Más bien es entender a la comunidad como un sujeto colectivo que necesita de la aportación de cada individuo en complementariedad con los demás. Es reconocer la posición que ocupa cada uno de los constituyentes para contribuir al equilibrio y la armonía comunitaria, sin negar la individualidad de nadie. En términos prácticos, dar prioridad a la comunidad significa que la economía buscada debe responder a los principios de la solidaridad y la reciprocidad, lo que consiste en aplicar la racionalidad de que si el uno gana y el otro pierde, todos en realidad pierden. Por eso dar prioridad a la comunidad sobre el individuo es buscar que todos vayan juntos, sin que nadie se quede atrás.

Este tipo de economía no representa buscar un futuro que no existe y tendría que ser inventado, pues no estamos hablando de sueños en un horizonte sin lugar, sino de realidades en comunidades vivas que coexisten a contracorriente del sistema dominante. Me refiero a las costumbres más sencillas que se viven a diario en múltiples cuadras de barrios populares de pueblos y ciudades. Pensemos en el caso de pequeñas comunidades que se prestan ayuda para que a un negocio familiar nuevo que abre sus puertas le vaya bien. La racionalidad de ayuda recíproca para la colectividad, consiste en que si a ese negocio le va bien, en general a la comunidad así mismo le irá bien. A contravía de la lógica competitiva del capitalismo, no hay necesidad de luchar entre negocios individuales, porque existe el interés común del éxito de todos y cada uno de los negocios existentes en una comunidad. A pesar de la crítica que se haría sobre el romanticismo de este juicio, considero que pensar en un más allá del capitalismo implica revalorar los fenómenos cotidianos con otros lentes de lectura, y percibir que, dentro del mismo capitalismo, hay también actitudes complementarias, solidarias y recíprocas que se cuelan por las ranuras del sistema.

Precisamente, el Buen Vivir inspirado en este tipo de racionalidades busca una economía mutualista, orientada por los principios de la correspondencia, la reciprocidad y la complementariedad,[14] lo que no es un tema menor, porque la utopía intenta poner el acento sobre un tema

---

[14] En el artículo 306 y 307 de la Constitución de Bolivia puede leerse: "I. El modelo económico boliviano es plural y está orientado a mejorar la calidad de vida y el *Vivir Bien* de todas las bolivianas y los bolivianos. II. La economía plural está constituida por las formas de organización económica comunitaria, estatal, privada y social cooperativa. III. La economía plural articula las diferentes formas de organización económica sobre los principios de *complementariedad, reciprocidad, solidaridad*, redistribución, igualdad, sustentabilidad, equilibrio, justicia y transparencia. La economía social y comunitaria complementará el interés individual con el *Vivir Bien* colectivo. El Estado reconocerá, respetará, protegerá y promoverá la organización económica comunitaria. Esta forma de organización económica comunitaria comprende los sistemas de producción y reproducción de la vida social, fundados en los principios y visión propios de las naciones y pueblos indígena originario y campesinos" (las cursivas son mías).

frecuentemente olvidado: la importancia de la afectividad en las relaciones sociales.

Recordemos que el *homo sapiens* se creó a sí mismo[15] por medio de la relación intersubjetiva con los demás individuos de su especie, lo que significa que somos constitutivamente sociales porque vivimos nuestra cotidianidad vinculados con el ser de otras personas. Lo revelador del asunto es que la evolución de nuestra especie no se fundó en el individualismo y la competencia, sino en la sociabilidad cooperativa, porque nos hicimos a nosotros mismos en procesos de coordinación y colaboración recíproca. La conclusión que podemos hacer es que, biológicamente, el eje de la convivencia humana está determinado por la empatía en la medida que somos seres sociales que necesitamos del afecto como el elemento mediador de nuestras relaciones (Maturana, 1995). Una evidencia científica que reafirma lo anterior es que el elemento común encontrado entre los humanos y los primates superiores, lo que nos hace diferentes de los primates inferiores, es la capacidad de interpretar el estado de ánimo del *otro*; de experimentar no solo su propia posición, sino también la de los demás, y de poder sentirse tocado en su emoción por la existencia del *otro*. Ello quiere decir que las personas instintivamente, al igual que los chimpancés o los gorilas, tenemos una disposición genética de sentir en nuestro propio cuerpo la emoción ajena y de sentirnos solidarizados de su necesidad (Varela, 2000).[16]

Otro argumento, ya no biológico, pero que le da sustento a la relevancia de prestar atención a la empatía en la conformación del tejido social, son las investigaciones empíricas sobre los elementos que impulsan la acción colectiva en los grupos humanos (Putnam, 1994; Ostrom, 2000; Ostrom y Ahn, 2003). Tales trabajos han concluido que los valores solidarios, como la confianza y la reciprocidad expresados en diversos arreglos institucionales, son los factores determinantes para la organi-

---

[15] Se parte del supuesto según el cual la cultura como aspecto diferenciador del ser humano, no se le agregó a un animal biológicamente terminado, sino que fue un proceso que tardó varios millones de años, comenzando desde los australopitecos hasta el *homo sapiens*. Tal evolución se debe, principalmente, a la cultura porque fue el aspecto que permitió su evolución biológica, siendo particularmente importante el desarrollo de su corteza cerebral. Lo anterior significa, de manera literal, que el animal humano por medio de la cultura, es una especie que se creó a sí misma (Geertz, 1991).

[16] No desconozco el argumento freudiano según el cual en el ser humano, además del Eros, también hay una disposición innata para la agresividad, la crueldad y la destrucción (Freud, 2007). En la misma dirección, recientemente se ha documentado que los chimpancés pueden llegar a matar violentamente a individuos de grupos vecinos para expandir su propio territorio (Mitani *et al.*, 2010). Considero que de tal tendencia ya he hablado suficiente en el segundo capítulo. Lo que quiero expresar es que al concentrarnos únicamente en el Tánatos hemos olvidado la relevancia de la dimensión afectiva en los vínculos sociales.

zación comunitaria. En todo caso, hay suficientes elementos para creer que la socialización está intrínsecamente relacionada con la afectividad, por lo que es meritorio que el discurso en torno a la economía del Buen Vivir preste cuidado a la empatía comunitaria como fundamento de intercambio de bienes y servicios.

Similar al campesino que le habla a su cultivo porque hay un vínculo afectivo que lo une a su parcela, la familia que abre el negocio, en el ejemplo seguido, tiene el interés de que su emprendimiento funcione y por tanto genera un lazo sentimental con el mismo. La consecuencia es que la relación con el trabajo no es de enajenamiento sino de cariño. En cambio, cuando no existe el elemento afectivo en las relaciones de trabajo se persiguen intereses contrarios. Los dueños de las corporaciones capitalistas quieren que sus empleados trabajen lo máximo posible y se les pague lo menos que se pueda a fin de incrementar su tasa de ganancia, mientras que los asalariados desean recibir el mayor pago económico, pero con el menor esfuerzo (Huanacuni, 2010). Por el contrario, las relaciones económicas que persigue la utopía del Buen Vivir responden a la lógica del afecto, aunque ello implique que los negocios no crezcan indefinidamente para que no adopten la lógica capitalista de la plusvalía, y aquellas que por sus características tengan que ser grandes, el objetivo es que estén insertas en el racional de las cooperativas, para que cada uno de los cooperados sienta apego sentimental a su propia organización.[17] En definitiva, el fin no es enriquecerse sino que la economía ofrezca las bases económicas para la vida en plenitud.

Para quienes creen en el orden vigente y la promesa moderna de abundancia y riqueza económica para todos, imaginar una vida austera representa condenar a la mayoría de las naciones del mundo al "subdesarrollo" y la repartición de la pobreza. La respuesta sería que la viabilidad económica de no insistir en la inversión del gran capital, sino en pequeños negocios mediados por el afecto, podría basarse en la elemental regla de la economía clásica –pero usada de forma antihegemónica– por la cual el aumento de la renta de la población en general incrementa la demanda y dinamiza la economía local en su conjunto. No es cuestión de utilizar herramientas económicas para hacer un capitalismo menos voraz, sino de ir saliendo de su lógica, al propender por ingresos económicos equilibrados para la población que le ayuden a mantener una vida digna, pero, al mismo tiempo, retornar a aspectos de la felicidad humana que entran en contradicción con la codicia y la adicción al consumo. Me refiero a la tranquilidad, la salud ambiental,

---

[17] El tema de las economías basadas en la *reciprocidad* es mucho más complejo de lo que aquí se expone. Para un análisis detallado de organizaciones comunales en el contexto mexicano véase Marañon *et al.* (2013).

la riqueza de tiempo para compartir con la familia y los amigos, el ocio y la espiritualidad.

En este sentido, el discurso gubernamental de Bolivia exhorta a una vida sin opulencia, modesta, que privilegie las verdaderas necesidades humanas y no el dinero:

> Decimos *Vivir Bien* porque no aspiramos a *Vivir Mejor* que los otros –arguye el Presidente de Bolivia Evo Morales al referirse al paradigma comunitario–. No creemos en la concepción lineal y acumulativa del progreso y el desarrollo ilimitado a costa del otro y de la naturaleza. –Por el contrario– tenemos que complementarnos y no competir. Debemos compartir y no aprovecharnos del vecino. *Vivir Bien* es pensar no sólo en términos de ingreso per-cápita, sino de identidad cultural, de comunidad, de armonía entre nosotros y con nuestra *Madre Tierra*.

Aunque hay que tener en la cuenta las constantes contradicciones de las enunciaciones de los funcionarios del gobierno boliviano y de los documentos institucionales, es interesante observar como tímidamente el discurso intenta despojarse de las nociones de desarrollo, crecimiento y progreso, inscritas en la temporalidad lineal del tiempo orientada hacia el futuro:

> …para nosotros no existe un estado anterior o posterior, de sub-desarrollo o desarrollo, como condición para lograr una vida deseable…–señala el Canciller boliviano–. Al contrario, estamos trabajando para crear las condiciones materiales y espirituales para construir y mantener el *Vivir Bien,* que se define como vida armónica en permanente construcción.

En realidad el discurso no refleja las imágenes de prosperidad económica al igual que la retórica moderna, sino que proyecta una vida tranquila, sin abundancias materiales pero con decencia, en equilibrio y armonía con la naturaleza. Si el malestar durante la crisis civilizatoria es la falta de empleo, la desigualdad socioeconómica creciente entre los grupos humanos, la ansiedad y la inseguridad por el no-futuro, la indignación por la voracidad del sistema especulativo del capitalismo, y la devastación ambiental, el discurso utópico del Buen Vivir intenta destruir simbolismos modernos y se construye en antítesis de este tipo de vida, como se discutirá con mayor detenimiento durante el capítulo 5.

Conviene aclarar que ir en la dirección de los objetivos de la utopía del Buen Vivir no significa replicar los modelos fracasados de la propiedad estatal de los socialismos del siglo XX, ni el populismo que condena a la población a esperar que un Estado paternalista les de todo, ni mucho menos las economías de escala con grandes fábricas industriales en detrimento de los pequeños negocios locales (Escandell, 2011). Antes bien, debe considerar la complementariedad de formas diversas y plurales de propiedad "que contribuyan a relativizar la centralidad asignada a la propiedad privada" (León, 2009:72); implementar políticas concretas para desarrollar la multidimensionalidad de capacidades de la población, y poner el acento en economías territoriales y locales, para que en mercados mediados por el afecto, se encuentren productos y culturas diversas bajo el racional de la interculturalidad, la reciprocidad y la complementación solidaria.

La idea es subordinar a la economía, para que ella sea solamente un medio, una herramienta más y las sociedades dejen de ser vulgares economías –como ocurre en el capitalismo– y vuelvan a ser eso: "sociedades", en las cuales solo una de las dimensiones sea el intercambio y la distribución de bienes y servicios, sin que el modo de producir determine todos y cada uno de los valores, necesidades y relaciones (Bartra, 2010). La utopía del Buen Vivir entiende que lo que hay que cambiar es la manera de vivir, y solo sobre esa base, se pueden construir relaciones económicas supeditadas y compatibles con las reales necesidades humanas. Si lo que está en juego es la supervivencia de nuestra especie, la economía debe girar en torno a la reproducción de la vida entera, al comprendernos como seres interdependientes e interrelacionados inmersos en un planeta vivo.

Particularmente, la normativa descrita en torno a los derechos de la naturaleza, implicaría que las actividades económicas no puedan alterar la capacidad de regeneración de los ecosistemas, ni vulnerar su derecho a continuar existiendo. Con la utopía del Buen Vivir se está tratando de construir herramientas para que el gran capital deje de ser el eje central de la economía, y sea la vida la que determine las relaciones económicas compatibles con ella. Sin embargo, el asunto no debe reducirse a un asunto legislativo. Similar a como el campesino cuida el bosque de su chacra para que el agua no se acabe, la meta es hacer una economía del cuidado bajo la racionalidad de la reciprocidad. La idea tampoco es buscar una acción ética kantiana del "deber ser" por "el deber ser mismo", en cuanto imperativo categórico supremo, sino que asumamos una responsabilidad ontológica que entienda que cualquier acción económica destructora de la Madre Tierra constituye, literalmente, un suicidio para nuestra especie. El fin es que entendamos que requerimos de la vida, en su totalidad, para el mantenimiento de nuestra propia vida.

En todo caso, es supremamente interesante que la discusión sobre el Buen Vivir esté recorriendo el mundo y ya haya tenido impactos en temas concretos dentro del marco de las Naciones Unidas, como la aprobación del derecho humano al agua y el saneamiento, y actos simbólicos como el día internacional de la Madre Tierra. Pero quizá un propósito más ambicioso es el movimiento mundial de los pueblos por la Madre Tierra y su proyecto que aboga por la promulgación de los derechos de la naturaleza con el fin de hacerla vinculante para todos los países miembros de la organización. En efecto, en 2010 Bolivia convocó la primera conferencia mundial de los pueblos sobre el cambio climático, evento durante el cual se redactó el proyecto:

> Nosotros, los pueblos de la Tierra...–dice el preámbulo del acuerdo– considerando que todos somos parte de la *Madre Tierra*, una comunidad indivisible vital de seres interdependientes e interrelacionados con un destino común; reconociendo con gratitud que la *Madre Tierra* es fuente de vida, alimento, enseñanza, y provee todo lo que necesitamos para *Vivir Bien...* convencidos de que en una comunidad de vida interdependiente no es posible reconocer derechos solamente a los seres humanos, sin provocar un desequilibrio en la *Madre Tierra*; afirmando que para garantizar los derechos humanos es necesario reconocer y defender los derechos de la *Madre Tierra* y de todos los seres que la componen, y que existen culturas, prácticas y leyes que lo hacen... proclamamos esta Declaración Universal de Derechos de la *Madre Tierra*, y hacemos un llamado a la Asamblea General de las Naciones Unidas para adoptarla, como propósito común para todos los pueblos y naciones del mundo...(CMPCC, 2012) (las cursivas son mías).

Con esta propuesta que va a contracorriente de los pactos suscritos durante las conferencias anuales de las Naciones Unidas sobre el cambio climático, se pretende que se declare que todos los seres tienen derecho a existir y a ser respetados; a la libre autorregeneración de procesos vitales sin alteración humana; a la identidad en cuanto individuos diferenciados pero interdependientes, al agua, al aire limpio, a la salud integral, a estar libre de contaminación, a no sufrir modificaciones genéticas, a la restauración de las afectaciones producidas por la humanidad, y a vivir libres de trato cruel por parte de los seres humanos. Para hacer operable el documento advierte que en caso de conflictos entre los derechos de cada ser, los mismos deben resolverse de manera que "mantenga la integridad, equilibrio y salud de la *Madre Tierra*" (CMPCC, 2012). Es decir, el criterio para decidir sobre los derechos económicos, sociales y culturales de las sociedades humanas debe responder al principio de la armonía y la salud, entendida como un estado de equilibrio biológico entre los miembros de la gran comunidad.

De acuerdo con la epistemología del Buen Vivir, el proyecto acepta la concatenación de relaciones, por lo que los derechos a la existencia hacen referencia a la totalidad de la Madre Tierra en cuanto sistema vivo inmanentemente interrelacionado, y no a sujetos individuales como podría malinterpretarse. En otros términos, el acuerdo no dice que no se pueda combatir una plaga o una enfermedad bacteriana, porque el juicio en el conflicto en los derechos de cada *ser,* se resolvería a favor del equilibrio y la armonía ecológica. Ello tampoco significa que todos los seres tengan que vivir; por el contrario, el equilibrio depende de una relación ecológica de la muerte.[18] Entendido así, los derechos van en la dirección de no violar la dinámica armónica del mundo natural; buscar que las acciones humanas no nieguen la posibilidad de que el *otro ser* sea. Permitir que un bosque, una montaña o un arrecife de coral –como sistemas naturales y sujetos vivos– sigan siendo un bosque, una montaña o un arrecife de coral.

Ontológicamente hablando, es notable que el acuerdo sostenga lo siguiente: "El término *ser* incluye los ecosistemas, comunidades naturales, especies y todas las otras entidades naturales que existen como parte de la *Madre Tierra*" (CMPCC, 2012), pues a diferencia de la modernidad, el concepto ya no se define directamente con el "yo" de los humanos, y en cambio considera a todos y cada uno de los integrantes del gran sujeto Tierra. En efecto, Heidegger (2000b) nos recuerda que la palabra latina *subiectum* en la antigüedad occidental servía para designar a la sustancia de cualquier ente, pero en la filosofía moderna pasa a referirse exclusivamente al "yo" del hombre. Por eso, el hecho de que se designe al *ser* refiriéndose a todos y cada uno de los entes de la Madre Tierra, por lo menos normativamente, representa una concepción ontológica que pretende apartarse de la modernidad.

Promulgar derechos no es una acción antropocéntrica, como podría pensarse, puesto que sería posible argumentar que dar derechos a la naturaleza, es en sí mismo una arrogancia que no sale de la lógica del humano que reduce todo lo demás al tamaño de sí mismo, porque es él quien decide qué es digno, o no, de derechos. Es claro que "los derechos" de la Madre Tierra no existen, porque esa es una invención humana, una metáfora como diría Nietzsche (1996) que hemos construido para relacionarnos con el mundo. Sería más adecuado entender los derechos como un acto de reciprocidad con la Tierra. Es comprender el sentido de nuestro *ser* como la capacidad de integrarnos armónicamente a la gran comunidad. Si necesitamos inventarnos metáforas para regular nuestra relación, ello no significa que persista nuestra posición dominadora, porque, justamente, nos estamos percibiendo como cultores,

---

[18] Recordemos que el equilibrio ecológico depende no solo de la capacidad de reproducción de la vida, sino también de la muerte, en la medida en que una sobrepoblación de individuos de una especie resulta en plaga para las demás especies.

cuidadores, pastores, o jardineros de un sistema vivo. Es una manera poética, creativa y práctica de asumir nuestra responsabilidad de correspondencia como norma relacional con la Madre Tierra.

Sé que la aprobación de los derechos de la naturaleza por todas las naciones del mundo, y lo que ello implica, es un asunto realmente complicado porque interfiere con la lógica del capitalismo. Ciertamente, los países con mayor poder, liderados por Estados Unidos y ahora China, con dificultad asumirán la responsabilidad que les endilga la aberrante huella ecológica que han dejado sobre la Tierra. Incluso, no es difícil sospechar las restricciones que pretenderán hacer sobre la biodiversidad que habita en los países tropicales para continuar manteniendo la hegemonía del sistema-mundo. No podemos ser ingenuos e ignorar los grandes intereses que producen y reproducen las ideologías con que se estructura el modelo. Lo que me parece interesante, es la manera como estos discursos empiezan a ir en contravía de las ideologías dominantes y, poco a poco, van adquiriendo fuerza en el contexto internacional. Precisamente en este punto llegamos al horizonte de la indagación que guiará el próximo capítulo: la manera como el discurso utópico del Buen Vivir adquirió el estatuto para ser discutido a escala mundial.

El régimen de verdad alternativo y la utopía

Hemos llegado al cierre del círculo entre ideología y utopía del cual se habló en el primer capítulo. En efecto, se utilizó el modelo de contraponer las ideologías de la modernidad con la utopía del Buen Vivir, de acuerdo con la propuesta hecha por Mannheim (1987), y posteriormente reinterpretada por Ricoeur (2008). En particular, se interpretó el discurso del Buen Vivir en dialéctica con las ideologías de la modernidad, a las cuales les hicimos crítica en el segundo capítulo. Por supuesto, se ha aceptado durante el análisis que el discurso toma muchos elementos de la modernidad. Por ejemplo, retoma nociones del constitucionalismo, el derecho o la democracia representativa desarrollada en la Europa occidental del siglo XVIII por la política liberal del Estado, pero se hace de una manera creativa a fin de que avancen las agendas políticas de los movimientos sociales más allá del capitalismo y del Estado liberal moderno (Santos, 2010). O bien, se retoma la idea de los derechos universales, pero con el propósito de crear instrumentos que vayan en la dirección contraria a la dominación del ser humano sobre la naturaleza. No es que sean soluciones modernas para problemas modernos, es una estrategia práctica por la cual se usan ciertos recursos del orden cuestionado para luchar en contra de su propia esencia.

Se ha abordado con claridad el hecho de que el reto que corresponde al discurso utópico es derrumbar antiguos simbolismos y remplazarlos por otros nuevos. Por eso es necesario que el régimen de verdad constituido a partir de la epistemología del Buen Vivir sea realmente alternativo al de las ideologías modernas, como detalladamente se expresó en cada uno de los apartados desarrollados. Sin embargo, no puede ser tan diferente a la cultura a la que pertenecemos que termine por no comprenderse. Por eso es necesario que los nuevos simbolismos se construyan en relación con los materiales culturales preexistentes. Con seguridad en la traducción se hace violencia a las fuentes originarias de donde fueron tomadas, pero no debe perderse de vista que el objetivo es construir un discurso político, y no corromper la diversidad cultural.

La exposición se apoyó en la noción delineada por Ricoeur (2008) según la cual la ideología y la utopía forman un círculo práctico en la imaginación social y cultural de la humanidad. Así, de acuerdo con el filósofo francés, por un lado la imaginación puede funcionar para preservar un orden, como en nuestro caso lo es el capitalismo contemporáneo; pero por el otro, puede tener una capacidad destructora de ese *statu quo* para crear una imagen de algo diferente y evitar que se vea la realidad necesaria y sin alternativa. Dicho de otro modo: la imaginación de la ideología es reproductiva de lo existente, mientras que la utopía representa una imaginación creativa. Teniendo en cuenta lo anterior, si las imágenes de las ideologías modernas proyectan el maná y la prosperidad para todos, el discurso del Buen Vivir lo hace por medio de imágenes en relación con el equilibrio y la armonía entre todos y con todo. Indiscutiblemente, ninguno de los dos discursos tiene pretensiones de verdad, pero de manera diferente buscan apasionar a la sociedad y motivarla para la acción.

Si el punto medular en la lucha por el poder entre ideología y utopía está en el control de la imaginación de la sociedad, la destreza del discurso utópico reside en su capacidad metafórica de destruir un viejo orden para luego inventar otro nuevo. Es decir, el conflicto en la retórica está entre la metáfora usada por la ideología y la empleada por la utopía. En el caso que nos ocupa, vimos que el discurso del Buen Vivir se apoya en racionalidades de algunas comunidades rurales latinoamericanas, y nos presenta el mundo como un campesino o un indígena, para transgredir el mundo predatorio e individualista en el que vivimos los habitantes del mundo moderno. De modo que la Tierra como Madre, o el mundo como un bosque en equilibrio, son entre otras, metáforas penetrantes que intentan destruir la legitimidad de la dominación sobre el medio que se construyó durante la modernidad. Pero también, en contra de las imágenes de opulencia o riqueza económica, el discurso nos proyecta imágenes de felicidad comunitaria en el acto afectivo de compartir y de vivir plenamente en relación armónica con la naturaleza.

Ahora bien, el argumento central del presente trabajo es que las utopías hoy se están construyendo en torno al dilema de la supervivencia de la especie en el planeta, y que si la promesa moderna por excelencia fue la primacía de la razón, y con ella el progreso y la dominación técnica del mundo, las utopías contemporáneas quieren responder a la pregunta de cómo vivir de otro modo y construir sociedades que nos permitan seguir siendo posibles. Para ello el discurso no solo critica el capitalismo en cuanto modo de producción –tal como lo hizo la utopía del marxismo–, sino el pensamiento occidental en su conjunto. En este sentido, las epistemologías históricamente subordinadas son las que están, a mi juicio, ofreciendo las propuestas más creativas y estimulando la imaginación social en nuestros complejos tiempos de crisis. Si con Ricoeur (2008) se aseveró que tanto ideología y utopía son los lugares en los que la sociedad deposita las respuestas ante los cambios históricos y sociales, la utopía del Buen Vivir propone, a partir de los aportes de las culturas indígenas, afro y campesinas, cambiar la manera de vivir, y sobre tal base, buscar las alternativas políticas, económicas y ambientales más compatibles con esa otra forma de vida.

El cambio que propone la utopía es en realidad ambicioso, pues pretende romper la racionalidad de un sistema-mundo que inició hace más de cinco siglos con la conquista de América. Es evidente que no es un asunto fácil. Lo esperado es que dentro del círculo dialéctico entre ideología y utopía, la crítica al Buen Vivir sea hecha por quienes se sienten identificados con el orden social vigente, y aseguren que dicha utopía es un sueño irrealizable y, de seguro, indeseable. En contraste, los movimientos que impulsan tales cambios –principalmente en Ecuador y Bolivia, pero cada vez con mayores adeptos en distintas latitudes–, intentarán no limitarse a los cambios constitucionales y legislativos hasta ahora logrados, sino que procurarán hacerlos una realidad pragmática.

Sin embargo, las tensiones y las contradicciones son muchas. Se está hablando de habituaciones que están incorporadas en nuestros cuerpos. De representaciones simbólicas heredadas con las cuales percibimos, pensamos y juzgamos la realidad. Según ocurre, y seguirá sucediendo, las políticas de los gobiernos contradicen su propio discurso, porque estamos dentro de un régimen de verdad con el que hemos sido educados y en el que nos encontramos sumergidos. Por lo tanto no hay salida emancipadora de la modernidad capitalista si el mismo proyecto alternativo está circunscrito dentro de un poder disciplinario, el cual, al final, termina reproduciendo las mismas ideologías heredadas de la cultura dominante. El discurso del Buen Vivir obedece a un régimen alternativo de verdad –o por lo menos ha sido el esfuerzo que se ha tratado de mostrar hasta el momento– pero en la medida en que estamos dentro, y no fuera, de un capitalismo en el que interactuamos cotidianamente, es muy probable que todos, incluyendo quien escribe este trabajo, reproduzcamos una opresión consentida e interiorizada, y no deje de ser un asunto retórico que suena bien, pero que no cambia la experiencia cotidiana.

Es conocido que el saber, el entender algo intelectualmente, no cambia el *ser,* ni modifica el comportamiento cotidiano. Podemos saber que algo es de cierta manera, incluso estar por completo convencidos de su legitimidad, y de manera contradictoria, obramos de manera diferente. Para cambiar, hay que estar inmersos en situaciones en las cuales la experiencia personal nos permita interiorizar cierta enseñanza. Por eso, la cuestión no solo es cómo sería posible cambiar el régimen de producción de verdad en el discurso, sino cómo hacer para que el discurso alternativo nos invada, se internalice, se incorpore en forma de disposiciones permanentes y se convierta finalmente en principio de pensamiento, acción y percepción.

Si bien es una pregunta abierta a la que no tengo respuesta satisfactoria, considero que es indispensable inscribir la utopía en un proyecto educativo a largo plazo, pues *no existen utopías posibilistas sin proyecto educativo.* El fin es lograr un cambio ontológico por el cual la experiencia vivida desde el lugar, permita la valoración intrínseca de la tierra, de modo que al retornar a sus raíces, se revalorice el fenómeno de la vida, no por una coacción jurídica o social, y ni siquiera por un imperativo categórico moral, sino porque el cuidado de la Madre Tierra se conciba como parte del interés de nuestra propia existencia. También es necesario que desde muy pequeños aprendamos a trabajar en equipo complementariamente, que entendamos que para que todos los de un salón de clase podamos estar bien, es necesario ayudarnos entre todos cooperativamente. Si nos enseñan a ser competitivos desde que somos niños, no es difícil imaginar que así seremos en la adultez. Pero si en la escuela aprendemos a confiar, a comportarnos solidaria y recíprocamente con los demás, y vivimos entre padres y dentro de un entorno que afirma estos valores, no será difícil imaginar que cuando crezcamos intentaremos comportarnos de esa misma manera.

Por último, hay que entender que si las ideologías no utilizan la represión sino que se apoyan en marcos de motivación, la contrapropuesta del Buen Vivir debe lograr que ya no nos sintamos motivados a jugar con las reglas del capitalismo: que nos parezca ilegítimo adinerarnos desproporcionadamente; que no nos interese atesorar o consumir sin hastío, y que la codicia y la competencia nos parezcan valores espurios. No es un adoctrinamiento, sino más bien un acto de liberación, un des-enajenamiento de la ambición material, de la enfermiza tendencia a querer *tener* siempre más, de la esclavización en torno al dinero y un acto de protesta frente a la idea de que la felicidad sea igualada a la acumulación de bienes físicos y riqueza económica. Esto no significa hacer votos de pobreza, sino aspirar a *tener* lo suficiente para poder vivir sin carencias y privaciones. Este es un álgido debate al que volveremos al final del trabajo.

Siguiendo la hermenéutica de la utopía del Buen Vivir, en el siguiente apartado se reconstruirá su genealogía. Se interpretará su elaboración discursiva y los eventos históricos que han hecho posible que la utopía esté teniendo fuerza para reconfigurar dos naciones y esté adquiriendo una atención importante en el plano internacional, y se desarrollará la tesis central de la investigación, en la que se preguntará cómo y porqué las utopías se están configurando en torno a la disyuntiva existencial de nuestra supervivencia en el planeta.

4. GENEALOGÍA DE LA UTOPÍA DEL BUEN VIVIR

Cualquier repaso de la historia del pensamiento utópico revela la existencia de intersantísimas relaciones, retornos, reanudaciones y repeticiones, como cuando un nieto revive las locuras de su abuelo, las cuales habrían sido impensables en el hijo.

Frank Manuel y Fritzie Manuel
El pensamiento utópico en el mundo occidental

En el capítulo anterior se mencionó que las culturas en las que se inspira la utopía del Buen Vivir no conceptualizan sus racionalidades, sino que las viven, antes de ponerse a pensarlas, las sienten, pues hacen parte de su cotidianidad. Así, el *sumak kawsay* o el *suma qamaña* son expresiones que cobran todo su sentido al interior y en la vida de los pueblos quechua o aymara,[1] pero que al traducirlas al lenguaje occidental, inevitablemente, se les hace violencia. En otros términos, el discurso del Buen Vivir si bien se nutre de racionalidades de algunas sociedades rurales latinoamericanas, también es claro que existe una interpretación de las mismas a través de los ojos del mundo occidental. De hecho, creo que la construcción del discurso se basa en ideas utópicas con una historia más visible en el pensamiento occidental, que en el de las mismas culturas indígenas o campesinas en las cuales la utopía se apoya.

Justamente, en esta parte de la discusión se atenderá la genealogía de la utopía del Buen Vivir, con la intención de examinar la historia de las ideas que nutren su discurso. Ello nos servirá para considerar algunos debates que la imaginación utópica occidental ha tenido que enfrentar en otros momentos en los que han sido planteados, y que vemos ahora retomados en el discurso del Buen Vivir. Asimismo, se intenta comprender qué acontecimientos ocurrieron para que pudieran constituirse sus enunciados, y pese a la transgresión, de la que soy consciente, examinar cuáles son las razones para que unas racionalidades históricamente ex-

---

[1] Es necesario agregar que en la comunidad académica existe disenso sobre la aceptación de estos conceptos en las culturas andinas, controversia que se abordará al final del capítulo 5.

cluidas y subordinadas, comenzaran a ser escuchadas y consideradas para la refundación constitucional de dos naciones, e ir convirtiéndose en un paradigma epistémico de importancia internacional.

Para el logro de tales objetivos, me apoyaré metodológicamente en la *Arqueología del saber* de Michel Foucault (2010), obra en la cual el filósofo francés sostiene que la tarea que le corresponde al análisis de la formación de todo discurso, es establecer las diversas relaciones entre grupos de acontecimientos y enunciados, aunque estos en un primer momento parezcan de un orden enteramente distinto. El cometido consiste en mostrar las condiciones en que es posible que exista un entrecruzamiento, es decir: hilvanar la interrelación que unos enunciados y acontecimientos pueden tener con otros y permitir el surgimiento de una práctica discursiva. La arqueología foucaultiana pretende determinar el momento en que comenzaron las relaciones que conforman el tema de un discurso. Intenta fijar el inicio, los instantes de quiebre que hacen posible aparecer lo nuevo, el cambio. Su fin es encontrar el punto de ruptura en el que empiezan a constituirse las relaciones por las cuales nace cierto discurso.

En el caso que nos ocupa, la hipótesis de trabajo que se propone es que el surgimiento del tema sobre *la no asegurada supervivencia de la especie humana en el planeta,* a causa de la depredación ecológica antropogénica, es el eje que articula diversos enunciados históricos del pensamiento utópico occidental, con algunos acontecimientos importantes del siglo xx y xxi que se describirán brevemente en la presente sección. Si, como se ha señalado, las utopías son los lugares en los que la sociedad deposita las respuestas ante los cambios históricos y sociales, la hermenéutica de toda utopía debería ser hecha bajo el reflejo de la preocupación por los problemas sociales y las crisis específicas que pretende resolver. Según veremos, la utopía del Buen Vivir tiene muchas ideas viejas que ponen al descubierto los ancestrales deseos y necesidades no resueltas en la historia de la humanidad, pero que renacen reorganizadas en el contexto contemporáneo, con la aparición de la posibilidad de autoextinción de la humanidad, a causa de la "ecocida" civilización construida.

Como dice Foucault, no es posible hablar en cualquier época de cualquier cosa, y por tanto, es necesario que surjan ciertas situaciones y transformaciones para que un tema tenga el estatuto de ser discutido. En tal sentido, se interpretarán los sucesos que permitieron el surgimiento de la utopía del Buen Vivir. Se intentará mostrar las relaciones que enunciados procedentes de los mitos occidentales, miedos apocalípticos, enunciaciones científico-ambientales y del cambio del paradigma científico, han tenido con distintos acontecimientos mundiales, así como su vínculo con el nacimiento del discurso utópico del Buen Vivir. Finalmente, es importante decir que las nuevas utopías hoy, aglutinando ideas de discursos aparentemente dispersos, están organizándose en torno al tema de la reproducción de la vida y al problema ontológico hoy más acuciante: hacer que la humanidad siga siendo posible.

El discurso utópico y la autoextinción de la humanidad

Si bien durante el siglo XIX la idea moderna del progreso fue la creencia más optimista de la humanidad acerca de sí misma, las dos guerras mundiales, pero particularmente el temor a la devastación global que podría sobrevenir luego de Hiroshima y Nagasaki, y la posterior escalada armamentista nuclear por parte de distintos países del mundo, sembraron, en la segunda mitad del siglo XX, un profundo pesimismo frente al futuro y un exacerbado miedo por la probabilidad de la autoextinción de la especie humana sobre el planeta. La construcción del Muro de Berlín en 1961 y la crisis de los misiles en Cuba en 1962, aumentaron el pánico frente a la destrucción, a causa de lo que se pensaba sería una inminente guerra nuclear entre las superpotencias de ese entonces. En 1982 se calculaba que el poder explosivo de las bombas atómicas existentes equivalía a veinte mil millones de toneladas de dinamita, y se sabía que había por lo menos 15 mil objetivos a los que apuntaban los misiles y las fuerzas de bombardeo de Estados Unidos y la Unión Soviética. Con mucha razón Jonathan Schell (1982:69) escribía para el mismo año en una sentencia apocalíptica: "Después de varios atroces sufrimientos –refiriéndose a lo que ocurriría tras un holocausto nuclear–, se irá extinguiendo totalmente la especie humana: entonces cada país se convertirá en una república de insectos y de hierba".

En la actualidad, el potencial destructivo de las cerca de 24 mil armas nucleares que existen, es diez mil veces mayor al de todas las armas utilizadas durante la Segunda Guerra Mundial. Si consideramos que el estallido de 1% de esos artefactos sería suficiente para que sucediera un espantoso invierno nuclear,[2] es claro que tampoco ahora podemos sentirnos liberados. Sin embargo, tras el fin de la Guerra Fría, el temor de una hecatombe de tales proporciones se disipó considerablemente, y el miedo a que la sociedad moderna estuviera en la ruta hacia una catástrofe planetaria y *ad portas* de un suicidio co-

---

[2] Cálculos del profesor Alan Robock de la Universidad de Rutgers.

lectivo, poco a poco fue trasladándose del discurso de la devastación atómica, al de un cataclismo ecológico.

En efecto, el enunciado acerca de que la especie humana se estaba destruyendo a sí misma, fue ingresando a la retórica ambientalista debido a la progresiva evidencia de la capacidad depredadora de la sociedad industrial en crecimiento. Así, en 1962, al mismo tiempo que la humanidad se acercaba al borde del holocausto por la crisis de los misiles en Cuba, Rachel Carson publicaba *Primavera silenciosa*, obra considerada ícono del movimiento mundial ambientalista. En este libro, Carson denunciaba el peligro que los residuos tóxicos y los agroquímicos implicaban para la vida en su conjunto. Lo interesante es la manera como se comenzaban a relacionar los enunciados que habían surgido como producto de la Guerra Fría y la creciente preocupación por los daños de la sociedad industrial sobre el ambiente: "La cuestión –escribía Carson (2010:102)– es si alguna civilización puede desencadenar una guerra implacable contra la vida sin destruirse a sí misma, y sin perder el derecho a llamarse civilización".

En 1972 la preocupación frente a la posibilidad de autodestruirnos, debido a la insostenible civilización construida, estaba literalmente expuesta por el Club de Roma en *Los límites del crecimiento*, informe en el que se anunciaban las barreras impuestas por la naturaleza al crecimiento demográfico. El texto subrayaba que en el supuesto de que la humanidad siguiera incrementándose sin control: "…cualquier fracción de la población que sobreviviera al final del proceso contaría con muy poco para construir una sociedad bajo cualquier forma imaginable". Es reveladora la forma en que el miedo a la autodestrucción como consecuencia de la carrera armamentista, estaba reflejándose en el discurso ambientalista: "El meollo de la cuestión no es solo la supervivencia de la especie humana sino el que esa supervivencia pueda mantenerse sin caer en un estado de existencia que no valga nada" dice la conclusión del texto (Meadows, 1972:213 y 246). Si tenemos en cuenta que estos documentos sirvieron de sustento al movimiento ecologista de los setenta, era de esperarse que su discurso estuviera permeado por el temor a la extinción de la humanidad, no solo por el exterminio que generaría una guerra atómica,[3] sino ahora, por la amenaza que para la vida representaba la ruina medioambiental ocasionada por la sociedad industrial.

[3] El siguiente apartado de un panfleto publicado en París en 1969 es un ejemplo de la manera en que los movimientos sociales empezaban a reproducir en su discurso el miedo frente a la guerra nuclear: "La crisis universal, de la que somos actualmente testigos y víctimas, hace de la vuelta a la utopía la única solución racional que queda para una humanidad amenazada de extinción…" (*Conseils ouvriers et utopie socialiste*, 1969: 14, citado por Manuel y Manuel, 1984:370, tomo III).

Para la segunda mitad de los setenta, este tema ya no solo incluía la contaminación química o el crecimiento demográfico, sino también el calentamiento global antropogénico, descubrimiento que sería decisivo para que el pánico de la autoextinción se trasladara definitivamente al discurso ecologista. Aunque desde finales del siglo XIX, Svante Arrhenius había asociado el dióxido de carbono con la variación del clima, solo hasta 1975 se empezó a predecir que la temperatura comenzaría a aumentar como resultado del incremento del CO^2 atmosférico.[4] No obstante, faltarían varios años y diversos acontecimientos para que el tema se constituyera en el punto aglutinante de los enunciados utópicos en torno a la continuidad de la vida. Como suele ocurrir, los datos recopilados durante los primeros años del calentamiento planetario eran todavía controvertidos para la comunidad científica, y el miedo a que ocurriera una guerra nuclear era mucho mayor al temor que podría ocasionar el efecto invernadero a consecuencia de la emisión de gases contaminantes. De cualquier manera, el tema permanecía aún dentro de un círculo demasiado especializado y totalmente ajeno para la mayoría de la población.

Asimismo, el discurso científico en torno a la crisis ambiental no formaba parte de la agenda política de la izquierda, dominada en ese entonces por el marxismo ortodoxo.[5] De hecho la idea de que la creciente industrialización estaba afectando dramáticamente el ambiente era una tesis que contradecía el desarrollo de las fuerzas productivas pregonada por el marxismo como requisito inexorable para llegar al estadio superior del comunismo. Si aceptamos el argumento foucaultiano de que la configuración de ciertos enunciados, que son admitidos por verdaderos, define no solo lo que puede ser dicho, sino también precisa lo que debe ser excluido, rechazado y juzgado, nos percataremos de que los enunciados de los movimientos ecologistas, y el naciente discurso científico acerca de los graves perjuicios que estaban ocurriendo en el entorno, eran incompatibles con aquellos que divulgaba el discurso prevaleciente en la izquierda de la década de los setenta y los ochenta.

De manera semejante, no solo el tema ecológico, sino la cuestión campesina, estaba excluida por el marxismo ortodoxo para inspirar

---

[4] Véase Broecker (1975).

[5] Por marxismo ortodoxo estoy refiriéndome literalmente a la definición hecha por el filósofo marxista Georg Lukács (1969:2): "… es la convicción científica de que en el marxismo dialéctico se ha descubierto el método de investigación correcto, que ese método no puede continuarse, ampliarse ni profundizarse más que en el sentido de sus fundadores. Y que, en cambio, todos los intentos de "superarlo" o de corregirlo han conducido y conducen necesariamente a su deformación superficial, a la trivialidad, al eclecticismo".

cualquier tipo de agenda política. Específicamente, en el debate académico latinoamericano, tuvo especial fuerza una corriente de pensamiento conocida como "descampesinista", la cual aseguraba que debido al implacable desarrollo del capitalismo, el tipo de producción campesina era inviable económicamente y, por tanto, estaba condenada a desaparecer. Para los autores que defendían tal posición,[6] la muerte del campesino no sería un factor indeseable; por el contrario, una vez estuviera proletarizado, sería altamente susceptible de adquier una conciencia de clase en igualdad de condiciones al del obrero urbano, y así, unirían sus luchas para el derrocamiento del capitalismo (Kay, 2005).

Los estudios de Aleksandr Chayanov sobre la economía campesina habían tenido una enorme influencia en las investigaciones académicas latinoamericanas sobre el campesinado en los años setenta. Incluso junto a la corriente "descampesinista" surgió un álgido debate con otros académicos opositores, quienes apoyados en gran medida en Chayanov, defendían la importancia de las pequeñas unidades campesinas en contravía de la proletarización que auguraban y deseaban los marxistas ortodoxos. Aun así, eran discusiones exclusivas de los ambientes académicos y no de los movimientos sociales, los cuales estaban concentrados en el ideal de la industrialización que proponía el marxismo-leninismo, como vía inobjetable para la consecución del comunismo. En realidad, durante el auge del marxismo, el campesino era visto como una víctima y un instrumento necesario para la revolución, pero en esos años no estaban dadas las condiciones para considerar sus racionalidades, y menos las indígenas o las afro, como fuente epistémica para constituir alguna utopía.

Quizá el movimiento de la contracultura que se difundió por el mundo en los años setenta podría representar una diferencia en ese aspecto, dado que su filosofía se basaba en el ideal de la vida del campo y el contacto directo con la naturaleza. Sin embargo, el movimiento no buscaba una utopía para que la humanidad la adoptara, sino que era una manera de aislamiento para un grupo de individuos en concreto, que rechazaba y criticaba la vida industrializada y opulenta de las ciudades altamente industrializadas. La conciencia ecológica o los saberes campesinos como fuente de una utopía universal no encontraban el terreno fértil para que surgiera el haz de relaciones de enunciados de un discurso político como el de la utopía del Buen Vivir.

Este trabajo propone que el periodo entre el final de los ochenta y el comienzo de los noventa es determinante para las utopías contemporáneas en Latinoamérica, las cuales son construidas de diversos enun-

---

[6] Entre otros los más conocidos están Roger Bartra, Luisa Paré y Héctor Díaz Polanco.

ciados, pero posibles gracias a que el tema de la reproducción de la vida pudo ponerse al centro del debate.

Ya desde finales de los setenta los fondos económicos para la investigación climatológica aumentaron vertiginosamente, y pronto los hallazgos del impacto de la sociedad sobre el aumento de la temperatura atmosférica fueron convenciendo a los escépticos. Una de las razones del incremento en los recursos para los científicos interesados en el calentamiento global, fue la necesidad de legitimar la implantación de plantas nucleares, luego de la crisis del petróleo de 1973, pues un discurso elaborado alrededor de las supuestas "energías limpias" podría servir de ayuda para validar su aceptación. Sin estar libre de sospechas la razón de que un discurso cuyo contenido cuestiona el modelo capitalista industrial, no sea censurado, sino incitado a ser dicho, es indudable que este es el elemento fundamental para que se confirmara la idea prevaleciente durante la segunda mitad del siglo XX: que la humanidad, encarrilada en el progreso técnico, se estaba destruyendo a sí misma.

De acuerdo con Lovelock (2006), el tema del calentamiento global llegó al público en 1988, cuando el científico Jim Hansen advirtió al Senado de los Estados Unidos que la Tierra estaba más caliente que en cualquier otro momento del cual se tuvieran registros. Pero el hecho decisivo para que el discurso saliera de los confines científicos y aterrizara en el área política ocurrió en 1989, cuando el tema fue institucionalizado con la conformación del Panel Intergubernamental sobre el Cambio Climático (IPCC). Durante la historia occidental, el miedo al fin del mundo ha dado lugar a las más extravagantes especulaciones y predicciones sobre el futuro, lo cual por supuesto, debe mucho a la tradición judeocristiana del juicio final. Pero una cosa son las elucubraciones fatídicas de profetas agoreros, y otra muy distinta, que los vaticinios pesimistas sean hechos por tres mil 500 científicos agrupados bajo el seno de las Naciones Unidas y la Organización Meteorológica Mundial. Como dice Foucault (2010), para que un discurso adquiera el estatuto para ser discutido, es necesario determinar los ámbitos institucionales por donde el mismo circula, se legitima y se reproduce. Y en tal sentido, el nacimiento del IPCC es el evento con el cual el dilema de la supervivencia de la especie adquirió finalmente la categoría necesaria para que pudiera ser comunicada, y emergieran discusiones políticas sobre la base de dicho enunciado.

En efecto, y aunque las predicciones fueron empeorando y afinándose en los informes más recientes, el primer documento del IPCC publicado en 1990, contenía pronósticos realmente desesperanzadores: temperatura incrementándose más rápido que lo registrado durante los diez mil años anteriores; afectación de la producción agrícola y cambio en el comportamiento de plagas; alteración de los sistemas de lluvias; muerte de bosques y transformación de ecosistemas; extinción de especies y reducción de la diversidad biológica del planeta; descongelamiento de los casquetes polares, aumento del nivel del mar e inhabitabilidad de las zonas costeras; polución del aire; aumento de la pobreza de los pueblos cuya economía depende de la naturaleza; éxodo; incremento de enfermedades; disminución de la disponibilidad de alimentos y agua; vendavales, ciclones naturales, inundaciones y sequías extremas. Todos estos eran fenómenos que estaban respaldados por la autoridad del discurso científico y daban fiel validez a la disyuntiva existencial en que la humanidad estaba inmersa.

Es importante llamar la atención sobre el hecho de que a la vez que se conformaba el IPCC, y se publicaba su primer informe, el mundo presenciaba la huída de centenares de miles de personas hacia Alemania Occidental, lo que produciría el derrumbe del Muro de Berlín y el colapso de la Alemania Oriental. Este suceso desencadenó la caída de los gobiernos comunistas de Checoslovaquia, Bulgaria, Rumania, Polonia, Hungría y Yugoslavia, hasta que en 1991 se desplomó finalmente el bloque soviético y, en general, el sistema socialista. En todo caso, el fin de las utopías marxistas coincidió con el arribo del calentamiento global a la discusión pública y la agenda política internacional, y con ello, el miedo a la autoextinción de la humanidad abandonó el discurso nuclear –el cual se había incrementado durante la década de los ochenta–, y se incorporó cómodamente en la retórica ecologista. La concurrencia de estos dos importantes acontecimientos fue el elemento determinante para que más tarde las nuevas utopías intentaran responder al interrogante de cómo hacer posible la continuación de la vida.

Sin embargo hoy en la distancia histórica, es claro que en ese instante no era posible que surgiera un discurso como el del Buen Vivir. En verdad, en el comienzo de los noventa –y desde mucho antes– el discurso utópico había entrado en una profunda crisis, hasta el punto de que muchos pensadores tildaron el desmoronamiento del "socialismo real" como el "fin de las utopías". Incluso Francis Fukuyama (1992), interpretó ese momento con el nombre del "fin de la historia", en la medida que para él, las diferentes sociedades del planeta se dirigían inexorablemente hacia la creación de democracias capitalistas liberales como último proceso de la historia universal. Estas afirmaciones en cierto modo estaban de acuerdo con Karl Popper (2010), quien después de la Segunda Guerra Mundial había asegurado que el intento de llevar el cielo a la Tierra produce el resultado invariable de transformar la Tierra en un infierno. El problema de estas posiciones es que una sociedad no podría vivir sin utopías, en la medida en que estas son las armas de la imaginación que se emplean cuando ciertos grupos consideran injusto e inicuo el orden social vigente. Pensar en el "fin de las utopías" sería como aceptar que la humanidad reconocería finalmente el capitalismo como un sistema inmutable y sin alternativa. De modo que el cuestionamiento no era si las utopías habían muerto o no. La pregunta para ese momento era ¿cómo considerar el nacimiento de una nueva utopía, cuando el fracaso del marxismo ortodoxo había sido tan reciente y contundente?

El mayor inconveniente para la emergencia de otra opción era que la dominación del socialismo positivista durante el siglo xx había excluido la posibilidad de cualquier otra alternativa utópica, y los representantes de la izquierda estaban en la muy complicada situación de no haber permitido la actualización histórica de las voces disidentes existentes desde los orígenes del marxismo, aunado a la imposibilidad de seguir defendiendo un discurso que había perdido toda legitimidad para seguir siendo proclamado. Es precisamente en ese momento cuando la distopía de la debacle ecológica resultaba ideal para que comenzara a ser abanderada por el discurso anticapitalista, dado que –como ha enseñado la historia–, las profecías de corte apocalíptico abren la puerta a la imaginación social y dan pie a que se creen utopías que contradigan el sombrío futuro que ya ha sido previsto.

La cuestión era que la tesis marxista de la industrialización y el crecimiento económico del Estado era incongruente con las pruebas de que esa misma vía había devenido en catástrofe planetaria. Al fin de cuentas como el comunismo del siglo xx y el capitalismo no habían sido muy diferentes entre sí, ambos discursos estaban afrontando una crisis de pensamiento para poder decir algo diferente. De hecho, el problema que empezaba a hacerse evidente, no era solamente el de un modelo económico, sino que la racionalidad moderna no hallaba respuestas satisfactorias para enfrentar los profundos dilemas civilizatorios. En todo caso, el tema de la no asegurada supervivencia de la especie era propicio para erigir una nueva utopía, pero los países occidentales no encontraban en su propia cultura las fuentes para elaborar un discurso realmente renovado. Era la periferia el lugar donde estaban las racionalidades aún no avasalladas por la locomotora de la modernidad, y que más tarde empezarían a ser escuchadas. La dificultad residía en que los conocimientos ancestrales de dichos pueblos habían sido considerados durante siglos un obstáculo, ya que, de acuerdo con la lógica moderna, eran prejuicios precientíficos y constituían el pasado, el atraso y un estorbo al progreso.[7]

[7] Los ejemplos son numerosos, pero quizá basta con mostrar el orden del discurso del régimen desarrollista de la posguerra, en un apartado tomado de un influyente documento de las Naciones Unidas escrito en 1951: "Hay un sentido en el que el progreso

Sin embargo, en esos mismos años ocurrieron varios acontecimientos para que el mundo poco a poco comenzara a ver con otros ojos las racionalidades de las culturas históricamente subordinadas. Uno de ellos fue la consolidación del movimiento indígena en Latinoamérica,[8] suceso que coincidió con la conmemoración de los 500 años de la invasión del continente americano. Este hecho sirvió para que el resto de la sociedad advirtiera las demandas históricas de los pueblos indios y comprobara la marginación de la que aún eran víctimas, luego de cinco siglos de opresión cultural. En efecto, en 1990 se formó un multitudinario levantamiento indígena en Ecuador, el cual logró poner sobre la mesa el debate de la interculturalidad y la plurinacionalidad. El mismo año en Bolivia se realizó la Marcha por el Territorio y la Dignidad, movilización que buscaba defender las tierras de diversas comunidades indígenas, del despojo por parte de los proyectos madereros y petroleros trasnacionales. Pero quizá el evento que tuvo la mayor atención mediática fue la revolución del Ejército Zapatista de Liberación Nacional (EZLN) en 1994, cuando miles de indígenas armados ocuparon siete poblaciones del Estado de Chiapas en México, para hacer valer sus derechos culturales y sociales por siglos vulnerados.

El segundo acontecimiento importante fue el crecimiento de los movimientos rurales luego de la caída del socialismo. Muestra de ello lo es la fundación de Vía Campesina en 1993, el Proceso de las Comunidades Negras del Pacífico colombiano[9] o la relevancia que en el inicio de los noventa había adquirido el Movimiento de los Trabajadores Rurales Sin Tierra (MST) de Brasil. El caso es que luego del fin de la Guerra Fría, los pueblos rurales comenzaron a conformar los movimientos sociales más importantes en el mundo, aspecto que contrastaba con el sesgo que el marxismo ortodoxo había tenido a favor de la clase obrera urbana, y su relativo desprecio por las economías y filosofías campesinas. El punto al que se quiere llegar es que en vista de los límites a los que había llegado el pensamiento occidental, las racionalidades de las sociedades rurales

---

económico acelerado es imposible sin ajustes dolorosos. *Las filosofías ancestrales deben ser erradicadas; las viejas instituciones sociales tienen que desintegrarse; los lazos de casta, credo y raza deben romperse*; y grandes masas de personas incapaces de seguir el ritmo del progreso deberán ver frustradas sus expectativas de una vida más cómoda. Muy pocas comunidades están dispuestas a pagar el precio del progreso económico" (citado por Escobar, 2007:20, las cursivas son mías).

[8] Probablemente la primera declaración de Barbados en 1971 fue el desencadenante de los procesos del movimiento indígena que se dieron en los años setenta y ochenta por toda América Latina, y el comienzo del cambio en el discurso, que para nuestro interés, confluye en la utopía del Buen Vivir.

[9] Para una ilustración detallada del movimiento véanse los trabajos de Arturo Escobar.

de los países periféricos empezaron a emerger como sabidurías que el mundo había ignorado y que irrumpían como voces que necesitaban ser escuchadas. Con seguridad el hecho de que las poblaciones rurales sean mucho más vulnerables a los desastres naturales por vivir su cotidianidad en contacto directo con los ecosistemas, es un aspecto que influyó para que los campesinos e indígenas adquirieran la legitimidad simbólica de representar la preocupación por los problemas ambientales de nuestro tiempo.

En cualquier caso, es indudable que la globalización y el neoliberalismo económico también fueron banderas de la izquierda a comienzos de los noventa, pero considero que esos temas eran una faceta más de los mismos movimientos anticapitalistas. Lo radicalmente distinto es que como resultado de los hallazgos científicos sobre las diversas devastaciones ambientales, la mediatización de los cada vez más frecuentes y calamitosos desastres naturales, y la institucionalización del asunto en el plano internacional, el discurso utópico poco a poco se fue forjando alrededor de un cuestionamiento prácticamente ausente en la izquierda hasta antes del hundimiento de sistema socialista: si la civilización capitalista permitiría nuestra supervivencia. Al respecto Fidel Castro, como indiscutible protagonista y espectador del cambio en el discurso señaló en 2009: "Hasta hace muy poco se discutía sobre el tipo de sociedad en que viviríamos. Hoy se discute si la sociedad humana sobrevivirá".

Según se mencionó, la arqueología foucaultiana intenta determinar cuál es el comienzo en el que es posible el aparecimiento de un nuevo discurso, y en ese sentido, los acontecimientos ocurridos entre finales de los ochenta y principios de los noventa, representan el punto de quiebre por el cual pudo aparecer tiempo después el discurso utópico del Buen Vivir. Por supuesto que durante los años siguientes ocurrieron muchos otros sucesos coyunturales, como la inestabilidad política de Ecuador y Bolivia, el fortalecimiento de la Confederación de Nacionalidades Indígenas del Ecuador (Conaie) y el Movimiento al Socialismo (MAS) y su influencia sobre las asambleas constituyentes, o la llegada al poder de Rafael Correa y Evo Morales, entre muchos otros. Pero mi interés no es hacer un recuento pormenorizado y exhaustivo de cada uno de los eventos históricos de la utopía del Buen Vivir,[10] sino analizar la conformación de su discurso, mediante el entrecruzamiento de grupos de enunciados y sucesos de un orden más amplio.

¿Por qué escoger la supervivencia de la especie como el enunciado central que articula al resto de enunciados? Si asumimos la afirmación de que cualquier utopía debería ser interpretada como el intento por re-

---

[10] Para una descripción detallada de estos procesos véase Acosta (2009), Santos (2010), Escobar (2010), Cortez (2011) y Harnecker (2011).

solver los conflictos sociales del momento histórico en la que es planteada, no costaría mucho trabajo deducir, con base en todo lo antes dicho, que el mayor problema civilizatorio contemporáneo es la crisis de una forma de vida cuyo desarrollo socava la supervivencia de la misma humanidad. Lo que ha entrado en crisis es la posibilidad de continuidad de la vida, porque la manera en la que la sociedad vive hoy, no permite que la vida en su conjunto siga reproduciéndose (Bautista, 2001). De manera que el elemento diferenciador de la utopía del Buen Vivir, en comparación con el marxismo –y con las demás utopías del pasado–, es que en su discurso rechaza la manera de vivir moderna, la cual está minando la realización de toda la vida sobre la Tierra, y como propuesta señala que lo que debe hacerse, es cambiar ese modo de vivir.

Literalmente el vicepresidente de Bolivia, Álvaro García (2010:9), así lo indica:

> La naturaleza y la vida están en riesgo… Frente a eso, a los seres humanos que queremos la vida, solo nos queda buscar otra sociedad, otro horizonte… regresar al capitalismo y atornillarnos a él es el suicidio de la humanidad, es declarar la extinción de la naturaleza y del ser humano".

La anterior declaración nos ayuda a percibir la manera en la que el discurso se estructura en torno a la continuidad de la vida y en consecuencia la propuesta es el cambio en la forma de vivir, la cual difiere ampliamente de las ideologías del Vivir Mejor capitalista:

> Uno de los principios éticos del capitalismo –agrega García– es el endiosamiento del lucro: una persona exitosa es aquel que tiene mucho dinero y el que no lo tiene es un fracasado. –No obstante– se puede ser feliz en base al trabajo propio y con recursos modestos. Un ser exitoso es aquel que se siente satisfecho con lo que hace… sin necesidad de tener por ello dinero en abundancia, sino lo necesario para vivir.

Para que los anteriores enunciados adquirieran la legitimidad para ser dichos, sin duda tuvieron que ocurrir los acontecimientos que se han indicado, y dentro de tal contexto, el discurso utópico cambió su retórica en el marco del nuevo escenario. El tema de la no asegurada supervivencia de la especie humana en el planeta se fue constituyendo en el enunciado medular de la utopía del Buen Vivir, no solo para cuestionar el sistema capitalista, sino para elaborar una propuesta alternativa centrada en la reproducción de la vida. Lo anterior es posible en la medida en que en el fondo de la antiutopía de la autoextinción de la especie yace la idea de poder todavía construir un mundo en armonía y equilibrio, quizá motivados por el contradeseo de la destrucción; o, si se prefiere, porque distopías como las que augura el discurso científico, podrían motivar la acción para una transición civilizatoria:

> Estamos en un momento de la historia en el que debemos tomar decisiones, antes que la naturaleza las tome por nosotros –dice un documento del gobierno boliviano–.[11] Si la temperatura del planeta sigue subiendo y no hacemos nada, el impacto del cambio climático puede tener consecuencias fatales para el planeta, la humanidad y la vida. Ya no tenemos mucho tiempo. Debemos actuar rápidamente. Este milenio que apenas ha empezado debe ser el Milenio de la Vida, el Milenio de la Esperanza, el Milenio de la Armonía entre seres humanos y la naturaleza.

Por todo lo antes dicho, no es arbitrario interpretar la utopía del Buen Vivir como una utopía que emerge en una época en donde la supervivencia de la humanidad está en inminente riesgo. En realidad este es el tema que ha adquirido la mayor legitimidad para ser discutido en el siglo XXI y no es de extrañar que los nuevos discursos utópicos se elaboren alrededor de las nuevas preguntas existenciales y ontológicas a los que nos aboca la destrucción del planeta.

Sin embargo, no debe olvidarse que también el capitalismo ha construido su propio discurso. Como se dijo en el primer capítulo, cuando las tipificaciones que antes servían para explicarnos el mundo comienzan a ser problemáticas ante los cambios históricos y sociales, las ideologías ayudan a orientar y llenar las carencias de información en contextos inciertos de tensión y crisis (Geertz, 1991). Así, haciendo patente la sorprendente flexibilidad del capitalismo de adaptar su retórica frente a las transformaciones del mundo, el sistema ha elaborado en torno al tema de la supervivencia humana en la Tierra, la ideología de la sostenibilidad. Este discurso sostiene que puede hacerse viable el actual "desarrollo" del sistema-mundo con un capitalismo más amigable con el ambiente, lo que significa atender los impactos de la sociedad industrial en crecimiento, sin modificar el *statu quo* que los origina y los perpetúa. La sostenibilidad señala que por medio de las tecnologías limpias, las energías renovables y el re-uso permitiremos la satisfacción de necesidades de las nuevas generaciones, y en consecuencia, el reto consiste en idear un capitalismo verde y responsable con el ambiente.

Sin tachar la idea de que necesitamos del auxilio técnico del cual es imposible desentendernos, el aspecto fundamental a cambiarse son los entramados simbólicos con las que nos relacionamos con la naturaleza

---

[11] República de Bolivia. Ministerio de Relaciones Exteriores y Cultos. "Los diez mandamientos para salvar el planeta, la humanidad y la vida", p.1.

y entre nosotros mismos, lo que implica una transformación en la forma de vida, para que precisamente la vida siga siendo posible. Se trata de una renovación de nuestra manera de habitar en el mundo, que por definición, es incompatible con la lógica del sistema capitalista.

Hasta ahora este trabajo se ha concentrado en el miedo a la autoextinción de la humanidad como la trama aglutinante que une a los demás enunciados, los cuales, como se verá más adelante, han estado presentes en diferentes periodos del pensamiento utópico occidental. Por ahora, se continuará estudiando la genealogía del Buen Vivir desde una perspectiva diferente, con la pregunta ¿por qué la sociedad empieza a reconocer un discurso utópico cuyo contenido nos "hace ver" el mundo como campesinos e indígenas, lo cual va notoriamente en contravía de las ideas modernas de progreso, avance y desarrollo?

El paraíso perdido y la nostalgia bucólica

> *No es posible que una civilización de docientos o trescientos años pueda destruir la vida armónica en que vivieron los pueblos indígenas por más de cinco mil años. Esa es nuestra profunda diferencia entre el Occidente y los países del sur, y especialmente, los movimientos sociales que viven en armonía con la Madre Tierra.*[12]

El siglo XX se caracterizó por la creciente sospecha frente a la idea del progreso, la cual había sido en la modernidad una certeza irrefutable, arraigada en la creencia de que el ser humano podría, por medio de la dominación racional científico-técnica del mundo, ser libre y adueñarse de su propio futuro. Sin embargo, los sucesos dramáticos ocurridos en la centuria pasada eclipsaron el optimismo frente al destino, hasta el punto de que se planteara la pregunta de si el camino recorrido por la civilización no estaría conduciendo a la especie humana a una muerte inminente. No es que se haya enterrado de manera definitiva la idea del progreso. La temporalidad lineal del tiempo occidental y el accionar hacia el futuro sigue siendo la estructura de significaciones donde se asienta la sociedad capitalista. De hecho, la fe en el desarrollo muestra que no se ha superado aún el dogma en el progreso, y también es señal de la manera en que dicha certidumbre

---

[12] Discurso pronunciado por Evo Morales en la Conferencia de la Naciones Unidas sobre Desarrollo Sostenible, en Rio de Janeiro el 21 de junio de 2012.

sigue estando presente en los imaginarios colectivos y en los discursos políticos hegemónicos.

De lo que podría hablarse, siguiendo a los posmodernos, es que hoy estamos en un periodo de inquietud y nerviosismo, en el cual prevalece la duda sobre un devenir que se prevé seriamente turbulento y problemático. Este punto es en particular importante para la genealogía que se intenta realizar, porque las predicciones de carácter apocalíptico sirven de excusa para la negación del camino que se ha emprendido. Es como si nos dirigiéramos directamente hacia el abismo y reconociéramos que la única salvación posible es regresarnos para iniciar otro camino. No puede olvidarse que se está tratando de argumentar cómo las nuevas utopías se comprenden más fácilmente a la luz del miedo de la desaparición de la especie humana sobre el planeta, razón por la cual, la analogía del abismo sirve para entender la lógica en la que la cultura occidental voltea a ver lo que ella misma advierte como el "pasado". Esta última afirmación tiene unos orígenes profundamente coloniales, los cuales pueden entenderse con mayor facilidad si nos remitimos a las fuentes del pensamiento utópico occidental.

Según exponen los autores Frank y Fritzie Manuel (1984a), la utopía en Occidente se nutre, por un lado, del paraíso descrito en el Génesis bíblico; y por el otro, del ideal platónico de una ciudad ideal en la Tierra. Estas dos antiguas creencias alimentaron en la imaginación europea la idea de un cielo en este mundo, que es precisamente el sustento que subyace tras la fantasía utópica, –y que Popper califica como la concepción que conduce a crear un infierno en la Tierra–.

El primer mito constituye la fuente más conocida de la utopía, el cual debe comprenderse junto a la profecía bíblica milenarista. El milenarismo o quilianismo, fue un dogma respaldado por un comentario de Juan, en el Libro de las Revelaciones, en el que se profetiza que luego de un periodo de disturbios, guerra y catástrofes, Cristo descendería por segunda vez a la tierra, para establecer un reino mesiánico durante mil años antes del juicio final. Esta creencia, aunada al mito hebreo de la creación, tuvo influencia sobre la utopía debido a que para muchos cristianos un paraíso similar al edén regresaría con ellos hasta el fin de los tiempos.[13]

La segunda fuente del pensamiento utópico en la cultura occidental está inspirada en la Edad de Oro de la mitología helénica. De acuerdo

---

[13] Entre los siglos XI y XVI sucedieron con mucha frecuencia movimientos revolucionarios en Europa occidental liderados por mesías o santos vivientes, quienes inspirados por las profecías sibilinas o juaninas, dirigían guerras para acelerar el advenimiento del reino de Cristo a la Tierra. Para un examen histórico detallado del milenarismo véase Norman (1983).

con la narración de Hesíodo, hubo un tiempo en el que los seres humanos gozaron de felicidad plena, vida justa y virtuosa. Se trató de un estado de perfección absoluta en donde moraban personas gozosas que "vivían como dioses". El mito cuenta que luego de aquellos tiempos dorados, sobrevinieron épocas abyectas de rápida decadencia, en las que predominó el vicio, el mal y el infortunio. A tales periodos se les llamó, conforme con el incremento del declive, las edades de plata, bronce y hierro. La cuestión es que, paulatinamente, la Edad de Oro en la cultura griega se transformó en la descripción de una época histórica de la vida real que podría volver, como lo sugería la sociedad armónica que Platón detallaba en su obra *La República* (Manuel y Manuel, 1984a). [14]

A lo que quiero llegar es que el origen de la utopía occidental –ya sea por el lado del edén y el milenarismo, o por el de la Edad de Oro y la ciudad ideal platónica– está implícita la noción de un pasado primitivo esplendoroso el cual retornará algún día de nueva cuenta.

Ello tiene relevancia para la historia de la utopía del Buen Vivir, porque el supuesto glorioso pasado que existió en tiempos pretéritos fue la premisa de muchos colonialistas para idealizar las culturas invadidas y concebirlas imaginariamente como las auténticas representantes del paraíso primitivo. De hecho, la mayoría de las utopías occidentales están relacionadas con las conquistas e invasiones, y los imaginarios coloniales de supuestos "mundos perdidos" en donde sus moradores habitan en estado de naturaleza y perfección inmutable. Pero no estoy hablando exclusivamente de las sociedades amerindias, las cuales son especialmente importantes en esta discusión. Es una idealización de la mayoría de las grandes civilizaciones históricas, como se hizo en su momento con Egipto, Esparta, Atenas, Escitia, Persia, Roma e Israel (Manuel y Manuel, 1984a). Sin duda, el mito del "buen salvaje" de Rousseau es una creencia que se remonta a la herencia cultural del Jardín del Edén o la Edad de Oro. Pero además, la percepción de pueblos rurales que viven sin la contaminación del "mal", por estar "afuera" de la civilización, es un producto de la fantasía colonial inquieta por encontrar por fin el cielo en la tierra en algún lugar de la geografía.

Como se mencionó en el primer capítulo, el término *utopía* emerge en el Renacimiento europeo con la obra de Tomás Moro en 1516, y no es de extrañar que haya sido publicada en ese año, porque la "aparición" del "nuevo mundo" para los europeos, es el acontecimiento que hizo surgir el concepto de la utopía como recurso literario, el cual fue posible gracias a los relatos de viajeros conquistadores y evangelizadores, quienes describieron las tierras americanas como una región del mundo

---

[14] Platón aseguraba que su ciudad ideal había existido ya en la antigua Atenas.

donde sus habitantes vivían en la anhelada Edad de Oro.[15] Por tanto, el concepto originario de la utopía tiene una historia decididamente colonial, en cuanto los pueblos de los territorios invadidos y violentados fueron vistos a través de los mitos griegos y hebreos. En otros términos: al *otro* conquistado no se le reconoció como radicalmente *otro*, sino como una proyección de la cultura europea, que buscaba desaforadamente un paraíso en algún buen lugar del mundo.

Al escudriñar la historia de la utopía occidental se puede despejar la sospecha de que a consecuencia de la herencia colonial recibida, a las culturas *otras* hoy se les continúa interpretando con los ojos del mundo occidental. Por eso creo que la arqueología del discurso del Buen Vivir se puede comprender más efectivamente si se hace por medio de las ideas utópicas occidentales, en lugar de examinar etnografías de las culturas que sirven de inspiración para elaborar la utopía. A lo que se va es que el renacimiento del imaginario colonial del "buen salvaje" rousseauniano ha venido a apoyar el cambio del discurso utópico inspirado en las racionalidades de los pueblos indígenas. Corresponde a la estructura de significaciones de la cultura occidental que ha favorecido el posicionamiento de los nuevos enunciados del discurso político.

Hay que recordar que los movimientos indígenas de los setenta habían surgido muy coligados a los procesos de movilización campesinos en Latinoamérica. De hecho, los pueblos indígenas eran identificados como "población campesina diferenciada étnicamente", "indigenatos campesinos" o "campesinado indígena", pero en todo caso como parte de una categoría inserta dentro de una población rural generalizada. Sin embargo, en esa misma década comienza el proceso de transformación hacia lo étnico, es decir, el tránsito de la condición de "campesinos" a la denominación "indígena", lo cual reivindicaba los orígenes étnicos de las comunidades tribales latinoamericanas. En otros términos, y de acuerdo con Bonfil Batalla (1991:76), se empezó a hablar de 'nosotros, los indios', o 'nosotros, los integrantes de los pueblos indios'", lo cual, constituía un rasgo diferenciador al discurso previo, pues desde esta década comenzó a afirmarse, con orgullo, el hecho de pertenecer a una cultura distintiva, y reconocerse como parte de una dimensión común: el hecho de sentirse todos como indios. Esa transformación es sumamente importante para el quiebre en el discurso político que devino en el Buen Vivir, pues fue el sustento que permitiría al movimiento indíge-

---

[15] Las palabras de Vasco de Quiroga (citado por Ímaz, 1941:15) reflejan esta aprehensión con mucha claridad: "Porque no en vano, sino con mucha causa y razón; este de acá se llama Nuevo Mundo y eslo Nuevo Mundo, no porque se halló nuevo sino porque es en gentes y cuasi en todo como fue aquel de la edad primera y de oro, que ya por nuestra malicia y gran codicia de nuestra nación ha venido a ser de hierro y peor..."

na de los noventa desligarse de los conceptos marxistas de "clase" ligados al movimiento campesino, para construir enunciados alternativos asociados a las racionalidades de sus propias culturas.

Es conocido por quienes siguieron de cerca al EZLN que en un comienzo su retórica estaba fuertemente permeada por los postulados marxistas, y que pronto sus enunciados fueron cambiando de la tradicional jerga marxiana, relacionada con los grupos revolucionarios,[16] a un discurso cada vez más indianista,[17] tematizado con base en las racionalidades comunitarias mayas de los tzeltales, tojolabales, tzotziles, mames, zoques y choles. La cuestión es que esa mutación ayudó a volver a despertar en el resto del mundo la imagen colonial de Latinoamérica como el "nuevo mundo", esperanza que la izquierda desorientada acogió con entusiasmo, a fin de realimentar con renovados materiales sus apabullados ideales profundamente heridos con el reciente desmoronamiento del socialismo "realmente existente".

El discurso zapatista lograba que la izquierda percibiera a las culturas indígenas con el colonial perfil de pueblos primitivos en estado de candidez y pureza, lo cual servía para mostrar el contraste con los vicios individualistas, capitalistas y hedonistas del capitalismo altamente industrializado. La modificación del discurso hacía renacer el imaginario de la Edad de Oro –en la que supuestamente viven los pueblos indígenas–, en oposición a la decadente Edad de Hierro del mundo occidental; o bien, la creencia de que de repente surgía un oprimido revestido de todas las virtudes, con el que emanaría el edén prometido, de acuerdo con la herencia milenarista cristiana.

La propuesta de este trabajo es que en el cruce de acontecimientos y enunciados ocurridos en el lapso de 1985 y 1995, el discurso utópico sufrió un cambio, el cual se les impuso en adelante a los movimientos sociales emergentes. La variación del discurso consistió en el paso de un debate concentrado en asuntos netamente económicos y políticos, a

---

[16] En particular, es revelador el proyecto del EZLN antes del 1 de enero de 1994. Por ejemplo, la Ley Agraria Revolucionaria estaba escrita en los siguientes términos: "… Serán objeto de afectación agraria revolucionaria todas las tierras que excedan las 100 hectáreas en condiciones de mala calidad y 50 hectáreas de buena calidad. A los propietarios cuyas tierras excedan los límites arriba mencionados se les quitarán los excedentes… Las tierras afectadas por esta ley agraria, serán repartidas a los campesinos sin tierra y jornaleros agrícolas que así lo soliciten, en propiedad colectiva… Las grandes empresas agrícolas serán expropiadas y pasadas a manos del pueblo mexicano, y serán administradas en colectivo por los mismos trabajadores… No se permitirá el acaparamiento individual de tierras y medios de producción" (EZLN, 1994:44).

[17] Siete años después de la insurrección armada, el discurso del EZLN ya contenía un fuerte contenido étnico: "Comienza la marcha de la dignidad indígena, la marcha del color de la tierra. Con quienes son el color de la tierra".

otro en donde la cultura se volvió el sustento de las nuevas discusiones. En otros términos: si antes los enunciados se articulaban alrededor de "la clase" llamada a realizar las transformaciones sociales, en las nuevas circunstancias los enunciados se relacionarían en torno a la crítica hacia los símbolos culturales de la modernidad capitalista y el cuestionamiento de los principios reproductores de la crisis civilizatoria.[18] En este fértil terreno, las cosmovisiones de los pueblos indígenas encontraron las condiciones apropiadas para emitir un discurso alternativo, el cual además estaría apoyado por los cambios del paradigma de la ciencia del siglo XX –como se verá más adelante–, la conciencia ecológica creciente, y la defensa de la diversidad propuesta por los filósofos posmodernos.

En suma, se puede decir que el discurso indianista –que había venido conformándose desde los años setenta y ochenta durante el proceso de separación de los postulados propiamente campesinistas–, se ligó a las enunciaciones de la catástrofe ecológica –las cuales a su vez eran una prolongación del miedo a la autoextinción nuclear del siglo XX–, fusión que fue posible, gracias al desmoronamiento político del marxismo ortodoxo y la mediatización de los descubrimientos científicos en torno a la crisis ambiental.

Además, esa "etnización" del discurso y su relativa independencia retórica del movimiento campesino, produjo el efecto de rescatar el viejo ideal Europeo de un paraíso perdido en donde se suponía habitaban culturas en estado de armonía y equilibrio con el medio, lo que evidentemente no da cuenta de las heterogeneidades y complejas dinámicas de las poblaciones originarias en el siglo XXI. Será necesario reflexionar si alimentar un relato como este, en lugar de contribuir a romper las exclusiones provocadas por las jerarquías epistémicas y raciales de la modernidad, no contribuirá por el contrario, a reproducir la visión colonial y peyorativa de "buen salvaje" que tantas distorsiones generan al abordar los problemas contemporáneos de las comunidades indígenas.

Asimismo, un problema adicional con el que cuenta este nuevo discurso, es la tendencia a distorsionar las cosmovisiones y culturas de las sociedades indígenas vivas, y hacer una generalización un poco abusiva de racionalidades particulares que por definición no pueden extrapolarse a un relato universal.

Pese a las anteriores advertencias, se debe comprender mejor las razones de este fenómeno. Como ampliamente se discutió en el apartado sobre ideología y utopía, el poder es el punto de intersección donde se

---

[18] También la diversidad –"un mundo donde quepan todos los mundos"– hizo parte de los enunciados del nuevo discurso indianista, que en el Buen Vivir se acuña en la refundación del Estado boliviano y ecuatoriano con el concepto de la plurinacionalidad.

encuentran los discursos de cada vertiente. Ambos buscan, por sus propios medios, la legitimación para mantener el poder –en el caso de las ideologías–, o para intentar conseguirlo –como ocurre con las utopías–. De cualquier manera, los discursos políticos en ninguna circunstancia pueden ser neutros, porque implican la conservación o la conquista del poder.[19] Y es precisamente aquí donde está la diferencia entre ambos conceptos: mientras que las ideologías pretenden la constante repetición de sus discursos hasta constituirse en verdades inimpugnables, las utopías deben cuestionar esas ideas, para luego ofrecer alternativas a ese orden objetado.

En el caso de la utopía del Buen Vivir la lucha por el poder y la crítica a la ideología dominante es en particular complicada, puesto que debe enfrentarse a un discurso moderno universalista y englobante. El inconveniente está en que las culturas tradicionalmente subordinadas se conciben a sí mismas particulares y únicas, y de ningún modo quieren extrapolar a otros pueblos sus racionalidades como verdades absolutas. Se presenta entonces una tensión por la disputa por el poder, porque el discurso utópico no solo entra en una abismal desigualdad de condiciones frente al ideológico, el cual cuenta con todos los medios culturales para ser constantemente entendido, asimilado y reproducido, sino que además le es muy complicado competirle en su propio terreno con un discurso en esencia particularista.

Además se debe recordar que, al decir de los posestructuralistas, todos los discursos tienen reglas de formación que determinan lo que "puede ser dicho", pero no puede olvidarse, que ellos remiten a autores, algunas veces con dificultad identificables y públicamente anónimos. En la utopía que se está tratando de comprender, los enunciados son elaborados y comunicados gracias a la información suministrada por

---

[19] Una referencia de la lucha por el poder entre la utopía del Buen Vivir y las ideologías modernas puede apreciarse en la siguiente declaración del escritor peruano Mario Vargas Llosa: "El desarrollo y la civilización son incompatibles con ciertos fenómenos sociales y el principal de ellos es el colectivismo… Ese fenómeno por desgracia está brotando en América Latina de una manera muy sinuosa y revistiéndose con un ropaje que no solamente parece muy inofensivo sino incluso prestigioso: el indigenismo por ejemplo. Tenemos un rebrote del indigenismo de los años veinte que parecía haber quedado completamente rezagado es hoy día lo que está detrás de fenómenos como el del señor Evo Morales en Bolivia, en Ecuador lo hemos visto operando y además creando un verdadero desorden político y social… Esa actitud es absolutamente incompatible con la civilización y con el desarrollo, esa actitud irremediablemente nos arrastra a la barbarie. De tal manera si queremos alcanzar el desarrollo y si queremos elegir la civilización y la modernidad tiene que combatir resueltamente esos brotes de colectivismo. Podemos derrocarlos desde luego, pero la única manera de hacerlo es con ideas que terminen por imponerse y vencer" (citado por Pineda, en proceso).

algunos líderes indígenas, quienes aprovecharon el contexto oportuno para hacerse voceros de las comunidades de las que hacen parte, y transmitir una imagen –con frecuencia manipulada– de su rica sabiduría. Muchos de estos líderes son integrantes de una generación que tuvo la oportunidad de acceder al sistema educativo, con todos sus fundamentos modernos y eurocéntricos. El tema es que en un escenario histórico de discriminación, ellos encontraron espacios de crecimiento personal, convirtiéndose en divulgadores positivos de la cultura de sus ancestros. De modo que con la excepción de los datos etnográficos hechos por algunos antropólogos –cuyos lectores se circunscriben a un grupo muy reducido–, el imaginario contemporáneo que el público tiene sobre tales pueblos, se debe, en gran medida, a los relatos contados por ciertos líderes que hablan en nombre de unas culturas que han idealizado pero que realmente conocen poco.

El punto es que en vista de la desventaja que el particularismo tenía frente a la ideología universalizada, muchos de quienes hablan por culturas *otras* –incluido un círculo académico que también se beneficia al atribuirse su vocería–, adoptaron la estrategia de construir un discurso alternativo pero con los mismos vicios de la universalización del proyecto moderno. En otras palabras: el discurso no habla de grupos concretos, con sus aspectos distintivos y características propias, sino que se remite a enunciaciones demasiado generalizadas, borrando de tajo los rasgos específicos de las culturas realmente existentes. Como sabemos, el imaginario occidental moderno está más gustoso de discursos universalistas que de relatos particularistas y, en tal sentido, la retórica de la utopía del Buen Vivir se ajusta con habilidad a esas preconcepciones culturales, para presentar persuasivamente lo que muchos quieren escuchar.

Al igual que toda utopía, con ello pretende posicionar un discurso alternativo, cuyo contenido adquiera la legitimidad simbólica para competir por el poder con la ideología en condiciones menos desfavorables. En todo caso, se llama la atención una vez más sobre la necesidad de considerar si esta excesiva generalización en detrimento de la particularidad, no hace poco favor a unas culturas que intentan despojarse de juicios colonialistas, así como al proyecto mismo, que podría caer en una idéntica trampa universalista, la cual es ciertamente aquella que se quiere superar.

* * *

Señaladas las anteriores inquietudes, regresemos por ahora a la hipótesis sobre la que estamos reflexionando, acerca de la manera en que las nuevas utopías se comprenden más fácilmente si las interpretamos a la luz del miedo a la desaparición de la especie humana sobre el planeta.

Se inició este apartado señalando que la sociedad, durante la *era de la supervivencia*, siente cada vez más desconfianza por la ruta que nos conduce hacia el abismo, y en tal sentido suena razonable no continuar por esa vía, sino regresarnos y replantear el camino. Evidentemente las ideologías pretenden que continuemos el rumbo, pero las utopías intentan hoy retornar a otro punto de la historia. Recordemos que el cuestionamiento que estamos considerando es ¿por qué las nuevas utopías quieren hacernos ver el mundo como indígenas y campesinos, cuando las premisas modernas por antonomasia eran el progreso y el desarrollo, que por definición son contradictorias frente a las percepciones tradicionales y no "científicas" del mundo?

La analogía del abismo sirve para entender lo que la cultura occidental aprehende como el "pasado" en su concepción lineal, irreversible e infinita del tiempo. En el tren hegeliano de la historia, los países hoy llamados desarrollados se han considerado "el futuro", mientras que las culturas no modernas han sido reducidas al "pasado" de Occidente.[20] Sin embargo, si en la "delantera" de la carretera, donde se sienten los países autodenominados como "Primer Mundo", no se percibe en el horizonte la felicidad prometida por la modernidad, sino el abismo, es sensato para la cultura utópica occidental voltear a ver "el pasado" y buscar el momento en el que la civilización perdió su norte.

En otras palabras, y parafraseando a Jean Meyer (1999), para la lógica occidental un relato más o menos así podría ser descrito: si el presente está cargado de vicios y decadencia –léase Edad de Hierro–, y si la salvación de la especie será completa o no será –como en el milenarismo cristiano–, entonces la sociedad moderna no puede enmendarse. Hay que acabar con ella para llegar a otra civilización –entiéndase el "nuevo mundo"–. ¿Quiénes, si no los pueblos originarios que tienen sus raíces en América, son los que están llamados en el siglo XXI a redimir al resto de la humanidad?

Con una mitificación como esta, indudablemente están dadas las condiciones para que la comunidad indígena renazca para Occidente como el agente "mesiánico" que salvará a la especie humana y hará florecer un mundo de "equilibrio y armonía", como de manera astuta lo pregona el discurso utópico:

---

[20] No hay que olvidar que por "Occidente" no se hace referencia a una posición geográficamente delimitada, sino a una racionalidad moderna de origen eurocéntrico, que pervive en las sociedades herederas de una muy particular forma de conocimiento procedente de la Europa Occidental.

Nuestra visión de armonía con la naturaleza y entre los seres humanos es contraria a la visión egoísta, individualista y acumuladora del sistema capitalista. Nosotros, los pueblos indígenas del planeta queremos contribuir a la construcción de un mundo justo, diverso, inclusivo, equilibrado y armónico con la naturaleza para el vivir bien de todos los pueblos.[21]

Debido a que el precipicio es el destino a donde se aproxima la civilización moderna, el Occidente global necesita encontrar un salvador "no contaminado" por las ideas capitalistas, consumistas, individualistas y depredadoras de la naturaleza, y bajo ese contexto, los pueblos que por siglos han sido humillados, menospreciados y discriminados, por fin cuentan con el escenario propicio para hacer emerger una potente imagen de sociedad, que difícilmente puede hallarse en la civilización occidental:

> Para el capitalismo lo más importante es la obtención de la plusvalía, la ganancia, lo más importante es el capital –señala el Canciller boliviano David Choquehuanca (2010:7)– Por otro lado, para el socialismo lo más importante es el hombre...; el centro es el ser humano. Por el contrario, para nosotros los indígenas que buscamos y cuidamos el equilibrio, la complementariedad, el consenso y nuestra identidad, lo más importante es la vida.

De acuerdo con Roger Bartra (1987:33), los pueblos rurales suelen proyectar sobre la sociedad una larga sombra de nostalgia y melancolía, razón por la cual Occidente inventa un edén mítico; un antiguo lugar inexistente en donde sus habitantes viven felizmente como si fueran los sobrevivientes de una época que no ha de volver jamás. Es obvio que esta imagen no corresponde a la realidad, sino que atañe a un ideal heredado de la Edad de Oro de Hesíodo, con el que se crea ficticiamente el ensueño de un mundo rural estático, que ha quedado detenido en el tiempo. Tal imaginario es interesante en especial porque es esta la ficción que está haciendo al Occidente global voltear a ver a los países periféricos, y particularmente a sus zonas rurales, como los lugares privilegiados para la inspiración utópica.

Tenemos que recordar que las utopías rurales no son nuevas durante la modernidad. Si de hacer una historia de las ideas que anteceden al Buen Vivir se tratara, tendríamos que remitirnos a las utopías europeas del siglo XVIII y XIX en sus versiones de Babeuf, Morelly, Sain-Juist, Fourier y Owen, las cuales fueron proyectos políticos que tuvieron en común el anhelo de volver al antiguo modo de vida rural y la apacible

---

[21] República de Bolivia. Ministerio de Relaciones Exteriores y Cultos. "Los diez mandamientos para salvar el planeta, la humanidad y la vida", p.23.

felicidad agraria (Manuel y Manuel, 1984b). Asimismo otro tipo de utopismo rural en el siglo XIX y principios del XX, fue el anarquismo pacifista de Élisée Reclus o Piotr Kröpotkin, geógrafos que, a diferencia de los marxistas embebidos en la noción del desarrollo de las fuerzas productivas industriales, postulaban la idea del "regreso" a una vida sencilla que sería posible en comunas rurales, entendidas como unidades de producción y consumo en donde cada integrante tomaría del acervo común lo que necesitara, sin atender lo que hubiera producido. O también en el siglo XX, el movimiento de la contracultura retomó el ideal de la vida en el campo de las comunas anarquistas del siglo XIX, para construir una utopía rural a contracorriente del consumismo de la vida urbana.[22]

De manera que la nostalgia bucólica como inspiración de la utopía occidental puede remitirnos al romanticismo europeo del siglo XIX e incluso al XVIII, y no debe sorprendernos que, de nuevo, las utopías estén constituyéndose con base en la idealización de los entornos rurales. Si el desarrollo científico racional nos está arrastrando hacia el abismo, inconscientemente el deseo colectivo de poder aún evitar la autoextinción nos lleva a enraizarnos a la naturaleza y desear ver con ojos paradisiacos un mundo rural del que podemos inspirarnos cuando el pensamiento moderno toca sus límites. No se trata como en la contracultura, de un aislamiento en el campo para criticar el capitalismo del momento. Corresponde a la imaginación de toda una sociedad distinta inspirada en la manera de vivir de los habitantes rurales, como textualmente lo dice la Constitución boliviana: "La economía social y comunitaria" en la que está basada la nueva Carta Política, "comprende los sistemas de producción y reproducción de la vida social, fundados en los principios y visión propios de las naciones y pueblos indígena originario y campesinos".

Esta nueva concepción del Estado boliviano es explicada de la siguiente manera por el vicepresidente García (2010:14-17): "El socialismo comunitario es la expansión de nuestra comunidad agraria con sus formas de vida agraria y privada, trabajo en común, usufructo individual y asociatividad", por eso "Los pilares de nuestro Estado y nuestra economía son las comunidades indígenas campesinas". Enfáticamente García afirma que el Buen Vivir, o como él lo llama, el socialismo comunitario, "será la comunidad agraria a nivel planetario".[23]

---

[22] Chayanov es otro ejemplo del utopismo rural del siglo XX. En 1920 escribió una obra literaria llamada *Viaje de mi hermano Alexis al país de la utopía campesina*, en donde narra la historia de un hombre que después de un profundo sueño despierta en 1984, y para su sorpresa, encuentra que los campesinos han derrocado el comunismo y abolido las ciudades de más de veinte mil habitantes.

[23] Me atrevería a pensar que García Linera, como buen conocedor del marxismo,

Sin duda se trata de una reflexión exagerada, pero nos muestra con claridad como *las utopías en la era de la supervivencia*, por lo menos en Latinoamérica, están constituyéndose como utopías fundamentalmente rurales, es decir, construidas con el criterio de una sociedad distinta –quizá ya no la mejor– pero concebidas a partir de las características de pueblos que viven en el medio rural.

No debe perderse de vista que las fuentes no se restringen a racionalidades indígenas y campesinas, sino a percepciones occidentales de las mismas, que tienen una herencia cultural en los mitos del edén o la Edad de Oro, así como de otras ideas viejas que expondré a continuación. Lo interesante de este examen es la manera en que las utopías contemporáneas están organizándose con base en los enunciados de la autoextinción de la humanidad a consecuencia de los efectos perversos que sobre el ambiente ha ocasionado el capitalismo moderno. En tal contexto los dogmas sobre el progreso y el desarrollo nos parecen cada vez menos ciertos, y las racionalidades de las comunidades rurales aprovechan el momento idóneo para presentarse a sí mismas, como las voces acalladas por siglos que hoy pueden salvarnos de la destrucción a la que nos está conduciendo la sociedad contemporánea.

Son discursos que empiezan a ser escuchados porque se ajustan a las ideas utópicas occidentales del paraíso perdido, pero también –y es lo que enseguida se intentará mostrar– porque sus enunciados están fincados en añejos problemas aún no resueltos, y que podemos rastrear en la historia de otros discursos utópicos durante la modernidad. Ello a su vez, permitirá considerar antiguos debates que esas utopías han tenido que enfrentar, y de los cuales el Buen Vivir nuevamente debe atender.

La utopía y las necesidades persistentes

En esta parte de la discusión, trataré de argumentar cómo el discurso utópico tiene concordancia y puntos de encuentro con algunos otros enunciados planteados en otros momentos de la historia occidental, y que surgen de nuevo reorganizados en la utopía del Buen Vivir.

La imagen más reiterativa en la historia del pensamiento utópico occidental es el ideal de la vida en comunidad. De acuerdo con esta noción que podemos encontrar desde *La República* de Platón, pasando por las utopías literarias del Renacimiento europeo, los diversos

---

está pensando en el comentario realizado por Marx en el *Proyecto de respuesta a la carta a Vera Zasulich*.

proyectos políticos del siglo XVIII y XIX, el marxismo del siglo XX o el anarquismo en cada una de sus vertientes, está patente el anhelo del bien común, es decir, la consecución de una sociedad en donde los recursos no sean privativos de algunos pocos, sino comunes a todo un grupo de personas. Con seguridad la comunidad es la finalidad en la que más ha insistido la utopía, con todas sus variantes, diferentes puntos de vista y medios para acceder a dicho sueño. En efecto, siguiendo la convicción platónica de la vida armoniosa en comunidad, las obras de Moro o Campanella recrearon islas en donde prevalecía la organización comunal, precepto que también orientó las plataformas de acción de las utopías de Babeuf, Deschamps, Saint-Simon, Fourier, Owen, Marx, Proudhon, entre muchas otras. Es claro que el principio del Buen Vivir en el que se plantea la imposibilidad de Vivir Bien si los demás viven mal, es prácticamente una réplica de las antiguas utopías comunales regidas por el criterio "felicidad para todos, porque de lo contrario no habrá verdadera felicidad para nadie".

En el mundo contemporáneo, insistir en este atavismo seguirá siendo absolutamente legítimo, mientras el ingreso económico de las 500 personas más adineradas del planeta sea superior al de las 418 millones más pobres, y en ese sentido, pese a la pérdida de la credibilidad de la idea de la comunidad por el fracaso tan estrepitoso de los ensayos comunistas durante el siglo XX, es necesario y urgente afilar la crítica frente a las ideologías modernas, y continuar imaginando mundos menos injustos e inicuos. La utopía del Buen Vivir retoma no solo un problema no resuelto durante la historia humana, sino una patología estructural del hipercapitalismo contemporáneo manifestado hoy en la abismal inequidad en la distribución de los recursos económicos y en la destrucción de la Madre Tierra. Quizá sea evasión, pero el arma más vigorosa y sugerente sigue siendo el ideal de la comunidad, y lo característico de nuestra utopía es que para imaginar una sociedad comunitaria no emplea el cientificismo positivista –como lo hizo el marxismo ortodoxo–, sino que se basa en comunidades vivas en donde la vida colectiva no es una escuálida ecuación, sino una realidad cotidiana.

Es necesario volver a reflexionar sobre viejos debates como la discusión entre la austeridad y la abundancia, controversia que distintas propuestas utópicas han llevado a cabo, en su empeño por idear medios para la consecución de la esquiva meta de la sociedad comunitaria. Según se ha expuesto, la utopía del Buen Vivir pone el dedo en la llaga al considerar que lo que hoy debe cambiarse es esa forma de vivir, cuyas consecuencias socavan las posibilidades de que la vida en su conjunto siga siendo posible. Por eso el discurso sostiene que debemos reorientar las bases del *ser,* lo cual se consigue recobrando la vida interrelacionada con la naturaleza logrando que nuestras acciones sean compatibles y congruentes con las demás maneras de existencia. El Buen Vivir reclama el regreso a una vida modesta en constante relación con la comunidad –que a diferencia de la concepción antropocéntrica de las utopías predecesoras incluye a otros sujetos naturales– en la que se privilegien las verdaderas necesidades y no aquellas impuestas por la lógica del capitalismo.

En el pensamiento utópico, el rechazo a la vida suntuosa y lujosa ya estaba explícita desde Platón, quien fue el primero en hacer la distinción entre el deseo y la verdadera necesidad de una sociedad ideal. El filósofo griego estaba convencido de que la vida sencilla era el principio que había permitido a las mujeres y a los hombres de la Edad de Oro la consecución de la felicidad y la virtud. Por el contrario, como lo mostraban las otras edades, el crecimiento del lujo y el exceso acaban corrompiendo a las sociedades hasta conducirlas a las guerras más brutales y abyectas. Era menester, pues, que las comunidades practicaran una vida austera pero sin carencias,[24] creencia que luego sería reforzada por la moralidad cristiana (Manuel y Manuel, 1984a). Como se señaló en el segundo capítulo, en las sociedades medievales y, en general, en las sociedades precapitalistas, la codicia y la avaricia nunca fueron vistas con buenos ojos. De hecho, en la *Utopía* de Moro se advertía rotundamente que la raíz de todos los males que aquejaban a la sociedad residía en el frenético deseo de posesión, por lo que no era de extrañar que los habitantes de la isla vivieran felices con estrictamente lo necesario.[25] Esta idea de la austeridad permeó las utopías hasta finales del siglo XVIII, dado que, para sus autores, tener más de lo necesario constituía un serio peligro para la solidaridad de la comunidad, la cual era la base de sus proyectos políticos.

No obstante fue Marx quien criticó a los pensadores utópicos por no considerar las condiciones objetivas, y por fantasear ingenuamente con comunidades armónicas sin tener en cuenta los medios científicos para la instauración de una sociedad poscapitalista. Para Marx en la *Crítica del programa de Gotha* el comunismo solo podría ser posible a partir

---

[24] "Una comunidad que no conozca la pobreza ni la riqueza –escribía Platón en sus *Diálogos*– es sin lugar a dudas la única en la que se puedan desarrollar personas nobles; pues en ella no queda sitio para el crecimiento de la insolencia y la injusticia, ni de las rivalidades o los celos".

[25] "Mientras en otros países no le bastan a un hombre cuatro o cinco trajes de lana de diversos colores y otros tantos de seda –y los más refinados ni siquiera diez–, en Utopía cada cual se contenta con uno solo, y este le dura por lo general años; ningún motivo tienen para desear más, ya que, caso de conseguirlo, ni se encontrarán mejor defendido del frío ni su elegancia se vería aumentada por el vestido en lo más mínimo" (Moro, 1941:85).

del desarrollo de las mismas fuerzas productivas que habían hecho posible al capitalismo:

> En una fase superior de la sociedad comunista... cuando el trabajo no sea solamente un medio de vida, sino la primera necesidad vital; cuando, con el desarrollo de los individuos en todos sus aspectos, crezcan también las fuerzas productivas y corran a chorro lleno los manantiales de la riqueza colectiva, sólo entonces...la sociedad podrá escribir en sus banderas: ¡De cada cual, según sus capacidades; a cada cual según sus necesidades! (Marx, 1968:24).

En contra de la austeridad platónica reinante en las utopías anteriores al siglo XIX, Marx planteaba la abundancia material como el concepto inexorable para cumplir con el anhelado sueño de la comunidad. El raciocinio consistía en que la alienación sería solo superada a partir de la industrialización basada en formas de producción socialistas, hasta que pudiera proporcionarse a cada uno lo necesario de manera independiente de sus capacidades, pues en el futuro, habría una condición de tal abundancia que cada recurso podría repartirse equitativamente entre todos (Riechamann, 2006). El citado pasaje de la *Crítica del programa de Gotha* fue uno de los más importantes referentes del socialismo soviético, dado que para el proyecto comunista era ineludible asegurar primero la abundancia por medio de la industrialización a gran escala, como puede evidenciarse con la siguiente declaración del primer secretario del partido comunista de la URSS, Nikita Jrushchov: "Si afirmamos que estamos introduciendo el comunismo en un momento en el que la copa no está todavía llena, no nos será posible beber de ella según nuestras necesidades" (Gilison, 1975 citado por Manuel y Manuel, 1984b: 368-369).

La abundancia como premisa del marxismo había sido muy cuestionada por el anarquismo desde mediados del siglo XIX. En efecto, los exponentes de esta corriente cuestionaban radicalmente la dictadura del proletariado, y proponían en cambio la agrupación espontánea en comunas de vecinos en donde los valores de la reciprocidad y la solidaridad reinarían en todas la relaciones, sin que nadie estuviera sometido a un dogma previamente formulado (Manuel y Manuel, 1984b). De hecho, un sector anarquista del populismo ruso tuvo una fuerte polémica con los bolcheviques ya que, a diferencia de los marxistas, la corriente proponía la revolución, no para la construcción de un nuevo Estado centralizado y autocrático, sino para la conducción a un sistema de comunas asociadas. Es evidente que los mediadores afectivos que la utopía del Buen Vivir propone para las relaciones económicas, así como la agrupación libre entre comunas, denominada federaciones por el anarquismo, pero que hoy es designado plurinacionalidad, son parte constitutiva de la arqueología del Buen Vivir. Asimismo, tanto el anarquismo como la utopía latinoamericana, en diferentes contextos históricos, pero de manera muy similar, aseguran que no hay necesidad de asegurar la abundancia y la riqueza a manos llenas, porque en una red mutualista de intercambios mutuos los verdaderos requerimientos podrían ser satisfechos favorablemente.

La crítica que hoy pudiera hacerse a la idea de la abundancia, partiría no de aquella que el anarquismo realizó a los bolcheviques desde antes de la Revolución rusa, sino que, paradójicamente, puede ser hecha con los mismos preceptos marxistas relacionados con las contradicciones internas del capital. Recordemos que el principio común entre el capitalismo y el comunismo consiste en la creencia de que para repartir la riqueza, primero debe crearse, porque si no se generara riqueza alguna, no habría qué repartir. El problema de esta certidumbre materialista es que según se expuso en el segundo capítulo, el frenético deseo de producir siempre más y más, termina "...socavando al mismo tiempo las dos fuentes originales de toda riqueza: la tierra y el hombre" como el propio Marx aseguraba en su obra *El capital* (1946:424).

La realidad del mundo contemporáneo parece estar dándole más la razón a este último argumento, que a la tesis que el mismo Marx adujera en la *Crítica del programa de Gotha*. Según se ha dicho, en la actualidad algunos pocos consumen como si existiera planeta y medio, y necesitaremos de dos planetas en el 2030, si se continuara el modo de vida impuesto por la ruta del desarrollo y el progreso moderno. No se trata de las consecuencias originadas por el modo de vida de una población enteramente opulenta, ya que, mientras los pobladores de los países adinerados cuentan con excelentes niveles de vida gracias a la industrialización inserta en el racional de la abundancia, al mismo tiempo la sexta parte de los seres humanos padecen subnutrición y hambre. Por eso, como fue expuesto por primera vez por el Club de Roma en los setenta, en un escenario de escasez global, el crecimiento económico tiene sus límites, y por tanto la abundancia para todos no podrá ser posible, pues para que corrieran "a chorro lleno los manantiales de la riqueza colectiva" –como dice el Marx de *Gotha*–, tendríamos que destruir por completo la naturaleza, lo cual significa autodestruirnos a nosotros mismos.

Si consideramos lo anterior, la idea de la austeridad y la vida sencilla deja de sonar como un capricho insensato. No se trata de volver a las cavernas, o de convertirnos en campesinos, como pretendió el movimiento de la contracultura. El objetivo es que sin desentendernos del mundo que habitamos, podamos Vivir Bien en una comunidad que incluya a *otros sujetos naturales*, para lo cual no hay fórmulas como bien lo prevenía el anarquismo a finales del siglo XIX. De lo que se trata es de entender que no es posible la abundancia propagada por las ideologías del Vivir Mejor contemporáneo, y los discursos hegemónicos desarrollistas. Creo con Platón, que las necesidades materiales son realmente pocas y sencillas, pero lo cuestionable de nuestra era es que esas más elementales necesidades sean un lujo y un sueño imposible de cumplir para millones de personas, lo que acontece simultáneamente al hecho de que algunos pocos se vanaglorien con el crecimiento inusitado de sus fortunas económicas.

La disyuntiva existencial en la cual nuestra sociedad está inmersa, es que la salida para satisfacer las verdaderas necesidades de esta población sumida en la más ingentes y humillantes privaciones, no es aquella que pregona el desarrollo en cualquiera de sus presentaciones, pues la evidencia ambiental nos advierte que la ruta del avance industrial y la concomitante abundancia material, inevitablemente conduce a la escasez global y multidimensional más extrema. De manera que la respuesta de cualquier alternativa utópica que considere este escenario debe fincarse, no en buscar alternativas "de desarrollo", como bien plantea Arturo Escobar, sino en imaginar y construir alternativas "al desarrollo".

El inconveniente es que es un objetivo difícil de cumplir en un mundo donde han imperado las visiones lineales desarrollistas y la población en el corto plazo demanda otro tipo de políticas. En efecto, en la práctica hay profundas contradicciones con el discurso ecologista pregonado. Así por ejemplo, los derechos de la naturaleza, tanto en Ecuador como en Bolivia, son vulnerados por la tendencia a la nacionalización del petróleo, el gas y la minería y, en general, por la propensión de acrecentar una economía nacional extractivista. La política consiste en que el Estado reasuma la "explotación" de sus riquezas naturales –en contravía a la receta privatizadora del Consenso de Washington–, a fin de que sus excedentes sirvan para aumentar la inversión pública en otras necesidades de la población. Sin desconocer la verdad de a puño, que para Vivir Bien es necesario atender muchas otros requerimientos, como la salud o la educación que exigen ingentes inversiones económicas estatales, es muy importante que el movimiento logre que la economía nacional salga del extractivismo y el rentismo, inserto en la lógica de la abundancia, el progreso y la cosificación de la naturaleza, y en cambio se privilegie las economías populares comunitarias. La meta es hacer hincapié en pequeñas economías locales mediadas por los principios de la reciprocidad, la solidaridad, la complementariedad, la diversidad y la compatibilidad con la vida, y no en la gran industrialización y la uniformidad que pretende la modernidad capitalista.

El otro tema en el que me concentraré es aquel relacionado con las utopías en torno al trabajo, el cual ha sido, junto a la comunidad, una de las cuestiones más generalizadas en el pensamiento utópico occidental. El Buen Vivir sigue en este aspecto la crítica marxista a la explotación del ser humano por el humano. La idea según su discurso, es "no aprovecharse del vecino" sino buscar una economía recíproca "en la que todos nos ayudemos sin que nadie se quede atrás".

La pretensión de salvar el trabajo de la maldición bíblica y de su desprecio heredado de las culturas helénica y romana por la cultura occidental, tiene su origen en la obra literaria de Moro y, en general, en la mayoría de las fantasías utópicas modernas. Entre todos los utopistas, fue François Fourier quien llegó a la formulación más elaborada del trabajo, al asociarlo estrechamente con el placer, pues de acuerdo con su detallada elaboración, en sus falansterios el trabajo sería atractivo en la medida en que no estaría relacionado en exclusiva con la necesidad de sobrevivir, sino de manera directa con las pasiones del ser humano. Si bien "Marx se negó a identificar el trabajo con el placer en los términos de Fourier" (Manuel y Manuel, 1984:242b), sí criticó fuertemente la enajenación y la alienación del proletariado por parte de la burguesía. El problema para Marx (1968) consistía en que el trabajo se había convertido en algo ajeno al trabajador, es decir, no en un *fin* para la autoafirmación, sino en un simple *medio* destinado a satisfacer ambiciones extrañas a él.

No puedo encontrar una contradicción más grande entre esta vigente reflexión marxista del capitalismo, y la enajenación hacia el pueblo de los proyectos autocráticos del siglo xx, pues ¿cuál es la diferencia entre ser un esclavo de un burgués y ser un esclavo del Estado? Corresponde a una alienación no solo sin resolver en los sistemas económicos ensayados, sino estructuralmente perpetuada bajo las lógicas de la disciplinarización de los cuerpos y de la naturaleza, fincados en las estructuras simbólicas del Vivir Mejor que reproducen las ideologías modernas. Como señala Marcuse (1983) el problema no es el trabajo en sí mismo, sino el trabajo "robado por otros", la plusvalía del capitalismo y, en ese sentido, la utopía del Buen Vivir se inspira en la noción del trabajo de algunas comunidades originarias andinas, en las cuales está profundamente vinculado a la noción de "criar la vida del mundo" (Medina, 2008). Así pues, la utopía del Buen Vivir desde una perspectiva autóctona, recupera discusiones mucho antes planteadas como la relación entre la noción del placer y el trabajo de Fourier, y la crítica marxista al trabajo enajenado del capitalismo, pero con el nuevo ingrediente de que las acciones realizadas por las manos humanas no violen las congruencias del mundo natural.

Sin desconocer la imposibilidad de que todos y cada uno de los trabajadores puedan contar algún día con una labor enteramente placentera y realizadora, también es cierto que la lógica del desarrollo y el progreso conduce a un extremo totalmente contrario al pregonado por la utopía del Buen Vivir. La promesa de acuerdo con las ideologías del Vivir Mejor es trabajar a doble jornada como esclavos para poder saciar el enfermizo afán de *tener* siempre más y más, y adquirir bienes suntuosos que muy pronto se vuelven obsoletos, y que deben ser remplazados por otros nuevos, en una cadena infinita de desechos materiales. De modo que la discusión de hoy no se restringe a que el trabajo de las personas sea robado por otros, sino al *fin* mismo del trabajo, el cual contribuye a perpetuar la alienación y a destruir la naturaleza. Asimismo a que, como señalamos antes, la crisis contemporánea no es una crisis coyuntural de sobreproducción y subconsumo como aquellas crisis que han aquejado recurrentemente al capitalismo, sino a un fenómeno estructural de escasez global, que incluye escasez de trabajo para una población joven que no logra insertarse dentro del engranaje del sistema.

Por supuesto, no es que el Buen Vivir tenga la fórmula mágica que solucionará de manera milagrosa los históricos problemas no solo sin disipar, sino dramáticamente profundizados en la civilización contemporánea. La meta es que por medio de la crítica a las ideologías del Vivir Mejor, las políticas se concentren en crear trabajo no para producir siempre más y postergar la felicidad en un horizonte que nunca se alcanzará, sino para Vivir Bien en economías del cuidado –de los *otros* cuerpos naturales y humanos– y que nos permitan reconocer la felicidad en el presente. La idea es que luego de cuestionar radicalmente las lógicas de los discursos del desarrollo y del progreso, cambiemos los objetivos, para ir buscando los medios más adecuados a fin de alcanzar los nuevos fines. No hay que perder de vista que el Buen Vivir no puede convertirse en un dogma, por lo que debe tener en cuenta que no se trata de elaborar recetas aplicables para todos, sino de salirnos de los regímenes de producción de verdad modernos en los cuales circularmente nos hallamos encerrados, para que con creatividad cada territorio y cada cultura encuentre sus propios instrumentos.

De otro lado, y en lo que respecta a la genealogía del Buen Vivir, el examen del proyecto político refleja que su discurso no es nuevo en sus enunciados, sino que retoma algunas formulaciones planteadas en diferentes épocas de la historia por la mentalidad utópica occidental. Es así como reviven los anhelos de la vida en comunidad; los valores de la reciprocidad y la solidaridad; el papel de los mismos en las relaciones económicas localizadas; las comunidades autónomas asociadas; la inspiración agraria; la vida sencilla, y los imaginarios en torno al trabajo no enajenado. Estas antiguas enunciaciones vuelven a ser proyectadas hoy, luego del quiebre en la retórica presentado en los noventa, durante la confluencia de los discursos ecologistas apocalípticos apoyados por la autoridad de la ciencia, el hundimiento político del socialismo, la consolidación de los movimientos indígenas y sociales en América Latina y la "etnización" de su discurso. Posterior a este entramado de situaciones, el discurso utópico no solo se nutrió de las culturas originarias del subcontinente, sino que también lo hizo de tradicionales proposiciones del pensamiento utópico occidental. No se trata de un rencauche de conceptos viejos que emergen disfrazados bajo un lenguaje indianista; mejor hay que interpretarlos como enunciaciones que irrumpen redistribuidas de acuerdo con los nuevos campos institucionales, conjunto de acontecimientos, y discursos de finales del siglo XX y comienzos del XXI.

Otro elemento importante dentro del cual la utopía del Buen Vivir se sitúa –y que merece tratamiento aparte–, es la correspondencia de su discurso con el comienzo del cambio paradigmático de la ciencia. Se mostrará cómo, a pesar de que tal transformación empieza a configurarse desde el movimiento romántico del siglo XIX, solo ahora sus enunciados empiezan a hacer parte de los discursos políticos alternativos durante la *era de la supervivencia.*

LA TRANSFORMACIÓN DEL PARADIGMA CIENTÍFICO Y LA UTOPÍA DEL BUEN VIVIR

> *Los procesos políticos no son sino fenómenos biológicos, ¿pero qué político sabe eso?*
>
> Gregory Bateson
> *Pasos hacia una ecología de la mente*

El estudio de la historia del utopismo moderno, enseña que los principios de los discursos han venido siempre de la mano del destino de la ciencia y de las rupturas en sus enunciados teóricos. Si en la Edad Media las plataformas de acción revolucionaria se basaban necesariamente en las profecías bíblicas, en la modernidad, en cambio, ha existido la tendencia a asociar los programas sociales con los fundamentos científicos aceptados. Así, y de acuerdo con Foucault (2010), no existen enunciados libres e independientes; lo que ocurre es que los enunciados se incorporan a juegos discursivos de un orden mucho más extenso. En el caso de la utopía moderna, el campo adyacente dentro del cual el discurso se suele inscribir es el paradigma dominante de la ciencia de su respectivo momento histórico.

Por ejemplo, los contemporáneos Saint-Simon, Fourier y Owen estuvieron por completo influidos por el mecanicismo newtoniano. Todos ellos querían lograr para el mundo social lo que Newton había hecho en el campo de la física. De hecho la prueba de que sus proyectos no eran una fantasía consistía en que sus hallazgos estaban regidos por unas sencillas leyes que podrían ser demostrables científicamente. Gracias a sus modelos, la sociedad funcionaría como un aparato mecánico, lo cual es sustentado por Fourier, quien se consideraba a sí mismo el inventor del "mecanismo social": "Mi teoría es la continuación de la teoría de Newton sobre la atracción –aseguraba–…él explotó solamente la veta material; yo exploto la industrial" (citado por Manuel y Manuel, 1984b: 157). Ciertamente, la mentalidad europea del siglo XVIII y principios del XIX, estuvo por entero acoplada a la máquina física de movimientos lentos ideada por Newton, pues era el referente obligado al que debía remitirse todo proyecto social.

En la segunda mitad del siglo XIX, la publicación del *Origen de las especies* de Darwin le dio casi el mismo prestigio a la biología, en comparación a la forma en que la mecánica newtoniana se lo había dado a la física en el siglo XVIII (Randall, 1952). No es que la idea relativa a la evolución hubiera nacido con Darwin –el primero en formularla fue Lamarck a principios del siglo XIX–, más bien simbolizaba la firme creencia en el progreso y el optimismo frente al futuro característicos de esa centuria. Aunque ya Saint-Simon se había inspirado en el taxónomo Linneo para hacer su sistema de clasificación social, con Darwin la biología se convierte en la fuente de significaciones para los discursos políticos y económicos, y para la naciente sociología positiva. De hecho, fue Augusto Comte el primero en sostener, de manera explícita, que la ciencia de la sociedad debía fundarse en dicha disciplina. De modo que ya no era el universo newtoniano la base a la que se debía remontar todo proyecto social; era la biología la ciencia que daría cimiento seguro a la evolución del "espíritu humano", en su tránsito por la etapa teológica, metafísica y científica de la humanidad.

Desde una posición distinta a la de Comte, también Marx creía que la sociedad evolucionaba, no hacia el positivismo de Comte o el individualismo de Spencer, sino hacia el colectivismo y el socialismo. En concreto, Marx trataba de probar que la lucha económica de las clases sociales antagónicas conduciría de manera inevitable a la sociedad a asumir nuevas formas en los modos de producción, debido a que el proletariado asumiría el poder para servir a sus propios intereses. También el anarquismo de Krópotkin (1989) pretendía darle bases científicas a su doctrina por el lado biológico, pues de acuerdo con sus observaciones, la ayuda mutua era un factor determinante en la evolución natural, con lo cual pretendía refutar las tesis competitivas de los darwinistas sociales. El caso es que en el siglo XIX y, en general, durante casi todo el siglo XX, los enunciados de los discursos utópicos estuvieron fuertemente influidos por las teorías científicas de la biología positiva.

No obstante, es importante tener en cuenta que el positivismo decimonónico no estuvo libre de detractores. Desde finales de siglo XVIII, había comenzado a gestarse la primera gran oposición al mecanicismo cartesiano con el movimiento romántico. En términos generales, el reclamo del romanticismo frente al cientificismo mecanicista, consistía en la apelación según la cual la naturaleza no era una máquina muerta que podía entenderse por la separación de sus partes. Mucho más que eso: la naturaleza era una totalidad viva intrínsecamente interrelacionada. Así, Goethe hablaba de "conocer lo que en lo más íntimo mantiene unido el universo" (1952:54) y de manera tácita rechazaba la idea del reduccionismo al decir que "cada figura no es sino una gradación pautada de un gran y armonioso todo" (citado por Capra, 1998:41). En la misma dirección el poeta alemán Hölderlin (1998:25) escribía: "¡Ser uno con todo lo viviente, volver, en un feliz olvido de sí mismo, al todo de la naturaleza… y todos los pensamientos desaparecen ante la imagen del mundo eternamente uno…!". En realidad se trataba de una visión compartida por los artistas del romanticismo, por la cual la naturaleza era aprehendida como un todo integrado, en franca oposición a la fragmentación imperante en la ciencia moderna.[26]

Con seguridad el movimiento romántico, junto a sus nociones de naturaleza viva e integrada, tuvo una importante ascendencia en algunos científicos del siglo XIX. Especial atención merece el biólogo evolucionista Ernst Haeckel, discípulo de Darwin y lector de Goethe, quien en 1886 introdujo el término "ecología", como palabra derivada del griego *oikos* –casa–, y definida por él mismo como "la ciencia de las relaciones entre el organismo y el mundo exterior que le rodea" (citado por Ca-

---

[26] De hecho los artistas románticos –tanto en literatura, música y pintura– profetizaron la crisis ambiental que padecería una cultura basada en la explotación y no en el cuidado (Noguera, 2004). Un buen ejemplo de ello lo podemos encontrar en una descripción que hizo Edvar Munch del origen de su famosa obra *El grito*: "Caminaba yo con dos amigos por la carretera, entonces se puso el sol; de repente el cielo se volvió rojo como la sangre. Me detuve, me apoyé en la valla, indeciblemente cansado. Lenguas de fuego y sangre se extendían sobre el fiordo negro azulado. Mis amigos siguieron caminando, mientras yo me quedaba atrás temblando de miedo, y sentí el grito enorme, infinito, de la naturaleza".

pra, 1998: 52). La ecología, a diferencia de la escisión y fragmentación del método de Descartes (2008), nació como una ciencia relacional, es decir, no fincada en el axioma "dividir para conocer", sino concentrada en las relaciones que vinculan a todos los miembros de la naturaleza. En el mismo sentido, a principios del siglo xx, los biólogos organicistas acuñaron el concepto de "sistema", para referirse al hecho de que las propiedades esenciales de un organismo vivo "son propiedades del todo que ninguna de las partes posee" (Capra, 1998: 48), con lo cual se estaba gestando una nueva manera de comprender la biología, en la que más allá de las comunes explicaciones físico-químicas, la complejidad de la vida se debería entender en términos de conexiones, interacciones y relaciones entre las partes.

También la física de los primeros años del siglo xx concibió que los componentes de la materia y sus fenómenos no tienen sentido si se explican aisladamente, y que por el contrario, los mismos deben pensarse en complejas interacciones. En palabras del físico cuántico Niels Bohr (1934): "las partículas materiales aisladas son abstracciones, y sus propiedades son definibles y observables solo a través de su interacción con otros sistemas". Werner Heisenberg, por su parte, así explicaba la visión que había traído la nueva física: "el mundo aparece... como un complicado tejido de acontecimientos, en el cual las relaciones de diferentes especies se alternan, o se superponen y se combinan, determinando de este modo la textura de la totalidad" (citado por Capra, 2007:187 y 190). En todo caso, el cambio paradigmático que se había empezado a conformar en la ciencia consistía en la transformación del antiguo análisis de partes aisladas, a la interpretación de lazos, conexiones y contextos dentro de un todo integrado.

Para los propósitos de esta genealogía, es claro que los enunciados en torno al pensamiento de la totalidad, y las interrelaciones complejas, no habían tenido la influencia en los discursos utópicos de la primera mitad del siglo xx, de la misma forma que las rupturas en los enunciados teóricos de la ciencia natural, habían afectado a los utopistas de los siglos xviii y xix. A ese respecto, es necesario recordar que el enfoque holístico no fue una revolución paradigmática que haya permeado el conjunto de la ciencia. Según subraya Thomas Kuhn (2006), si bien un cambio de este tipo resulta revolucionario para los miembros de una especialidad particular, no necesariamente deberá extenderse al resto de las disciplinas –o por lo menos no en ese momento histórico–. Por eso, aunque la ecología, el pensamiento de sistemas o la física cuántica transformaran la disyunción y la compartimentación cartesiana, por un enfoque de entidades ligadas a un todo funcional, el paradigma dominante de las ciencias naturales continuó siendo el reduccionismo cartesiano y la separación, como lo demuestra el auge que tuvo la bioquímica y, en general, la hiperespecialización de los saberes durante todo el siglo anterior.

Sin embargo, es necesario tener en cuenta que, pese a la hegemonía que aún sigue teniendo la ciencia moderna reduccionista, en la segunda mitad del siglo xx, el paradigma científico de las redes de relaciones empezó abarcar campos cada vez más amplios. Ejemplo de ello es la cibernética de primer y segundo orden, la neurobiología, la autoorganización de los seres vivos, las estructuras disipativas o las matemáticas de la complejidad.[27] Pero tal vez uno de los acontecimientos más importantes de la ciencia, que influiría en los enunciados de los discursos utópicos contemporáneos, fue la famosa foto tomada a la esfera terrestre durante el último viaje a la luna en 1972, la cual incidió en el imaginario de la población mundial cuando se pudo percibir, por vez primera, el planeta Tierra "como un todo integrado" (Capra, 1998:118). En efecto, la fotografía que mostraba una "solitaria mota de polvo en la gran envoltura de la oscuridad cósmica", según la bella expresión de Carl Sagan (2003:15), rápidamente se convirtió en el símbolo más poderoso para los nacientes movimientos ecologistas, y en el pretexto más importante para que, en adelante, no resultara descabellado hablar de la Tierra como un sistema vivo, autorregulado e interrelacionado, según la aceptada teoría de Gaia propuesta por Lovelock y Margulis.

El hecho que se destaca es que el cruce de esos enunciados y acontecimientos científicos con las evidencias en torno a la creciente crisis ambiental, fue determinante para la posterior emergencia de discursos como los del Buen Vivir. En efecto, desde los años setenta, e incluso desde finales de los sesenta, la disciplina de la ecología comenzó a transcender las discusiones biológicas para convertirse en referente de los discursos políticos. Esto quiere decir que en divergencia con el fraccionamiento del mecanicismo, poco a poco se fue proponiendo una interpretación holística de la sociedad, pues, en correspondencia con el nuevo paradigma que estaba adquiriendo importancia en las ciencias naturales y exactas, las ciencias sociales optaron por entender su campo de estudio en términos de interrelaciones, interdependencias y retroalimentaciones. Ejemplos de ello son la ecología profunda de Arne Naess, el ecosocialismo de James O'Connor y Michael Löwy, el ecoanarquismo de Murray Bookchin o el pensamiento complejo de Edgar Morin. En palabras de Enrique Leff (2003:6): "la ecología se fue haciendo política y la política se fue ecologizando" en la medida en que aumentaba la evidencia científica de los impactos sobre la naturaleza de origen antropogénico.

---

[27] Para un examen detallado e integral de todas estas perspectivas científicas véase Capra (1998).

Paulatinamente la ecología se fue convirtiendo en el paradigma al cual remitirse, y en tal sentido las palabras "equilibrio o armonía" –tan recurrentes en el discurso utópico del Buen Vivir–, fueron situándose en un campo enunciativo que había surgido décadas atrás, en el seno de las discusiones académicas, cuando una corriente de las ciencias sociales empezó a nutrir su discurso del enfoque sistémico de la biología. Los juegos del lenguaje de la utopía del Buen Vivir están necesariamente inscritos en la vanguardia de una revolución paradigmática de la ciencia –como asegura Capra (1998)–, la cual consiste en el paso de una concepción mecanicista del mundo a una ecológica, con profundas implicaciones para los enunciados de los nuevos movimientos sociopolíticos. Lo anterior no ocurre porque subordinadamente el discurso asuma los postulados de la ciencia para hacer sus elaboraciones retóricas, sino más bien porque las sabidurías de muchos pueblos empiezan a ser congruentes con las teorías científicas aceptadas.

Hay que recordar que la modernidad se ha caracterizado por el imperio de la razón y el rechazo a cualquier autoridad metafísica, por lo que cualquier forma de saber que no pueda ser validada por criterios científicos, es excluida de los enunciados del régimen de verdad. Por eso uno de los objetivos de la modernización en Latinoamérica, África y Asia, a partir de la posguerra, consistió en acabar las "creencias y supersticiones acientíficas" de las culturas no occidentales, puesto que, según el criterio dominante, constituían un obstáculo para las teleologías del desarrollo al que deberían dirigirse irremediablemente todas las naciones del orbe.[28] Pero si el paradigma de la ciencia, poco a poco se va aproximando a las ideas de que la "Tierra se comporta como un sistema único y autorregulado" –como fue escrito en una declaración firmada por mil de los más importantes científicos que estudian el calentamiento global–; que el planeta es un organismo vivo e "integral formado por partes animadas e inanimadas" (Lovelock, 2007:38); que la Tierra tanto química como térmicamente se ha mantenido por un tercio de la existencia del universo en equilibrio dinámico, y que la reciprocidad cooperativa entre microorganismos ha sido el factor más importante de la evolución de los organismos superiores (Margulis y Sagan, 1997), no resulta extraño que los conocimientos de muchos pueblos del mundo no sean, al fin y al cabo, tan "acientíficos" como anteriormente el discurso moderno creía.

[28] La siguiente cita de Fukuyama (2011) es un buen ejemplo del raciocinio de este tipo de discurso: "La universalidad es igualmente posible... porque la fuerza primordial en la historia humana y la política mundial no es la pluralidad de culturas, sino el avance general de la modernización, cuyas expresiones institucionales son la democracia liberal y la economía de mercado".

En tal escenario, las racionalidades de algunas culturas que tradicionalmente habían sido despreciadas por el Occidente hegemónico, comienzan a emerger con un estatuto dado por el inicio de una transformación paradigmática de la ciencia que incluye campos del saber cada vez más disimiles. El punto en este apartado es que el discurso utópico del Buen Vivir obedece a unas reglas de formación de ciertos enunciados, los cuales han adquirido toda la autoridad para ser pronunciados en el campo político, gracias al giro epistémico de la ciencia no mecanicista. No podemos olvidar que los símbolos culturales de la modernidad están totalmente acoplados a la escisión platónica y cartesiana, y no a la relacionalidad de todas las cosas, como sí ocurre con los símbolos de algunas culturas orientales, africanas y amerindias. Por eso resulta coherente que los discursos utópicos contemporáneos sean abanderados por los movimientos sociales que reclaman su condición étnica, en cuanto sus culturas entran en correspondencia con el cambio de percepción de la realidad que ha venido creciendo en el discurso científico.

Con seguridad esta es una de las razones que podrían explicar porqué ha venido disminuyendo su habitual menosprecio, hasta el punto de convertirse en fuente de autoridad para respaldar utopías políticas. No cabe duda de que el cambio de percepción en ocasiones resulta desproporcionado, pero quizá ello deba entenderse como una respuesta frente a la imposibilidad de encontrar muchas de las significaciones necesarias para comprender el mundo contemporáneo en la cultura occidental moderna.

Por supuesto que lo anterior es un asunto que no se restringe a nuestro tiempo. El agotamiento de la cultura occidental para encontrar los conceptos necesarios para entender un mundo alejado del mecanicismo, se remonta a la física de comienzos del siglo XX. Por citar solo un ejemplo, Albert Einstein (1984:46) en su autobiografía describía así la ausencia de categorías para explicar los nuevos saberes aportados por sus descubrimientos:

> Todos los intentos que hice para adaptar el fundamento teórico de la física a este conocimiento fracasaron rotundamente. Fue como si el suelo desapareciese bajo los pies, sin que pareciera haber por ningún lado unos cimientos firmes sobre los que se pudiera edificar.

En realidad, esta experiencia sentida por Einstein con respecto a la ciencia positiva, correspondía a la expresión de una crisis cultural mucho más amplia, como fue claramente dilucidado por Edmund Husserl (1984:18), en un ciclo de conferencias escritas entre 1934 y 1937:

"... la crisis de la filosofía significa la crisis de todas las ciencias modernas como miembros de la universalidad filosófica..." aseguraba Husserl al referirse a las ciencias dependientes de la filosofía de Descartes. "Una crisis primero latente pero luego cada vez más manifiesta como crisis de la humanidad europea... en toda la significación de su vida cultural".

De modo que el interés por las culturas *otras* nos remite a esta crisis cultural de Occidente, manifestada en las dificultades que el reduccionismo moderno estaba afrontando, para explicar los nuevos problemas y descubrimientos que la ciencia había traído en la primera parte del siglo xx. De hecho, muchos filósofos y científicos occidentales buscaron en el misticismo oriental la fuente de conceptos que no podían encontrar en su propia cultura,[29] lo cual, como ya había argumentado Husserl (1948:9), evidenciaba "la crisis de las ciencias como expresión de la radical crisis vital de la humanidad europea".

En tal escenario, las sabidurías y religiones de culturas no occidentales gradualmente empezaron a ser campo de un particular interés, como lo muestra la influencia que las filosofías de Oriente, y las racionalidades de los indígenas norteamericanos, tuvieron en los discursos y prácticas del movimiento de la contracultura de la generación del 68. Asimismo, en una línea muy similar, a mediados de los ochenta, los filósofos de la corriente posmoderna cuestionaron las interpretaciones englobantes del mundo y abogaron por la necesidad de hacer un encuentro intercultural.

Se mencionan estos acontecimientos solo para indicar que el cansancio de la cultura occidental moderna había estado expresándose durante más de un siglo en diversas áreas, incluida la ciencia, y que durante muchos años se había estado abonando el terreno para que *otras* culturas empezaran a ser reconocidas de manera diferente. Por supuesto que el racismo y el etnocentrismo están muy lejos de acabarse, pero no hay duda de que el reconocimiento de racionalidades no occidentales es un fenómeno que ha venido incrementándose durante un largo periodo. En cualquier circunstancia, discursos utópicos como el del Buen Vivir están incorporados a un régimen de verdad alternativo que no ha surgido esporádicamente, sino que ha estado conformándose durante un extenso lapso, y creo que es comprensible, que la transformación paradigmática de la ciencia ha tenido sobre ese régimen un papel fundamental.

---

[29] En la filosofía un buen ejemplo del acercamiento de los pensadores europeos a la sabiduría oriental es el de Martin Heidegger. Para una descripción detallada al respecto véase Saviani (2004). En lo concerniente a los científicos y el paralelismo de la física cuántica y oriente revísese Capra (2007).

La genealogía presentada en este capítulo ha sido un ejercicio para mostrar cómo la elaboración del conjunto de enunciados de la utopía del Buen Vivir no es un hecho coyuntural que responda a un discurso enumerado por unos sujetos particulares ubicados en una posición de poder privilegiada. Es, en cambio, parte de una formación enunciativa que ha venido imponiéndose a los discursos de esos sujetos. El Buen Vivir se circunscribe a un agregado de acontecimientos históricos, razón por la cual la utopía no debe entenderse exclusivamente al interior ni de sí misma, ni de los lugares específicos en donde irrumpe, sino como parte integrante de unas formaciones discursivas de un orden mucho más grande.

La ineludible dificultad que se experimenta al formular esta genealogía es la escasa distancia histórica con respecto a su surgimiento. No obstante, considero que la información que hoy tenemos a mano nos permite pensar que el lenguaje de los nuevos discursos utópicos se está conformando con unos enunciados muy similares a los del Buen Vivir. En otros términos: el hecho de que este trabajo pueda hablar de lo que está hablando no puede explicarse por la voluntad de las personas que pusieron unas palabras de origen indígena en las constituciones de dos países, y de la libre elección de quien escribe estas líneas; es, por el contrario, un lenguaje de época que a los contemporáneos de comienzos de siglo xxi se nos impone. Si bien es siempre riesgoso hacer augurios sobre el futuro, la arqueología presentada da algunas bases para creer que, por lo menos en un tiempo cercano, las utopías se acercarán cada vez más a discursos como los del Buen Vivir.

Justamente, y como continuación de la genealogía presentada, en el próximo capítulo se profundizará esta última hipótesis y se abordarán algunas otras discusiones relacionadas con la emergencia de la nuevas utopías en el contexto de la globalización contemporánea.

5. GLOBALIZACIÓN Y UTOPÍAS DEL LUGAR

Solo cuando una cosa llega a su límite,
puede conocer el retorno.

Lie Zi
El libro de la perfecta vacuidad

El interés de este trabajo no es apologizar la utopía, como si se tratara de la gran receta englobante que solucionará de tajo los graves problemas de la sociedad contemporánea. Por el contrario, hay que tener siempre presente la posibilidad de que el Buen Vivir pueda fracasar. Si algo enseña la historia, es que las propuestas novedosas suelen ser coaptadas por aquellas ideologías de las cuales se quieren diferenciar. De hecho, no resultaría extraño que, en algunos años, ciertas organizaciones multilaterales, como el Banco Mundial, incorporen el Buen Vivir en su agenda, con toda la batería de indicadores necesarios para medir su implantación y sus avances prácticos. Indudablemente el Buen Vivir podría subsumirse dentro de las ideologías moderno-capitalistas, y terminar reducido a un sinónimo más del concepto del "desarrollo".

Es necesario considerar la posibilidad de que el surgimiento entusiasta de estas iniciativas, pueda finalizar en decepciones y desengaños. Incluso no sería raro que estos procesos esperanzadores desaparezcan burocratizados y petrificados. Sin embargo, más allá de las discusiones sobre la viabilidad del proyecto político, considero que el estudio de caso del Buen Vivir resulta útil para ejemplificar los relatos, aspiraciones, y configuraciones discursivas de las *utopías en la era de la supervivencia*. Finalmente, el objetivo no consiste en esclarecer el futuro, ni hacer premoniciones sobre su éxito o su fracaso, sino interpretar en términos sociológicos las formulaciones de las utopías de nuestra época, mediante el estudio de una propuesta política concreta.

Justamente, el propósito de este capítulo es explicar cómo opera el orden de un discurso como este en el contexto de la globalización contemporánea. La idea es describir la forma en que dicha utopía se ubica en los debates de hoy y mostrar las combinaciones enunciativas que se han enclavado en los discursos que defienden este tipo de iniciativas. Como se sugirió al culminar el anterior capítulo, la utopía del Buen Vivir no es el resultado de una supraconsciencia omnisapiente que por un acto de iluminación haya introducido al debate social un concepto novedoso. Es, en cambio, el producto de una época que responde a un sinnúmero de sucesos que le preceden, y que se sitúa, de alguna manera, en un contexto específico cuyas características generales se están intentando elucidar.

Esta última parte del trabajo se divide en tres secciones: la primera, versa sobre las transformaciones en la temporalidad y la espacialidad durante la globalización contemporánea y sus incidencias en las formaciones enunciativas de los nuevos discursos utópicos; la segunda, sobre la manera en la que se ubican las utopías en el contexto de la crisis del capitalismo y la crisis del discurso del "desarrollo", y la tercera, está dedicada a los debates que el Buen Vivir enfrenta, debido a las interpelaciones que recientemente se han hecho por parte de algunos de sus críticos, y también al campo global de poder dentro del cual tiene que emerger.

El recorte del futuro y la revalorización del "lugar"

En el capítulo anterior se argumentó la manera en que los acontecimientos ocurridos entre finales de los ochenta y principios de los noventa, fueron determinantes para que, posteriormente, fuera posible el nacimiento de la utopía del Buen Vivir. Haciendo uso de la arqueología foucaultiana, se defendió la idea de que ese lapso constituía el punto de quiebre, el periodo crucial, durante el cual comenzaron a entrecruzarse algunos sucesos y enunciaciones. Asimismo, se aseguró que la formación de ese haz complejo de relaciones había sido el evento definitivo para el surgimiento del discurso algún tiempo después.

Para comenzar esta sección se retomará esa hipótesis, afirmando que una de esas enunciaciones clave fue el concepto de la "sostenibilidad", cuya aparición se remonta a 1987, cuando la Organización de las Naciones Unidas, en cabeza de la noruega Gro Harlem Brundtland, publicó el famoso informe titulado *Nuestro destino común*. El concepto se convirtió con rapidez en parte constitutiva del régimen de verdad del discurso del desarrollo; en especial a partir de 1992, cuando fue plenamente institucionalizado en la Conferencia de las Naciones Unidas sobre el

Medio Ambiente y el Desarrollo, celebrada en Rio de Janeiro. Después de esa reunión, la "sostenibilidad" no solo se convirtió en una noción vinculante, y una realidad indiscutible en la retórica política, sino que también empezó a ser parte de las certezas del imaginario social.

El punto a resaltar está relacionado con la temporalidad implícita en dicho concepto. La "sostenibilidad" revela el temor por el carácter finito del desarrollo, a consecuencia de la degradación ambiental. Por supuesto, su interés no es tanto permitir la sostenibilidad de la vida, sino hacer sostenible el crecimiento económico. En términos muy generales, la ideología pretende conciliar los objetivos del capitalismo y la conservación ambiental, pues considera que la destrucción de la naturaleza es el mayor obstáculo para el crecimiento de las economías mundiales. Palabras más, palabras menos, la meta de la "sostenibilidad" no es otra que la de tornar infinito el desarrollo.

Más allá de los legítimos cuestionamientos que puedan hacérsele al conjunto de discursos y prácticas en torno a dicha concepción, resulta interesante la significación temporal que le subyace. Como se ha repetido, la idea del progreso se construyó sobre la imagen de un porvenir optimista, sin límites e infinito, y la creencia de que el avance de la humanidad tenía una dirección segura y bien definida. Sin embargo, cuando el discurso acepta que el desarrollo en curso podría llegar a ser insostenible, se está revelando la pérdida de confianza en las luces del futuro. Hay que repetir una vez más que el objetivo de la "sostenibilidad" es reencauzar el desarrollo para volverlo perdurable, pero el solo hecho de consentir que existan probabilidades de que no pueda llegar a serlo, es una muestra de que el futuro ya no es el infinito concebido durante siglos por la cultura occidental moderna. Por el contrario, es una muestra de que el futuro en la percepción del imaginario social, de alguna manera, se ha vuelto escaso.

Lo anterior tiene una importancia singular para comprender mejor las utopías contemporáneas, porque hoy existe, por decir lo menos, una cierta incredulidad de aquel convencimiento según el cual el cambio hacia lo mejor se acelera y, en tal sentido, ya no debería apresurarse el progreso, porque el futuro se pronostica como si fuera un abismo. De manera que si el horizonte se ha vuelto problemático, no tendría que haber interés de expandir el futuro; al revés: se hace imperante la necesidad de recortarlo, volverlo objeto de cuidado.

Precisamente es aquí donde podemos encontrar la tensión entre la ideología de la "sostenibilidad" y la utopía del Buen Vivir. Mientras la razón sostenible procura cuidar el futuro del capitalismo al frenar la devastación ecológica, la utopía reclama que lo que debe cuidarse es la reproducción de la vida, objetivo que, en las actuales circunstancias, solo puede conseguirse con la jubilación del capitalismo. En cualquier caso, los impactos ambientales globales de los que nos hemos hechos conscientes, gracias a la misma globalización (Harvey, 2003), han generado una serie de discursos políticos que muestran, de modos diversos, un cambio en la percepción del tiempo. Sin lugar a dudas, es un asunto de época, que avizora la crisis en la que se encuentra la concepción temporal infinita y orientada hacia el futuro de la sociedad occidental moderna.

El recorte de las expectativas ha tenido además profundas implicaciones sobre la percepción de las otras dos dimensiones de la temporalidad. Como advierte Ricoeur (1995b) la creencia en la aceleración del futuro, contribuyó a restringir el "espacio de experiencia",[1] pues el presente quedó reducido a un instante fugaz entre lo que "ya no es" y lo que "todavía no es". En tales circunstancias, el presente se estrechó hasta el punto de convertirse en una multiplicidad de *ahoras* que pasan y desaparecen, con lo cual el pasado quedó abandonado en las tinieblas del olvido, mientras que el futuro se expandió a un destino cada vez más lejano. Esta concepción lineal, irreversible e infinita del tiempo produjo la pérdida de todo anclaje en la experiencia, pues la historia "por hacer" –una de las ideas fundadoras de la Edad Moderna–, se enfocó por completo en la búsqueda de las novedades que residen en los confines del progreso.

Sin embargo, si el futuro se ha acortado, un efecto inverso a la visión lineal del tiempo podría estar ocurriendo. Me estoy refiriendo a que se esté tomando consciencia de la necesidad de dilatar el presente. No estoy diciendo que la temporalidad orientada hacia el futuro se haya acabado, pero sí que la crisis de dicha concepción está generando un reclamo cada vez mayor a ese "espacio de experiencia" sustraído durante la modernidad.

Precisamente, las *utopías en la era de la supervivencia* se están diferenciando de sus predecesoras en que no pincelan un futuro ideal que habría que inventar. Es decir, no intentan fijar sus sueños en un cuadro estático a partir de "lo que no es", pero "podría ser", como ocurrió con el marxismo y las demás utopías antecesoras. De manera distinta, las utopías de hoy apelan a que sea reconocida la "experiencia viva", por siglos mantenida invisible, e incluso despreciada, por el mundo occidental. En términos temporales lo anterior significa que la opacidad del futuro ha contribuido a la ampliación del presente, lo cual puede corroborarse, por el rechazo a un utopismo de escritorio, y a la revalorización de las filosofías, economías o prácticas productivas vivas de ciertas comuni-

---

[1] La expresión "espacio de experiencia" es tomada de la obra del historiador alemán Reinhart Koselleck.

dades, en particular de aquellas que Boaventura de Sousa Santos (2009) ha denominado pertenecientes al Sur mundial.

Asimismo, la expansión del presente tuvo consecuencias de suma importancia para la defensa de los lugares. Como se ha dicho, la experiencia no acontece en abstracto, sino que es vivida desde un espacio determinado, razón por la cual el recorte del futuro no solo tuvo incidencia en la temporalidad, sino también en "el lugar" –entendido como la indisoluble relación entre naturaleza y cultura–. Aunque a la luz de todo lo antes dicho, parezca sorprendente concebir la ausencia del "aquí" en la reflexión del mundo, en realidad la displicencia por los lugares ha sido un atributo esencial de la condición moderna, y el aspecto más ignorado en la mayoría de las discusiones filosóficas europeas.[2] De hecho, en las teorías sobre la globalización, "lo local" ha sido borrado discursivamente, como lo demuestra el énfasis de conceptos en torno a lo "global", en detrimento de las historias, prácticas y conocimientos de las culturas arraigadas en espacios específicos (Escobar, 2005; 2000).

Pese a este discurso "globalizador", "lo local" es el atributo que parece ser defendido cada vez más por los movimientos sociales durante la *era de la supervivencia*. Se trata de ese "lugar" concreto que había sido disipado durante el auge del neoliberalismo en Latinoamérica. En efecto, la economía de libre mercado y la fiel aplicación de los preceptos del Consenso de Washington –hechos que también iniciaron entre finales de los ochenta y principios de los noventa–, favorecieron la doctrina del "desarrollo" mediante la inserción de las economías nacionales a la economía globalizada. El neoliberalismo, entre muchas otras cosas, predicaba dejar de producir todo aquello que fuera "incorrecto" desde el punto de vista del mercado, mientras se estimulaba los productos que tuvieran una mayor "ventaja competitiva" en el escenario mundial. Las prácticas y políticas asociadas con ese discurso produjeron un desdibujamiento de "lo local" y, con ello, un embate frontal a las culturas que habitan en territorios localizados.

Como era de esperarse, la reacción de los movimientos sociales frente al paquete de reformas estructurales no se hizo esperar. Si lo que estaba en juego no solo era el destino de los países como un todo, sino la vida cotidiana de comunidades concretas, ancladas a lugares específicos, era previsible que las luchas sociales se enmarcaran, justamente, en la defensa de sus territorios.

Una muestra bastante simbólica de este fenómeno fue la aparición pública del EZLN el día que oficialmente entraba en vigor el Tratado

---

[2] Como pregunta Michel Serres (1990:12) aludiendo a Hegel "¿Acaso dice alguien donde se enfrentan el amo y el esclavo?".

de Libre Comercio entre México, Estados Unidos y Canadá. La insurrección, entre otros aspectos, buscaba reivindicaciones basadas en la localidad, el arraigo y el respeto y dignidad asociados a su historia cultural. Innegablemente, fue el acontecimiento más conocido a escala mundial, aunque el rechazo al neoliberalismo por parte de los pueblos originarios no se restringió de ninguna manera a los zapatistas chiapanecos. Por citar solo un caso, los movimientos indígenas colombianos protagonizaron un importante papel en el rechazo del Tratado de Libre Comercio de la Américas (ALCA), suceso que se repitió en diferentes países de Latinoamérica. En realidad, podría afirmarse que estas protestas, en contra de las políticas neoliberales, tenían como telón de fondo la defensa del territorio, como el "lugar" de producción de cultura (Escobar, 2010).

La anterior afirmación podría ejemplificarse con las distintas luchas de diferentes pueblos indígenas del continente por su autonomía y autodeterminación; de la defensa de los territorios comunales por parte de los afrodescendientes colombianos amenazados por la violencia armada y los macro proyectos agroindustriales; de los movimientos por el acceso a la tierra –el MST en Brasil o el Movimiento de las Mujeres Agropecuarias en Lucha de Argentina,[3] por mencionar dos de los casos de más envergadura–; de las múltiples movilizaciones campesinas en contra de las presas hidroeléctricas, la gran minería, o la extranjerización de la tierra, cuyo desarrollo implica el desplazamiento de sus comunidades y la contaminación ambiental del territorio habitado, o en general, mediante las múltiples manifestaciones de los pobladores rurales que se han configurado durante la últimos 25 años en América Latina.

Podría asegurarse que las contradicciones del neoliberalismo, como una fase particularmente cruel del capitalismo, terminaron por reforzar las luchas sociales por la defensa del territorio. Sin embargo, es importante aclarar que mucho más que una contradicción socioeconómica, la tensión aquí reside entre dos formas distintas de percibir el mundo. Mientras que para el capitalismo liberal, la tierra es un espacio homogéneo, continuo, neutro y profano, susceptible de explotación y acumulación, para los campesinos, indígenas y afrodescendientes, el territorio defendido no es equiparable al resto de los lugares. Es el "aquí" desde el cual han construido "su mundo". Es tierra trascendente, que ha sido consagrada por medio del trabajo. Es morada sagrada, donde se asienta la historia, la identidad y la cultura heredada (Giraldo, 2013).

Si lo anterior se comprende, podría deducirse que durante la imbri-

---

[3] Una descripción del movimiento puede verse en Giarraca (2001).

cación de movilizaciones alrededor de la tierra como respuesta al capitalismo hegemónico, no solo se hicieron latentes las injusticias del modelo económico, sino también la crisis de los presupuestos culturales impuestos en el continente desde la época de la conquista. De hecho, la clave para entender estos movimientos es la diferencia ontológica y epistémica de estas culturas, con respecto a los discursos, prácticas e instituciones fundadas en las sociedades europeas. Particularmente, me refiero a las complejas interacciones entre naturaleza y sociedad de las primeras, frente a la disociación de dicha relación en las segundas.

En todo caso, así puede quedar claro que frente a la lógica de los "recursos naturales" los movimientos antepongan a la *Pachamama*. Que a contrapelo del "desarrollo" practicado durante los últimos sesenta años, las comunidades hablen hoy del Buen Vivir. En lugar del individualismo y de las instituciones construidas alrededor de los derechos del sujeto, se haga hincapié en la comunidad, en los derechos colectivos,[4] y en los derechos de la naturaleza. Que en contravía de la tierra como recurso productivo, los campesinos e indígenas la defiendan como la fuente del sentido de su vida, de su identidad y de su cultura. Y en vez del Estado-nación, se predique la plurinacionalidad y la multiculturalidad, y con ellas, la autonomía y la autodeterminación. Indudablemente, la ampliación del "espacio de experiencia", puede mostrarse mediante la incidencia que muchas culturas locales en Latinoamérica están registrando en la reconfiguración de "lo político".

En suma, la aparición de estos procesos debería ser entendida como resultado de una doble crisis: la crisis del modelo neoliberal de las últimas tres décadas y la crisis de un proyecto que trajo la modernidad al continente desde la época de la conquista (Escobar, 2010). En este segundo aspecto, debería recordarse que los movimientos indígenas se remontan a las dinámicas de resistencia frente a la colonización europea; los movimientos afrodescendientes, a las luchas antiesclavistas que libraron los ancestros de la diáspora africana, y los movimientos campesinos, a la inequidad de la repartición de la tierra durante la colonia y a las especificidades que en cada país ocurrieron luego de las emancipaciones independistas. De este modo podemos entender que el neoliberalismo solo fue la antesala para hacer manifiesta una crisis mucho más estructural y añeja: la crisis de la colonialidad, la cual irrumpe hoy en las propuestas políticas decoloniales de los movimientos sociales.

En resumen, el argumento en esta primera parte podría resumirse

[4] Es conocida la defensa de los derechos de las comunidades indígenas y afrodescendientes, establecidas ya en muchas constituciones nacionales en América Latina. No obstante, el movimiento campesino hoy también se moviliza por su reconocimiento como sujeto colectivo de derechos.

de la siguiente manera: las *utopías en la era de la supervivencia* están inscritas en el recorte del futuro que caracteriza nuestra época, lo cual necesariamente implica la pérdida de confianza en la dirección y destino que la modernidad occidental le había atribuido a la historia, la sociedad y la naturaleza. Dos consecuencias resultan de este proceso. La primera, siguiendo a Santos (2009), es que el carácter limitado del futuro ha propiciado la necesidad de su cuidado, lo cual podría confirmarse, por ejemplo, en la búsqueda de las "economías del cuidado" o "buen trato", perseguidas por el Buen Vivir. Del mismo modo, la escasez del futuro podría estar ayudando a dilatar el presente, hecho que tiene profundas implicaciones en la revalorización de la "experiencia viva" de muchas comunidades, así como en el acrecentamiento de la defensa "del lugar" que puede apreciarse en el sinnúmero de movimientos sociopolíticos a lo largo y ancho del continente.

La segunda consecuencia tiene que ver con el cambio en la percepción del pasado. Si la concepción lineal del tiempo había dejado *lo sido* en la zaga, el recorte del futuro está haciendo que las utopías se construyan a partir de un pasado vivo. Es un retorno a la tradición que está permitiendo que las comunidades se gesten a partir de la herencia de sus propias culturas. No es, por supuesto, un tema nacionalista, como el que propició el fascismo alemán, sino más bien la conciencia creciente de que las culturas híbridas del siglo XXI construyan su presente a partir de las potencialidades asfixiadas por todos los siglos de dominación cultural.

En la siguiente sección se continuará interpretando el fenómeno desde otra perspectiva: la utopía en el contexto de la crisis económica global.

La crisis del capitalismo mundial y las alternativas de la experiencia

> *Lo que es, solo puede ser comprendido cuando la mente esté completamente libre del ideal, de la idea de progreso a través del tiempo.*
>
> Jiddu Krishnamurti
> *La crisis del hombre*

Robert Brenner (1999; 2009) ha documentado empíricamente la manera en que el capitalismo, a partir de 1973, ha experimentado un problema crónico de acumulación. Según sus análisis, todos los indicadores económicos de las principales potencias económicas –crecimiento, inversión, empleo, salarios– han ido deteriorándose durante los últimos cuarenta años. Este largo declive, de acuerdo con el autor, podría explicarse por la caída de la rentabilidad, debido principalmente a una tendencia crónica de sobreacumulación en el sector manufacturero industrial, hecho que se ajustaría a la caída de las tasas de ganancia, explicada por Marx en el tercer tomo de *El Capital*.

Para entender esta larga crisis que afecta al capitalismo, es necesario comprender que el sistema está obligado a expandirse geográficamente para sobrevivir. Aunque el tema es mucho más complejo de lo que aquí podría explicarse,[5] la crisis de sobreacumulación se debe a la sobreoferta de mercancías que no pueden ser vendidas sin pérdidas en los mercados internos, y a excedentes de dinero que no tienen oportunidades de inversión rentable. Se trata de esas crisis recurrentes de sobreproducción y subconsumo –de las que ya se había hablado en el segundo capítulo–, las cuales son solucionadas temporalmente cuando se envían los excedentes a otro lugar;[6] es decir, una vez se traslada el capital sobrante a otros espacios geográficos para poner allí en movimiento, un nuevo proceso de acumulación (Harvey, 2005).

En el periodo comprendido entre 1884 y 1945, dicha expansión geográfica se logró gracias a los proyectos imperiales en los cuales se involucraron las potencias económicas, para enfrentar sus propios problemas de sobreacumulación; pero habida cuenta de que esa estrategia imperial degeneró en dos guerras mundiales, a partir de 1945 se dio inicio a una nueva doctrina liderada por Estados Unidos, en la "que se trataba de establecer una alianza global entre todos los principales poderes capitalistas, para evitar guerras de aniquilación recíproca y encontrar una forma racional de enfrentar la sobreacumulación que había plagado la década del 30" (Harvey, 1995:116).

Esta es sin duda, una buena manera de entender la lógica del discurso del "desarrollo", y de los diversos discursos y prácticas que lo acompa-

---

[5] Véase la sección tercera del III tomo de *El capital* titulada "Ley de la tendencia decreciente de la cuota de ganancia" (Marx, 1946: 213 y ss.), el *Manifiesto del partido comunista* (Marx y Engels, 1993:25-29) y el trabajo reciente de teóricos marxistas como David Harvey.

[6] David Harvey (2005: 101) señala que, además de la expansión geográfica, otra manera para sortear las crisis es por medio de los aplazamientos temporales. Esto se logra mediante "inversiones de capital en proyectos de largo plazo o gastos sociales –tales como educación e investigación–, los cuales difieren hacia el futuro la entrada de circulación de los excedentes de capital actuales".

ñan desde hace más de seis décadas.[7] En términos de Harvey (2005: 103) el capitalismo "crea necesariamente un paisaje físico a su propia imagen y semejanza", en la medida en que requiere del impulso de centros de acumulación en otros espacios, para que allí se demanden con voracidad los bienes del territorio donde se ha generado la sobreacumulación, y puedan solucionarse, durante algunos años, las crisis a la que es proclive el sistema.

El problema económico de la estrategia radica en que los nuevos centros dinámicos se convierten en competidores de la potencia inicial y el sistema termina por generar excedentes que no pueden ser absorbidos internamente, y tienen que solucionarse por medio de una nueva expansión geográfica.

La enfermedad crónica del capitalismo radica, ciertamente, en esta contradicción interna, pues en un escenario mundial en el que compiten tantas naciones, se termina por producir las mismas mercancías, pero con precios cada vez más bajos. En otras palabras, la larga fase descendente del capitalismo globalizado que comenzó en 1973 podría explicarse por las contradicciones inherentes a la competencia internacional, en la medida en que las economías emergentes, una vez alcanzan a desafiar a las demás, propician una disminución en la tasa de rentabilidad, la cual, en palabras de Brenner (1999: 15), "no es solo el indicador básico sino el determinante principal de la salud del sistema".

Es claro que la estrategia del "desarrollo" ha entrado en ocaso, porque si bien permite que el capitalismo funcione por algunos periodos de tiempo, también hace que el crecimiento de los países antes "subdesarrollados", disminuya la tasa de ganancia, la productividad, la inversión, la productividad laboral y los salarios reales, al tiempo que ayude a aumentar el desempleo. Lo anterior es una forma de decir que el "desarrollo" solo puede funcionar en un sistema-mundo organizado bajo una lógica de "desarrollo desigual", aunque, paradójicamente, en principio

---

[7] Arturo Escobar (2007:19) en su genealogía del discurso del "desarrollo", cita el discurso de posesión de Harry Truman pronunciado en 1949 como una manera de ilustrar el comienzo de la nueva estrategia: "Más de la mitad de la población del mundo vive en condiciones cercanas a la miseria. Su alimentación es inadecuada, es víctima de la enfermedad. Su vida económica es primitiva y está estancada. Su pobreza constituye un obstáculo y una amenaza tanto para ellos como para las áreas más prósperas. Por primera vez en la historia, la humanidad posee el conocimiento y la capacidad para aliviar el sufrimiento de estas gentes... Creo que deberíamos poner a disposición de los amantes de la paz los beneficios de nuestro acervo de conocimiento técnico para ayudarlos a lograr sus aspiraciones de una vida mejor... Lo que tenemos en mente es un programa de desarrollo basado en los conceptos del trato justo y democrático... Producir más es la clave para la paz y la prosperidad. Y la clave para producir más es una aplicación mayor y más vigorosa del conocimiento técnico y científico moderno".

haya necesitado de la expansión geográfica del capitalismo, para que las economías industrializadas escapen de las crisis de sobreproducción y subconsumo inmanentes al modelo. De manera que la crisis crónica ya no es la típica crisis de abundancia, cuyas contradicciones puedan solucionarse con la exportación del capitalismo industrial, sino que asistimos a una crisis global de escasez, en la que compiten diversas economías codiciosas por rentabilidades menos generosas.

En tal escenario, el "desarrollo" clásico iniciado en la posguerra ya no sería la estrategia indicada para la expansión geográfica del capitalismo, sino que se está recurriendo a una especie de nueva acumulación originaria, cuyas características ha descrito Harvey en lo que él mismo ha llamado la "acumulación por desposesión". Corresponde a una serie de procesos legales que hoy están ocurriendo en el mundo, como lo es el interés por la compra de tierras –entre los años 2001 y 2010 se vendió en el mundo una superficie equivalente al total del área del territorio mexicano–, el incremento de la actividad extractiva –particularmente en la actividad de hidrocarburos y minería por parte de las corporaciones trasnacionales–, la privatización de bosques y agua y, en general, mediante el incremento del despojo de la tierra por cuenta de una expansión geográfica requerida por un capitalismo ávido de espacios para lograr sobrevivir.[8] Por supuesto, el discurso para sustentar el modelo sigue enraizado al "desarrollo" y la economía liberal de mercado, pero es evidente que los procesos de acumulación en el contexto del declive del capitalismo se han tornado especialmente siniestros.

Mucho más lento de lo que algunos quisiéramos, la crisis crónica de sobreacumulación ha traído consigo un paulatino descreimiento de los discursos, prácticas e instituciones que han acompañado al "desarrollo" desde sus orígenes y, poco a poco, el cambio en las enunciaciones ha empezado a emerger. No es fácil hacerlo, pues el "desarrollo" logró establecerse como una ideología supremamente eficaz en lograr su legitimación, incluso con la anuencia de sus mismos contradictores. Lo anterior podría advertirse por la tendencia a cambiar solo sus apellidos –desarrollo sustentable, endógeno, local, territorial– pero no la racionalidad en la que se apoya su contenido. De hecho, aún estamos lejos de aceptar que muchos de los problemas particulares de nuestros países no se explican por la ausencia de "desarrollo", sino por el mismo "desarrollo" establecido como una estrategia de escape a las crisis inherentes al capitalismo industrial. Esa renuencia es comprensible, dada la habilidad que ha tenido el discurso para mantenerse y reinventarse

---

[8] El interés de control de los territorios por parte del narcotráfico, y muchas otras actividades criminales, también muestra la necesidad que tiene el capitalismo –incluso en su versión más espeluznante– de expandirse geográficamente.

durante los últimos sesenta años. Aun así, creo que cualquier alternativa deseosa de ser realmente alternativa, no debería construirse por la "extensión del paradigma viejo", como diría Kuhn (2006: 176), sino por una completa reconstrucción conceptual a partir de nuevos fundamentos epistémicos, éticos y ontológicos; es decir, por una ruptura total en sus principios fundadores y constitutivos.

La utopía del Buen Vivir se circunscribe bien en este último escenario, aunque no pueden desestimarse las tensiones que se hacen evidentes al entreverar dos visiones del mundo radicalmente diferentes. Por ejemplo, en la redacción de los textos constitucionales de Ecuador y Bolivia "se mantiene un apego al desarrollo y a los criterios emanados de la concepción moderna capitalista y al mismo tiempo se introducen sentidos y conceptos derivados de la visión pachamámica", como asegura Ana Esther Ceceña (2012:6-7). En todo caso, y a pesar de las evidentes contrariedades, la utopía es muestra de que las propuestas alternativas han comenzado a surgir. Lejos de solucionar todos los problemas contemporáneos, la virtud de las *utopías en la era de la supervivencia* radica en que su ambición es mucho más modesta, pues más que dar cuerpo a una gran teoría, lo que buscan es encontrar alternativas al capitalismo hegemónico, a partir de las experiencias localizadas de producción solidaria, recíproca y complementaria.

A ese respecto, las geógrafas Katherine Gibson y Julie Graham (1996) han argumentado que los lugares nunca son por completo capitalistas, y ahí reside su potencial de devenir en algo diferente. Su proposición es que el discurso del capitalismo, o el "capitalocentrismo" como lo llaman ellas, es tan omniabarcador que termina por considerar como subordinadas las demás realidades vivas que no encajan en su molde productivista. Pero si reconocemos que en los márgenes del sistema, desde el comienzo, han coexistido experiencias cualitativamente diferentes que han sido excluidas de la percepción general, podría aceptarse que lo que tocaría cambiar no es tanto la realidad observada sino, y sobretodo, al observador, y quizá así el mundo aparezca de manera diferente. Lo que quiero decir es que las alternativas no han estado nunca en el futuro, sino siempre morando en ese "espacio de experiencia" que la visión occidental ha sido incapaz de reconocer. En otras palabras: el problema se anida en la discapacidad de apreciar el presente, es decir, en la torpeza que supone percibir las experiencias vivas como si se tratara de prácticas subdesarrolladas y atrasadas que deben ser asistidas por la bendición del desarrollo y el progreso, y no captar que allí se encuentran las posibilidades más valiosas para enfrentar al sistema criticado.

Las utopías del siglo XXI sugieren que el cumplimiento de sus sueños comienza por *dislocar la mirada* y reconocer, literalmente "al lado", esas economías localizadas que han logrado hilvanar solidaridades y proyectos que transitan caminos alternativos al desarrollo capitalista. Me refiero a las economías populares, las cooperativas,[9] formas de vida campesina, organizaciones comunales y familiares, agrupaciones multifuncionales de mujeres,[10] asociaciones autogestionadas de ahorro y microcrédito,[11] técnicas de producción en correspondencia con el *ser* de la naturaleza,[12] mercados del trueque o mercados justos.[13] Según estas nuevas utopías, la tarea no consistiría en crear nuevos modelos con coherencia económica; la salida, como dice bellamente Armando Bartra (2011): "hay que buscarla en las "fuerzas vivas"…en el pueblo llano. Y ahí, a ras de tierra, encontramos motivos de esperanza: socialidades alternas en las rendijas del sistema, utopías en curso hechas a mano… huequitos calientes donde germina la esperanza… Porque siempre hay no-lugares, puntos ciegos…" que escapan a la mirada del capital, pero que en la cotidianidad del "aquí" y el "ahora", se fundan en valores diferentes, y en presupuestos epistémicos y ontológicos distintos a la modernidad capitalista.

Siguiendo de nuevo a Kuhn (2006), en el campo de las ciencias, cuando se cambian los paradigmas el mundo entero cambia con ellos, pues al interpretar los hechos de otra manera, los científicos ven cosas nuevas y diferentes en los mismos lugares en los que ya se había mirado. De manera similar a las revoluciones científicas, el cambio al que apelan las *utopías en la era de la supervivencia*, es el cambio de los símbolos de la cultura occidental, para que aun enfrentándonos a la misma constelación de realidades, respondamos por entero a un universo distinto. La transformación demandada es, ante todo, una transformación de las *creencias perceptivas*, en la que bien cabría la frase "otros observadores también son posibles". El recorte del futuro está logrando que la imaginación utópica ya no se sitúe en un horizonte distante que se aleja entre

---

[9] Revísese Kraemer (1993), Toledo *et al.* (2009) y Marañón (2013) para una síntesis de varios proyectos comunitarios en el campo mexicano.

[10] En otro trabajo (Giraldo, 2010) he documentado la multifuncionalidad de experiencias exitosas de mujeres rurales mediante el estudio de nueve organizaciones agroindustriales, en el Departamento de Cundinamarca, Colombia.

[11] La cooperativa *Tosepan Titataniske* ubicada en la Sierra Norte de Puebla, México, representa una experiencia supremamente interesante en este aspecto. El *Tosepantomi* – el banco de todos– es una caja de ahorros que ofrece mayores beneficios que los bancos convencionales. La *Tosepantomi*, pasó de los mil 600 socios en 2003 a casi 9 mil a finales del 2008 (Toledo *et al.* 2009).

[12] Véase el trabajo de Machín *et al.* (2012) para una descripción detallada de la experiencia agroecológica cubana, en la que ya están involucradas más de 100 mil familias en toda la isla.

[13] La historia del comercio justo se encuentra muy bien explicada en Renard (1999).

más caminamos –recordando la sentencia de Eduardo Galeano–, sino en la inspiración que representa la apertura del presente, en el que están las potencialidades ocultadas y silenciadas por la miope perspectiva de la cultura occidental.

No obstante, es preciso no inventarse quimeras. Superar al capitalismo es mucho más complejo de lo que las utopías podrían bosquejar en sus proyectos de acción política. Como se dijo páginas atrás, si las significaciones modernas siguen ofreciendo respuestas para la acción del colectivo, no habrá razones para "buscar los zapatos en otro lugar". Estoy hablando de esas habituaciones incorporadas en nuestros cuerpos, que nos impiden cambiar las creencias perceptivas recibidas del pasado.

Más allá de estas divagaciones, la pregunta es si optamos por esperar a que la embarcación se estrelle contra el témpano de hielo, o bien, desde ahora, cambiar la dirección del timonel (Serres, 1990). Si la lucidez nos ilumina y escogemos la segunda alternativa, uno de los muchos posibles es tomar el sendero que nos están indicando las *utopías en la era de la supervivencia* en medio de la esquizofrenia del mundo contemporáneo.

Sin embargo, no todos comparten esta postura. De hecho, con el mismo nacimiento de la utopía, han existido críticas de la propuesta, y con estas, ha crecido un interesante debate que es necesario considerar.

El sistema global de poder y las tensiones del "pachamamismo"

Haría poco favor a la utopía asumir sus contenidos de manera acrítica. Además no podríamos comprenderla en toda su complejidad, si no atendiéramos el sistema global de poder en el cual ha emergido. Como se sugirió en la sección sobre la ideología, la ingenuidad de muchas utopías está en el hecho de ignorar la eficacia y sofisticación de los dispositivos de poder dentro del cual se constituyen. Precisamente, en esta parte se argumentará que, si bien la posibilidad de enunciación del Buen Vivir podría atribuirse a todos los acontecimientos antes enumerados, no debe subestimarse el hecho de que el mismo discurso podría estar sirviendo de instrumento útil al régimen cuestionado.

Volveré a retomar los hechos ocurridos entre finales de los ochenta y finales de los noventa para intentar explicar el asunto. De acuerdo con Fukuyama (1992), después del desmoronamiento del comunismo, finalmente se derrumbaron por completo las tiranías que habían imperado en el siglo XX, y quedó libre el camino para que la democracia liberal occidental se instaurara como la única alternativa a la que sin duda se dirigirían todas las naciones del orbe. Concretamente, el autor se refiere a la doctrina de la libertad individual y la soberanía popular, que habían animado tanto la independencia estadounidense como la revolución francesa. Aquí no se debatirá la tesis de Fukuyama, pero sí se resaltará el hecho de que después de los sucesos que permitieron el quiebre en los discursos utópicos, la democracia se convirtió en el principio básico del nuevo régimen de verdad, al cual deberían remitirse todas y cada una de las iniciativas del espectro político.

La democracia implorada en el discurso revolucionario de movimientos como el EZLN, ilustra muy bien las transformaciones retóricas y las prácticas que se originaron luego de la caída del Muro de Berlín, y el desplome de la Unión Soviética. También en Suramérica, el autodenominado socialismo del siglo XXI ha tenido la particular característica de establecerse por medio de las instituciones democráticas ideadas desde la ilustración europea. De modo que no exactamente como auguró Fukuyama, pero efectivamente la democracia se ha posicionado como la única manera en que las distintas manifestaciones de la sociedad contemporánea pretenden llevar a cabo sus proyectos de acción política.

El punto que quiero resaltar tiene que ver con un principio fundamental de las democracias liberales: la libertad de que las distintas expresiones de la sociedad participen del poder político. Si bien es una de las muchas bondades de la democracia que deberían profundizarse, considero que no debería olvidarse que el pluralismo participativo también hace parte de las múltiples estrategias utilizadas por el poder hegemónico para legitimar sus intereses. Justamente, en un mundo globalizado que defiende la democracia como el mejor sistema de autorregulación hasta ahora inventado, los discursos sin pretensión de universalidad, no solo resultarían convenientes para el capitalismo global, sino que el mismo sistema incitaría su enunciación. De hecho, no sería descabellado pensar que las democracias del capitalismo liberal, durante su proceso de diferenciación de los totalitarismos del siglo XX, podrían haber engendrado en su seno diversas utopías que le resultan inofensivas, pues el modelo necesita de este tipo de discursos alternativos –particularmente en el Sur–, para poderse legitimar como una verdadera democracia en la que participan muchas voces a escala global.

Esto podría ocurrir, entre otras razones, porque las utopías contemporáneas no estarían en condición de desafiar a las democracias capitalistas modernas. Por lo menos, esa es mi interpretación de las críticas de varios marxistas, frente a lo que ellos han llamado despectivamente el "pachamamismo". Los más radicales, como Félix Encinas (2011) aseguran que la utopía del Buen Vivir "venerando la pachamama o aspectos de la cosmovisión andina encubre su adhesión al capitalismo, al plantear que no existe contradicción entre explotadores y explotados, sino que debe promoverse la complementariedad, que no es otra cosa que la mantención de las cadenas servidumbrales". Según Encinas, la utopía se circunscribe dentro del mismo capitalismo, porque en nombre de un animismo "pachamámico" y una supuesta epistemología antimoderna, "se desprenden de toda objetividad de análisis económico, social, para mostrarse como un hecho exclusivamente cultural, idealista, sin una alternativa transformadora de la realidad socioeconómica, política, ideológica y mucho menos descolonizadora".

Otros más "progresistas" como Pablo Estefanoni (2011:262) sostienen que el discurso "difuso y vacío" sobre la *Pachamama* "ofrece una cándida lectura de la crisis del capitalismo y la civilización occidental" y "no parece capaz de aportar nada significativo en términos de construcción de un nuevo Estado, de puesta en marcha de un nuevo modelo de desarrollo, de discusión de un modelo productivo viable o de nuevas formas de democracia y participación popular". Stefanoni (2011:264) continúa asegurando que "aunque parezca profundamente radical, su genialidad 'filosófica' no da ninguna pista sobre la superación del capitalismo dependiente, el extractivismo o el rentismo". El "pachamamismo", por último, "emite un discurso útil para que cualquier debate serio caiga en la retórica 'filosófica' hueca", pero no dice nada sobre un nuevo modelo económico que permita mejorar la vida de los históricamente excluidos y marginados.

La sugerencia de estos agudos críticos es que la retórica bucólica y romántica distrae la atención de los graves problemas realmente existentes, lo cual es un argumento válido que llama a atender la posibilidad de que la utopía esté sirviendo de idiota útil al leviatán del capitalismo hegemónico. Si no estoy malinterpretando sus argumentos, el problema de las nuevas utopías estaría en que al afirmar con vehemencia las identidades culturales hasta ahora excluidas, se está cayendo en la trampa de sesgar las discusiones de la crisis civilizatoria por el lado de la "cultura", en detrimento de las condiciones objetivas que la "economía política" se ha esforzado por desenmascarar.

Tomando en serio sus cuestionamientos, tendría sentido que la utopía, al concentrar sus enunciaciones en la pérdida de confianza del progreso, y en el rechazo al consumismo impuesto por las ideologías del Vivir Mejor, esté sirviendo de soporte a un capitalismo industrial que requiere –como lo muestra la crisis espoleada por la competencia internacional– un "desarrollo desigual", y por tanto, el surgimiento de discursos en las naciones periféricas que repudien su propio "desarrollo". Es innegable que la civilización planteada por la modernidad occidental es imposible de "globalizar"[14] (Estermann, 2012), y en tal sentido, las enunciaciones utópicas proferidas por el mismo Sur, no serían incompatibles con los privilegios del Norte global. El auge de la venta de bonos de carbono muestra con claridad el interés de los países industrializados para que los demás países conserven la biodiversidad en sus propios territorios, a fin de compensar la contaminación que ellos mismos generan por cuenta de su economía industrial. De una manera similar, pero con dispositivos mucho más eficientes, el "pachamamismo" podría estar siendo utilizado para que la periferia siga custodiando el nivel de vida de los países centrales del sistema-mundo, mediante discursos puestos al servicio del mismo capitalismo.

Una de las ventajas de usar el marco teórico de la circularidad entre la ideología y utopía es la posibilidad de no olvidar la sofisticación y estrategias que usan los órdenes vigentes para mantener su hegemonía. Finalmente, hay que recordar que las ideologías buscan que los grupos subordinados reproduzcan por sí mismos las condiciones de su propio sometimiento. Por eso, utopías como el Buen Vivir deben mantener la sospecha de que su discurso no solo no sea excluido, sino que sea aceptado y aplaudido en los escenarios internacionales mundiales, y para ello los críticos resultan aliados, al permitir percibir asuntos que se encubren al interior de la misma utopía.

Ahora bien, es importante detenerse para analizar la crítica según la cual la utopía no "dice nada" con respecto al nuevo "modelo" económico, político y social que debería construirse, cuestionamiento al que no le falta razón, pero que precisamente permite comprender las diferencias epistémicas desde el cual parten ambas posturas. Como se ha repetido, la utopía del Buen Vivir debe ser entendida como el reclamo por cambiar una forma de relación entre los seres humanos, y entre estos y la naturaleza, y no como una receta económica, cultural y ecológica de aplicación universal. No intenta hacer un listado de medidas, sino que aboga por sustituir los símbolos recibidos de una cultura, para que a partir de otras significaciones, podamos edificar, creativamente y sin fórmulas mágicas, sociedades fincadas en distintos principios éticos, epistémicos y ontológicos. El Buen Vivir cree que el debate debe partir del cuestionamiento de la separación entre naturaleza y cultura, individuo y comunidad, y el deslinde en la fetichización del progreso, y solo con esta experiencia plena arraigada a significaciones cultura-

---

[14] Hay que recordar que, según la WWF (2010), para replicar el estilo de vida de los habitantes de Estados Unidos en el resto del mundo se necesitaría cinco planetas Tierra; para que todo el mundo viviera como los ciudadanos de Gran Bretaña y Francia se demandarían tres planetas, y si tan solo China imitara ese ideal consumista, el planeta habitado colapsaría en un par de décadas.

les diferentes podemos lograr las transformaciones sociales que ambas posturas reclaman.

En la práctica económica, lo anterior implica una completa redistribución de la riqueza y un énfasis en las economías locales mediadas por los valores de la reciprocidad, la complementariedad y el cuidado de la naturaleza, aunque lo anterior es tan solo una consecuencia de una manera distinta de ubicarse y de sentir el mundo. Por eso, el Buen Vivir no cree que el inicio de las discusiones deba darse por el lado de la economía, o los modos de producción, sino que intenta salirse de ese molde economicista para concentrarse, como muy bien cuestionan sus detractores, en las transformaciones de los símbolos recibidos de la cultura occidental. El Buen Vivir no habla de la suspensión del crecimiento económico o del estancamiento de las acciones públicas en temas como la construcción de infraestructura para mejorar los servicios sociales. Su anhelo es por completo diferente. Está intentando hacer entender que la idea es hilvanar maneras diferentes de relacionarse con la otredad, de percibirla, de sentirla, de estar en el mundo y habitarlo, y solo después de eso, y no antes, podremos construir economías alternativas.

Insisto, el tema no comienza por cambiar el "modelo", pues no habría que pensar primero en los "medios" o "métodos", tanto como en las preguntas a las que nos abocaría un cambio en la percepción del mundo y de los demás seres humanos. El cuestionamiento se orienta a objetar esa forma egoísta y depredadora de vivir que, evidentemente, no nos ha hecho ni más libres, ni más iguales, ni más felices, ni más plenos. Si comprendemos, de verdad, que para Vivir Bien, es indispensable que los demás seres humanos y naturales también vivan bien, solo entonces sabremos que las economías deben perseguir el cuidado, y no la acumulación o la generación de riqueza. Es un cambio completo en los "fines", para los que necesitamos economías diferentes –pero no únicamente economías–, cuyos principios se sustenten en otras formas de percibir y permanecer.

En todo caso, y aunque en este trabajo se defiende la utopía del Buen Vivir, es interesante observar cómo el debate se torna tautológico, pues cada una de las posturas utiliza sus propios principios para argumentar en defensa de su propia posición. El resultado final es que cada una de las partes satisface relativamente bien sus propios criterios, pero se queda corta en las premisas que defiende su rival. La salida, parafraseando a Ricoeur (2008), estaría en tomar lo saludable de una, y tratar de curar la petrificación de la otra, para intentar que el círculo se vuelva una espiral. Solución salomónica, que en nuestro caso tiene el inconveniente de que las alternativas utópicas modernas ignoran o no comprenden bien la profundidad de los postulados de su contraparte, lo cual crea un serio problema de ininteligibilidad que es difícil resolver.

El problema está en que dicha discusión no se reduce a una tensión entre dos matices cuyas distintas propuestas pretendan resolver problemas comunes, sino que los hablantes enfrentados profieren sus argumentaciones desde dos formas diferentes de ver el mundo: una dominante que usa los presupuestos temporales, epistemológicos y ontológicos que ha heredado de la cultura moderna –específicamente me refiero a esa racionalidad descrita en el segundo capítulo–, y una posición *otra*, que intenta discutir desde una racionalidad diferente –aquí cabrían todos los "pachamámicos" no-indígenas, no-afros, y no-campesinos, entre los que se cuentan una importante legión de académicos solidarizados con la causa, incluyendo quien escribe estas letras, que se benefician al atribuirse arbitrariamente la vocería del paradigma alternativo–. Aun cuando tales personas discutan desde una determinada posición del poder –como el que ofrece la academia, y más si la tribuna es una universidad norteamericana–, las discusiones son totalmente asimétricas, porque no logran salir de estos espacios, y si lo hacen, la posición dominante tiene un margen mucho más grande de que sus argumentos sean inteligibles para el público en general.

En otras palabras: resulta más fácil hablar de la técnica y el reciclaje, del nuevo modelo de desarrollo, o de la construcción de las nuevas organizaciones estatales, que del cambio en los presupuestos de la modernidad eurocentrada, las interdependencias entre naturaleza y cultura; o peor aún, de la ciclicidad de la temporalidad y la relacionalidad de todas las cosas, las cuales parecen más bien elucubraciones útiles para una élite academicista, y no soluciones reales para personas concretas de la vida real.

El conflicto es evidente, porque en la discusión existen relaciones en donde interactúan posiciones dominantes y dominadas, en las cuales los "dominantes" emplean las herramientas conservadoras que ofrece su mismo discurso a fin de mantener su posición privilegiada, mientras que la posición "dominada" intenta trastocar el valor de las enunciaciones de su opositor, para hacer valer más sus propias soluciones. Por lo menos esa es una manera muy bourdieuana de entender porqué los primeros acusan al Buen Vivir de ser un discurso romántico y una "filosofía hueca", cuyo contenido distrae la atención de los problemas urgentes que demandan soluciones pragmáticas, técnicas y científicas, mientras que los segundos impugnan a sus críticos de ofrecer soluciones modernas para los efectos, pero al mismo tiempo los culpan de permanecer incapaces de corregir los conocimientos y supuestos ontológicos que los originaron y perpetúan.

El debate es oportuno para comprender el contexto adverso en el cual la utopía del Buen Vivir tiene que posicionarse, y en el que tiene que luchar contra sí misma, para no caer en la tentación de sumergirse en los términos de la conversación de quienes emiten sus críticas desde el régimen de verdad occidental. La cuestión no es negar las importantes interpelaciones que se hacen desde el pragmatismo de los activistas y políticos en turno, porque indudablemente los conocimientos modernos –entre los cuales se encuentra la ciencia y la técnica– son importantes, y asegurar que Occidente está vaciado de riqueza epistémica, y que tan solo conlleva al desastre de la especie y del planeta entero, sería caer en la misma lógica dicotómica criticada y en un maniqueísmo insulso. Sin embargo, para establecer un verdadero diálogo es necesario que la contraparte también reconozca que su conocimiento resulta absolutamente limitado para iluminar el camino frente a la crisis civilizatoria contemporánea, y que el "pachamamismo" está proponiendo cambios estructurales en las maneras del *ser*, el *hacer* y el *conocer*, lo cual resulta fundamental para resolver los "urgentes" problemas sistémicos, que afectan no solo a personas reales de carne y hueso, sino a la totalidad del planeta habitado.

De modo que para sostener auténticamente una conversación es necesario que se acallen esas certezas epistemológicas y ontológicas (Escobar, 2011) que dan sustento a una manera dominante de abordar los problemas –"siempre más desarrollo, siempre más modernidad, siempre más progreso"–, para dar lugar a *otras* formas de pensar en cómo darles solución a esos mismos problemas. Los conocimientos "pachamámicos" y su énfasis en la relacionalidad de todas las cosas, la complementariedad, la reciprocidad y la ciclicidad del tiempo, son vitales para la creatividad con la que debemos enfrentar la interconectada crisis civilizatoria, sin que ello implique despreciar muchos logros modernos que sin duda tenemos que profundizar.

El punto está en reconocer la experiencia social en la cual abundan ejemplos localizados de cómo producir sin destruir, de cómo habitar en armonía con la naturaleza, de cómo distribuir solidaria y recíprocamente, o cómo educar sin inculcar la competencia, los cuales, entretejidos, nos pueden ofrecer elementos de mucho valor. Lejos de ser posturas imposibles o románticas, las *utopías de la era de la supervivencia* son profundamente pragmáticas en la medida en que buscan construir múltiples alternativas en correspondencia con las experiencias reales, pero con la salvedad de que demandan que esas prácticas vivas sean vistas con lentes epistemológicos distintos a los construidos durante la modernidad occidental. Como diría Santos (2009:179), la tarea no se restringe a la generación de alternativas, sino que necesariamente requiere "un pensamiento alternativo de alternativas".

El mismo autor señala que es necesario partir de la convicción de que toda cultura es incompleta, y por lo tanto, necesita enriquecerse mediante el diálogo y la confrontación con otras formas de conocimiento. Es lo que él llama una ecología de saberes, lo cual implicaría, de acuerdo con Escobar (2011), poner en el mismo nivel los conocimientos "modérnicos" y "pachamámicos" para que el interconocimiento propuesto por Santos pueda germinar. El paso previo es no descalificar ninguna alternativa por "no decir nada", sino permanecer en la apertura a fin de escuchar al *otro* como radicalmente *otro*, y así edificar las condiciones de coexistencia entre muchos conocimientos plurales y diversos. Lo anterior demanda que los "modérnicos" acepten "que su visión de las cosas es parcial, local"; como dice Escobar (2011:271), "bajarse al menos provisionalmente del tren del desarrollo, el conocimiento científico, y la euromodernidad. Así, tendrán que ceder espacio a otras propuestas, por locales y románticas que les parezcan. Sobre todo, tendrán –tendremos– que dejar de representar, de mandar, de tener la verdad".

Esta tarea también les corresponde a muchos defensores del Buen Vivir, incluyendo la burocracia estatal de los países en donde se ha configurado como principio orientador de sus Estados, pues, con mucha frecuencia –si no es la mayoría de las veces–, el concepto termina por ser un simple adorno del discurso, pero al fin y al cabo, se continua practicando y respaldando el "desarrollo" convencional. La contradicción más aguda está entre lo que se dice y lo que se hace, ya que, mientras en los escenarios internacionales se posicionan sus postulados, en el interior de los países aumenta el extractivismo, el rentismo y el desarrollismo. Claro está, la burocracia no es la utopía de la que se ha hablado en el presente trabajo, pero muestra muy bien la manera en que, aun invocando un concepto alternativo, los presupuestos heredados de la modernidad –progreso, temporalidad lineal orientada hacia el futuro, dualidad sociedad y naturaleza, antropocentrismo, utilitarismo, afán de acumulación, exclusión de la diferencia–, terminan por imponerse y vencer. En las movilizaciones sociales, las contradicciones también son evidentes, pues en nombre de la expresión del Buen Vivir se puede defender tanto los ideales del equilibrio ecológico, las identidades y la economía solidaria, como también las banderas del desarrollo, la prosperidad o la modernización.

Pese a estas inconsistencias, absolutamente comprensibles durante la etapa de transición, la utopía del Buen Vivir debe tener claro que no le convendría que el debate estuviera intrincado en las contestaciones de cómo desarrollarnos, sino en las preguntas de si ese "desarrollo" impuesto como colofón es en realidad lo que deseamos. Las discusiones deben girar en torno a los fines, porque aquel punto de llegada que antaño dábamos por descontado, es ahora el que está puesto en cuestión. Por ejemplo, ya el cuestionamiento no es cuál es la vía más eficiente y rápida para modernizar el campo, sino si es conveniente para el Vivir Bien de la gran comunidad y la reproducción de las tramas de la vida llevar a cabo la modernización de ese campo.

Es necesario precisar que la salida que plantea el Buen Vivir no es el estancamiento de la sociedad; es, en cambio, la cuidadosa selección de fines a los que se debe apuntar. En efecto, si en términos económicos el crecimiento respondiera a un aumento de la producción agrícola, la cual a su vez estuviera explicada por una masiva reconversión agroecológica y una amplia redistribución de la riqueza; y por un incremento de los intercambios en mercados mediados por los valores afectivos de la reciprocidad, la complementariedad, la solidaridad y la empatía, ¿acaso deberíamos deplorar ese crecimiento? Lo que hay que rechazar es el sustancialismo de los indicadores macroeconómicos *per se*, y salirnos de ese paradigma cuantificador, para dar paso a la cualificación de las opciones en torno al cuidado y buen trato con la otredad, necesarios para Vivir Bien. Podríamos cambiar los resultados en la práctica, si en verdad partimos desde principios epistémicos, ontológicos y éticos distintos a la modernidad occidental, aunque necesariamente nos apoyemos en muchas herramientas construidas por la modernidad, para alcanzar los nuevos objetivos.

Estos entreveramientos son los que generarían una espiral, si practicáramos un auténtico diálogo intercultural.

* * *

Para finalizar y siendo fieles a ese diálogo entre iguales, es necesario atender otras críticas que han surgido, las cuales alertan sobre el uso al que están siendo sometidas las culturas en las que se inspira este tipo de utopías.

Como se esbozó en el capítulo anterior, y siguiendo a Gabriela Kraemer (2013), el hecho de que hoy la organización social y política, y la cosmovisión de los pueblos originarios hayan adquirido un importante valor simbólico, se debe en gran parte, al trabajo realizado por muchos arqueólogos, antropólogos, historiadores y etnógrafos –de origen indígena y no indígena–, quienes se dedicaron, en especial a partir de los años setenta, a estudiar las instituciones de los pueblos originarios. Estos intelectuales se beneficiaron porque, gracias a dicha labor, se ubicaron progresivamente en el campo académico y político, al tiempo que ofrecían una imagen positiva de las culturas amerindias que investigaban. Fue así como, poco a poco, las prácticas y racionalidades de estos pueblos fueron adquiriendo prestigio, aunque en la realidad sigan ocupando la posición más baja en la sociedad global.

De acuerdo con Kraemer, estos académicos han creado los conceptos para nombrar las instituciones que estudian, pero en el mismo acto de conceptualizarlas, las han recreado y transformado, porque la misma imagen prestigiada que ha sido reflejada hacia afuera, ha sido adoptada por los propios pueblos en sus discursos y prácticas. La autora se refiere en específico a la imagen de indígenas puros, moralmente superiores y en equilibrio con la naturaleza, que tanto se implora en este tipo de discursos. A ese respecto, Renaud Lambert (2011) cita un pasaje en el cual la etnóloga francesa Antoinette Molinié cuenta cómo asistió a "auténticas misiones", en la que profesores universitarios llegaban a enseñar a los indígenas peruanos el verdadero significado de la *Pachamama*. Según Lambert, este tipo de iniciativas favorecieron el desarrollo de conceptos como la "armonía ancestral", la "pureza primitiva" o la "autenticidad cultural", ficciones que, tanto afuera como adentro de las comunidades, terminaron asumiéndose como una realidad histórica incuestionable.

Es evidente la manera en que Evo Morales se ha servido de esta imagen para hablar de la "salvación de la Madre Tierra" y obtener réditos en los escenarios internacionales, aunque en la realidad de la práctica política, contradiga sus propias enunciaciones mesiánicas. No puede dudarse que los pueblos indígenas, tanto en la práctica como en sus lenguas, conservan los principios de la comunalidad, el servicio gratuito, la reciprocidad con la naturaleza y formas de gobierno basados en la democracia directa (Kraemer, 2013), según fue explicado en el apartado sobre la epistemología del Buen Vivir. No obstante, es también innegable que, en medio de la crisis civilizatoria, estos pueblos están siendo utilizados en forma oportunista para justificar utopías ajenas, lo cual podría estar creando el perjudicial efecto de esencializar las culturas realmente existentes, sus sistemas jurídicos y sus prácticas (Cuelenaere, 2012), lo cual, en definitiva, terminaría por contradecir la auténtica comunicación intercultural defendida por la utopía.

Para culminar, hay un aspecto que proviene del mismo fenómeno y que interesa subrayar. Es el desacuerdo en el mundo académico sobre la aceptación del *sumak kawsay* y el *suma qamaña* en la población indígena andina. Mientras que para el pensador aymara Simón Yampara y muchos otros, el concepto es parte constitutiva del *Ayllu* de los pueblos originarios de los Andes, para investigadores como José Núñez del Prado (2011:292-293) y algunos más[15], la noción es de reciente data, y

[15] Véase al respecto el Dossier de la revista *Íconos* número 48, en particular la presentación de Bretón *et al.* (2014).

nada asegura hasta ahora que no corresponda a una concepción ancestral:

> Siempre es posible equivocarse y hay que estar atentos a hallazgos esclarecedores, pero por nuestra parte, la revisión cuidadosa del pensamiento e interpretaciones sobre la ancestralidad e indigenidad andina no nos permitió identificar, en términos particulares, con la especificidad y relevancia que merece el asunto, alusiones claras o desarrollos completos sobre el "vivir bien". No se encontró ninguno que se inscribiera en reflexiones escritas que provengan desde hace muchos años, ni siquiera desde hace una década, peor aún con los contornos, alcances y profundidad tan clara con la que hoy circula y se maneja el concepto por parte de varios autores e instituciones, como si se tratara de premisas acabadas. Esto es especialmente curioso si se tiene en cuenta que se puede constatar muchísima cantidad y calidad de aportes sobre el mundo andino en los últimos 50 años... llama enormemente la atención, en un ámbito prolijo en detalles y reiteraciones por parte de una intelectualidad indígena, especialmente aymara, que desde hace décadas moldea una marcada emisión ideológica y que habría estado sacrificando una parte esencial de dicho cuerpo cosmogónico.

Si las observaciones de Núñez son ciertas, aun manteniendo la reserva de su hallazgo, a mi juicio resultaría todavía más creíble la hipótesis según la cual, la noción como un todo, es un constructo conformado por el mundo occidental en los últimos años. Haciendo una interpretación muy foucaultiana, el discurso del Buen Vivir correspondería a una serie de contenidos, cuyas enunciaciones han surgido independientemente de la intencionalidad de los sujetos que las han formulado. Se trataría, pues, de un discurso anónimo, que responde a un conjunto de reglas que han venido conformándose durante los últimos 25 años, las cuales no pueden ser controladas por los intelectuales aymaras, quechuas, ni por autor alguno, sino que irrumpen inmersas en los complejos entrecruzamientos que en estos dos últimos capítulos se han tratado de encontrar.

De manera muy poco esquemática –porque los entrelazamientos no lo son–, se intentó mostrar cómo las *utopías en la era de la supervivencia* tienen unas características muy específicas que permiten reflejar el talante y los anhelos de nuestra época. Asimismo, se quiso explicar cómo todos los debates desarrollados responden a un cambio en el discurso, el cual está en absoluta interdependencia con un periodo histórico y un espacio específico, para que, al final, se pueda hablar de lo que hoy se está hablando. El mismo hecho de que yo haya escogido esta investigación, y que la haya afrontado como la he afrontado, se explica no por mi voluntad, sino porque mi propio cuerpo está sumido en lenguajes, prácticas, creencias y maneras de ver, oír y sentir el mundo, plenamente enraizados al tiempo vivido y al lugar habitado, que en interrelación, determinan la forma como he urdido las anteriores reflexiones.

CONCLUSIÓN: DEL DISCURSO A LA ACCIÓN

Desde el inicio de la discusión, se quiso hacer énfasis en la aseveración, según la cual la relación entre nuestro cuerpo y el mundo está mediatizada por una compleja red de símbolos culturales que condicionan nuestras ideas, creencias, valores, acciones y sentimientos. Esto quiere decir que permanentemente construimos la realidad a través de la intermediación de entramados simbólicos, los cuales hemos heredado del pasado, gracias a la pertenencia a una cultura específica. Tomando como base lo anterior, y siguiendo a distintos autores –en especial Paul Ricoeur–, se hizo una construcción teórica sobre la utopía, a partir del examen de la ideología, en la medida en que se aceptó que la ideología es el medio más útil para la manutención del poder y, por tanto, el opuesto dialéctico por excelencia para cualquier elaboración utópica. En concreto, se argumentó que la ideología es mejor si la entendemos como un arquetipo que opera sobre los símbolos que median entre nosotros y el mundo, y no sobre la realidad –según pensaba el joven Marx–, corrección teórica que nos ayuda a comprender que el problema de toda utopía no estaría tanto en transformar directamente las instituciones políticas y económicas, como en cambiar los imaginarios y significaciones culturales que sustentan nuestra conducta.

Si entendemos el problema de esta manera, la tarea utópica prioritaria consistiría en re-simbolizar las *creencias perceptivas* recibidas por parte de la ideología, para re-construir sus respectivas significaciones, lo cual, en términos de la problemática abordada en el presente trabajo, quiere decir que no es posible plantear soluciones estructurales a la crisis civilizatoria contemporánea, sin profundas modificaciones en los símbolos culturales de la misma civilización. Si bien el difícil reto consiste en una revolución total de las bases de la sociedad construida, la buena noticia es que el significado no es renuente al cambio. Según se sabe, en muchos otros periodos de la historia, las sociedades se han visto sometidas a cambios culturales profundos como resultado de diversos ambientes en tensión y crisis, escenarios en los cuales, las antiguas creencias se transformaron para adaptarse a las nuevas circunstancias. De una manera similar, la disyuntiva vivida en nuestra era nos está indicando, a gritos, que el desafío consiste en compatibilizar los símbolos de la cultura con la ciclicidad de la naturaleza, y reformar los significantes asociados a la manera como convivimos en comunidad.

No obstante, esta ardua labor no está libre de conflictos y aporías. Como se argumentó, las nuevas utopías deben formarse inmersas en los mismos simbolismos criticados, lo cual implica que a la vez que luchan contra ciertas ideologías, tienen que hacer uso de los materiales culturales cuestionados. No es un problema que pueda saldarse con facilidad, pues es necesario recordar que las ideologías terminan por habitar las mentes, cuerpos y lenguajes de las agrupaciones que intentan imaginar sociedades alternativas. Para huir de este embrollo, recientemente las utopías han optado por recurrir a un diálogo intercultural para buscar en otras racionalidades –especialmente indígenas–, los símbolos que difícilmente podrían hallarse en la cultura occidental. Sin embargo, el obstáculo sigue sin superarse, porque al interpretar esos otros símbolos con base en los propios criterios culturales occidentales, no solo se distorsionan e idealizan las racionalidades de estas culturas, sino que se continúa haciendo violencia a los pueblos que tradicionalmente han sido humillados, oprimidos y menospreciados.

Pese a esta advertencia, y a las comprensibles dificultades antes expuestas, el examen del Buen Vivir ha servido para ejemplificar cómo los nuevos discursos utópicos están tratando de deshacerse de los símbolos modernos para apostarle a transformar los problemas fundadores, constitutivos y reproductores de la crisis civilizatoria. A mi juicio, las *utopías en la era de la supervivencia* están queriendo superar las tradicionales fragmentaciones occidentales para pensar "lo político" en términos de relaciones y conexiones. No quiero afirmar que estemos en un periodo de transición en el que se avizoren transformaciones culturales de hondo calado –aseveración que resultaría a todas luces aventurada–, pero sí podría sostener que los contenidos de las utopías contemporáneas están sugiriendo un reconocimiento, tímido y muchas veces contradictorio, de que el problema estructural de la crisis de nuestra era reside en los supuestos dicotómicos que hemos recibido de la modernidad. Es un fenómeno en ciernes que, como se argumentó, forma parte del nuevo régimen de verdad de los discursos utópicos, en el cual se está criticando no solo un modelo económico, sino la crisis del pensamiento como una totalidad sistémica.

Aun sabiendo que se ha dejado de lado, quizá por descuido o ignorancia, muchos otros acontecimientos importantes que podrían haber contribuido a desandar y desanudar aún más la genealogía del Buen Vivir, espero haber podido ayudar a entender que el hecho de que esta utopía exprese los enunciados que está emitiendo, no responde a un hecho coyuntural o fortuito. Por el contrario, es parte de un sinnúmero de acontecimientos históricos de un orden mucho más amplio, y aparentemente ajenos, lo cual ha hecho que, pieza a pieza, se haya ido construyendo un discurso de tales características.

Gracias a esa genealogía podría pensarse que el lenguaje de otras utopías en el futuro podría ir conformándose con enunciados cercanos a los del Buen Vivir. Más allá de hacer adivinaciones de cualquier tipo, lo que podría asegurarse es que esta utopía es un buen reflejo de la crisis civilizatoria contemporánea y de las soluciones que frente a ella empiezan a pincelarse en los inicios del siglo XXI. En particular se hace referencia a las propuestas enfocadas a superar la lógica de la acumulación, el utilitarismo, el individualismo, la concepción del tiempo lineal, la noción de universalización y el antropocentrismo; y en general, el interés por transformar las representaciones simbólicas heredadas de la modernidad, por medio del diálogo con *otras* culturas de las cuales podamos aprender otras manera de relacionarnos y habitar la Tierra.

Aun así, el desafío más grande de estas utopías no está enfocado en cambiar un discurso y muchas de sus enunciaciones –aunque este paso sea fundamental–, sino en lograr que su contenido produzca un cambio real en las creencias perceptivas y las significaciones culturales, para lograr así una profunda transformación en las acciones rutinarias de la colectividad. Es un asunto innegablemente complicado, si se tiene en cuenta la brecha existente entre lo que se "dice" y aquello que realmente se "hace". Con seguridad para los lectores que han seguido atentamente la discusión hasta este punto, el contenido de la utopía puede llegar a sonar muy bien, incluso considerarla de manera absoluta legítima y necesaria, aunque en la práctica muchos terminen obrando de manera por completo diferente. Lo anterior ocurre porque, subrepticiamente, los símbolos de la cultura criticada terminan por guiar ciertas acciones, las cuales están en total incompatibilidad con los presupuestos que en el discurso se señalan como aquellos que deberían cambiarse en la praxis cotidiana.

A lo que aspira el Buen Vivir es a construir una ontología relacional, por la cual nos aprehendamos a nosotros mismos, como miembros de una gran comunidad ligada en redes de interdependencia mutua y que actuemos en consecuencia. Que reconozcamos que vivimos en un mundo de simbiosis, en donde cada quien es incompleto y requiere de "lo otro" para complementarse. Pero ¿cómo lograr esta radical transformación? Parte de la respuesta comienza por la comprensión de que el cambio no se logra con prédicas coherentes pronunciadas desde un púlpito, ni evangelizando como misioneros el dogma de la relacionalidad, la reciprocidad, y la complementariedad de todas las cosas. La cuestión va por otro lado. Como sugiere el misticismo oriental, para que cierta enseñanza internalice nuestros cuerpos, y se vuelva principio simbólico de nuestros pensamientos, creencias, percepciones, valores, acciones y sentimientos, hay que estar sumidos en situaciones en las cuales la vivencia personal y continua nos permita afirmar ese nuevo aprendizaje.

De manera que la transformación de la red simbólica no puede reducirse a un discurso desprendido de la experiencia personal, es decir, de la manera como individualmente se vive el surgimiento de los fenómenos. Estoy pensando en una revolución radical de los sistemas educativos, para que el aprendizaje gire en torno a la revalorización de la experiencia; a la capacidad de descubrir por cuenta propia el aparecimiento de los fenómenos. Insisto, la idea no es repetir de memoria el credo de la relacionalidad, sino escuchar como esa hiperrelación está patente en cada uno de los acontecimientos simbióticos de la vida natural y social. El objetivo no consiste en memorizar los enunciados de un discurso y repetirlos como autómatas, sino en adquirir la habilidad de descubrirlos personalmente, alcanzar la capacidad de explorar y reflexionar sobre la experiencia individual en toda su radical profundidad.

La finalidad es que por medio de la experiencia continua nos demos cuenta de las bondades del trabajo en equipo, de la reciprocidad, y la complementariedad. Que en la práctica descubramos por nosotros mismos, y no porque nadie nos lo diga, que para vivir bien precisamos que todo lo demás también viva bien. Que experimentemos que la competencia destruye, y que cuando nos complementamos armónicamente podemos hacer las cosas mejor. Si en la escuela nos enseñan a luchar por una calificación y disputar entre compañeros para ganarles los unos a los otros, el resultado final será el individualismo, la envidia, el egoísmo y la competencia. Pero si aprendemos en cambio que al ir juntos sin que nadie se quede atrás, en realidad nadie pierde, sino que todos ganamos (Huanacuni, 2010), no nos costará mucho trabajo ir desarrollando esas capacidades empáticas tan olvidadas durante la crisis de nuestra civilización.

Mediante el contacto directo con la naturaleza, el arte, el juego, el deporte o el trabajo en conjunto, podemos ir adquiriendo el conocimiento de que "existir" y "depender" son solo una y la misma cosa. Por medio de la convergencia de múltiples experiencias se puede descubrir la interdependencia de los acontecimientos y fenómenos; encontrar que no hay posibilidad de ver lo uno sin "lo otro", y que no tiene sentido concebirnos al margen de nuestras relaciones con los demás. Desde pequeños podemos ir descubriendo que somos seres incompletos, y que ahí reside la necesidad de que nos complementemos, que nos hermanemos, que nos coordinemos recíprocamente.

Si en la modernidad el conocimiento más valorado fue la capacidad de razonar, de pensar matemáticamente, en esta sociedad alternativa que tenemos que imaginar, la capacidad más importante a desarrollar ha de ser la emocional. Tener la habilidad de trascender los propios límites del cuerpo, para ponerse en el lugar de los otros, y poder así sentir; vivenciar no solo la posición personal, sino también la posición de los demás (Varela, 2001). Si desarrollamos esa capacidad empática, en términos de Naess (2002), seremos capaces de sentir alegría cuando otras formas de vida sientan alegría, y tristeza cuando otras formas de vida sientan tristeza, lo que en la práctica significa sufrir cuando una montaña sea mutilada para que el oro sea extraído de sus entrañas, y sentirse tocado en la emoción cuando a nombre del progreso se cercene un bosque o se contamine un río. Pero además, desarrollar la capacidad empática representa sentir en el propio cuerpo la extrañeza de querer tener más de lo que se necesita, o de apropiarse del trabajo del otro para poder Vivir Mejor.

Cambiar los símbolos significa que la misma realidad signifique algo diferente. Si la deformación de las ideologías consigue que veamos la naturaleza como un recurso, y al otro humano como una máquina, la transformación de las tramas semióticas implica que veamos en esa misma naturaleza la fuente incuestionable de la que depende la vida en su conjunto; y en el otro humano, el hermano del que deseo que, al igual que yo, también Viva Bien. Esto implica ser afectados, adquirir la sensibilidad para captar nuestro parentesco universal con el resto de los seres y sentir la alegría profunda por el bienestar de los demás. Se trata de una transformación en la manera de habitar junto a lo otro, con todo aquello que no somos nosotros mismos (Pardo, 1991), que requiere una completa innovación tanto en los contenidos, como en la forma misma del aprendizaje, para que al final se genere una relación de continuidad entre la acción cotidiana y el discurso. Empero, esa educación de la que hablo no se restringe a las aulas de las escuelas, sino a toda una educación no institucionalizada, que sea capaz de ir transfigurando, paulatinamente, los símbolos relacionados con la separación entre sociedad y cultura; la disyunción entre individuo y comunidad, y los valores del utilitarismo, la codicia y el consumismo.

Se podrán introducir cambios legislativos, adoptarse reformas económicas a contrapelo de la lógica del capitalismo o muchísimas otras cosas, pero mientras no cambiemos radicalmente los símbolos heredados de la modernidad, no podremos llegar a estar a la estatura de una transformación como la que exige la crisis civilizatoria. En efecto, la solución de los problemas contemporáneos no depende ni de la ciencia y la técnica, la economía, la política o las legislaciones –aunque todo ello sea importante–, sino de un profundo cambio ontológico, por el cual encontremos otras maneras de situarnos en el mundo, de sentirlo, de habitarlo, de relacionarnos entre nosotros mismos. La crisis demanda una conversión de un ser humano individualizado y separado de la naturaleza a otro que, retornando a las raíces de la tierra, revalorice el fenómeno de la vida, de modo que impulse el cuidado –de los demás seres humanos y los ecosistemas– no por altruismo, ni por un "deber ser" moral, sino porque el hacerlo sea parte del interés de su propia existencia (Naess, 2006). Apelar a una transformación de tal tipo es ineludible y debe partir de un proyecto educativo de largo aliento como debería hacerlo desde ahora la utopía del Buen Vivir (Giraldo, 2012a).

Es claro que en vista de los urgentes problemas causados por nuestra propia obra no es posible esperar un cambio ontológico de este tipo, y las acciones concretas en torno a problemas inaplazables necesitan de paliativos a corto plazo. Pero debe siempre tenerse en la cuenta que mientras no iniciemos estos profundos cambios en nuestro *ser*, no podremos virar la dirección del timonel y, en consecuencia, los remedios a los serios agobios de hoy serán los mismos de siempre, mientras la creatividad estará sepultada por la incapacidad de inquirir sobre los orígenes estructurales que aquejan nuestra era.

La buena nueva es que en los márgenes del sistema la cordura ha comenzado a brotar. Así como cada veneno trae su propio antídoto, la crisis de la civilización ha traído consigo sus propias utopías. Habrá errores, desatinos, desilusiones y desencantos. Se irán madurando las propuestas, mutarán, se recrearán. Sin embargo la crisis a la que estamos emplazados, no es una crisis más; es una crisis en la que está en juego la supervivencia de la misma humanidad, un desafío existencial que nos está llamando a cambiar drásticamente el rumbo suicida en el que estamos encauzados. Algunos ya lo han comprendido. Por lo menos las utopías han empezado a reaccionar.

REFERENCIAS

Acosta, A. y Martínez, E. Comp. (2009), *El Buen Vivir. Una vía para el desarrollo*, Quito, Ediciones Abya-Yala.

Adorno, T. W. y Horkheimmer, M. (1987), *Dialéctica del iluminismo*, Buenos Aires, Editorial Sudamericana.

Ángel, A. (1996), *El reto de la vida. Ecosistema y cultura*, Bogotá, Ecofondo.

Arnau, J. (2005), *La palabra frente al vacío. Filosofía de Nāgārjuna*, México, D.F., Fondo de Cultura Económica, Colegio de México.

Bartra, A. (2003), "La llama y la piedra. De cómo cambiar el mundo sin tomar el poder según John Holloway", en *Revista Chiapas*, núm. 15.

_____ (2009), "La gran crisis", en *Revista Venezolana de Economía y Ciencias Sociales*. 15 (2): 191-202

_____ (2010a), "Crisis civilizatoria y superación del capitalismo", conferencia, Observatorio Latinoamericano de Geopolítica, Instituto de Investigaciones Económicas, Universidad Nacional Autónoma de México, septiembre de 2010.

_____ (2010b), "De milpas, mujeres y otros mitotes", en *La Jornada del Campo*, 17 de abril, núm. 31, México, D. F.

_____ (2011). "En este mundo cabrón, quien no resiste no existe", en *La Jornada del Campo*, 21 de mayo, núm. 44, México, D. F.

Bartra, R. (1987), *La jaula de la melancolía. Identidad y metamorfosis del mexicano*, México, D.F., Editorial Grijalbo.

Bateson, G. (1985), *Pasos hacia una ecología de la mente*, Buenos Aires, Ediciones Lohlé-Lumen.

Bautista, R. (2011), "Hacia una constitución del sentido significativo del "vivir bien", Farah, I. y Vasapollo, L, comp., en *Vivir bien: ¿paradigma no capitalista?* La Paz, CIDES,UMSA.

Benjamin, W, (2008), *Tesis sobre la historia y otros fragmentos*, México, D.F., Editorial Itaca.

Bonfil, G. (1991), *Pensar nuestra cultura*, México, D.F., Alianza Editorial.

Bourdieu, P. (1990), *Sociología y cultura*, México, D.F., Editorial Grijalbo.

_____ (1995). *Respuestas por una antropología reflexiva*, México, D.F., Editorial Grijalbo.

_____ (2007), *Cosas dichas*, Barcelona, Editorial Gedisa.

Brenner, R. (1999). "El desarrollo desigual y la larga fase descendente: Las economías capitalistas avanzadas desde el boom al estancamiento, 1950-1998", en *Encuentro XXI,* núm. 14.

_____ (2009a), "Una crisis devastadora en ciernes", en *Revista Venezolana de Economía y Ciencias Sociales,* 15 (2): 101-106.

_____ (2009b), "La clave para la izquierda consiste en catalizar la reconstrucción del poder del pueblo trabajador" entrevista con Robert Brenner, en *Viento Sur* [en línea] http://www.vientosur.info/articulosweb/noticia/?x=2454 [consulta: 4 de febrero de 2013].

Breton, V., Cortez, D. y García F. (2014) "En busca del Sumak Kawsay, presentación del dossier" en *Revista Íconos* 48:9-24

Broecker, W. (1975), "Climate change: Are we on the brink of a pronounced global warming?" en *Science* 189 (4201): 460-463.

Capra, F. (1998), *La trama de la vida,* Barcelona, Editorial Anagrama.

_____ (2007), *El Tao de la física,* Barcelona, Editorial Sirio.

Carson, R. (2010), *Primavera silenciosa,* Madrid, Editorial Crítica.

Castoriadis, C. (1989), *La institución imaginaria de la sociedad,* tomo II, Barcelona, Tusquets Editores.

Ceceña. A.E. (2012), "El desarrollo o la vida", ponencia Encuentro de Comunicación Popular y Buen Vivir, Quito, ALER, octubre de 2012.

Chomsky, N. (2005), *Hegemonía o supervivencia. La estrategia imperialista de Estados Unidos,* Barcelona, Byblos.

Choquehuanca, D. (2010), "Presentación", Delgado, F.; Rist, S., y Escobar, C. *El desarrollo endógeno sustentable como interfaz para implementar el Vivir Bien en la gestión pública boliviana,* Cochabamba, AGRUCO-CAPTURED.

CMPCC, (2012), "Conferencia Mundial de los Pueblos sobre el Cambio Climático y los Derechos de la Madre Tierra" [En línea] http://cmpcc.wordpress.com/2010/04/24/conclusiones-finales-grupo-de-trabajo-3-derechos-de-la-madre-tierra/#more-1816 [consulta: 18 de diciembre de 2012].

Collier, J. (1995), *El derecho zinacanteco: procesos de disputa en un pueblo indígena de Chiapas,* México, D.F., CIESAS.

Cortez, D. (2011), *La construcción social del "Buen Vivir" (Sumak Kawsay) en Ecuador,* Quito, Programa Andino de Derechos Humanos.

Crutzen, P. (2002), "Geology of mankind: the Anthropocene", en *Nature* 415:23.

Cuelenaere, L. (2012), "Pachamamismo, o las ficciones de (la ausencia de) voz", en *Cuadernos de literatura,* 32: 184-185.

Darwin, C. (2009), *El origen de las especies,* Madrid, Los libros de la catarata.

Descartes, R. (2008), *Discurso del método. Meditaciones metafísicas. Reglas para la dirección del espíritu. Principios de la filosofía,* México D.F., Editorial Porrúa.

Díaz, F. (2007), *Floriberto Díaz. Escrito. Comunalidad, energía viva del pensamiento mixe,* México D.F., UNAM.

Dussel, E. (1994), *1492: El encubrimiento del otro. Hacia el origen del "mito de la modernidad"*, La Paz, Plural Editores.

Encinas, F. (2011), *Origen del pachamamismo* [en línea] http://patriainsurgente. nuevaradio.org/index.php?p=432 [consulta: 14 de enero de 2013].

Escandell, V.E. (2011), "Vivir bien", alba y socialismo del siglo XXI. ¿Paradigmas opuestos?", Farah, I. y Vasapollo, L. (comp.), *Vivir bien: ¿paradigma no capitalista?*, La Paz, CIDES-UMSA.

Escobar, A. (2000), "El lugar de la naturaleza y la naturaleza del lugar: ¿globalización o postdesarrollo", Lander, E. (comp.), *La colonialidad del saber: eurocentrismo y ciencias sociales*, Buenos Aires, CLACSO.

_____ (2005), *Más allá del tercer mundo. Globalización y diferencia*, Bogotá, Instituto Colombiano de Antropología e Historia.

_____ (2007), *La invención del tercer mundo. Construcción y deconstrucción del desarrollo*, Caracas, Fundación Editorial el perro y la rana.

_____ (2010), "Latin America at a Crossroads", en *Cultural Studies* 24(1):1-65.

_____ (2011), ¿"Pachamámicos" versus "modérnicos"?, en *Tabula Rasa* 15: 265-273.

Estermann, J. (1998), *Filosofía andina. Estudio intercultural de la sabiduría autóctona andina*, Quito, Ediciones Abya-Yala.

_____ (2012), "Crisis civilizatoria y Vivir Bien. Una crítica filosófica del modelo capitalista desde el *allin kawsay/suma qamaña* andino", en *Polis Revista Latinoamericana*, 11 (33): 149-174.

EZLN (1994), *Documentos y comunicados*, México D.F., Ediciones Era.

FAO, FIDA Y PMA (2012), *El estado de la inseguridad alimentaria en el mundo 2012. El crecimiento económico es necesario pero no suficiente para acelerar la reducción del hambre y la malnutrición*, Roma, FAO.

Foucault, M. (1979), *Microfísica del poder*, Madrid, Las Ediciones de la Piqueta.

_____ (1980). "El ojo del poder. Entrevista con Michel Foucault", Bentham, J., *El Panóptico*, Barcelona, Editorial la Piqueta.

_____ (1996), *Genealogía del racismo*, La Plata, Editorial Altamira.

_____ (1999), *Estrategias de poder*, Barcelona, Editorial Paidós.

_____ (2009), *Vigilar y castigar*, México D.F., Siglo XXI Editores.

_____ (2010), *La arqueología del saber*, México D.F., Siglo XXI Editores.

Freud, S. (2007), *El malestar de la cultura*, Barcelona, Ediciones Folio.

Fromm, E. (1978), *¿Tener o ser?*, México D.F., Fondo de Cultura Económica.

_____ (2006), *El miedo a la libertad*, México D.F., Paidós.

Fukuyama, F. (1992), *El fin de la historia y el último hombre*, México D.F., Planeta.

_____ (2011), "No hay choque de civilizaciones", Buenos Aires, en *La Nación* [en línea] http://www.lanacion.com.ar/354542-no-hay-choque-de-civilizaciones [consulta: 29 de octubre de 2012].

Gadamer, H.G. (1988), *Verdad y método*, Salamanca, Ediciones sígueme.

García, A. (2010), *El socialismo comunitario un aporte de Bolivia al mundo. Entre-*

vista al vicepresidente del Estado Plurinacional, La Paz, Vicepresidencia del Estado Plurinacional, Presidencia de la Asamblea Legislativa Plurinacional.

Geertz, C. (1991), *La interpretación de las culturas,* Barcelona, Editorial Gedisa.

Giarraca, N. (2001) "El "movimiento de la mujeres agropecuarias en lucha". Protesta agraria y género durante el último lustro en Argentina", *¿Una nueva ruralidad en América Latina?,* Buenos Aires, CLACSO.

Gibson, K. y Graham, J. (2006), *The end of capitalism (as we knew it): a feminist critique of political economy,* Minneapolis, University of Minnesota Press.

Giddens, A. (1987), *Las nuevas reglas del método sociológico,* Buenos Aires, Amorrortu Editores.

Giraldo, O.F. (2010), "Campesinas construyendo la utopía: mujeres, organizaciones y agroindustrias rurales", en *Cuadernos de Desarrollo Rural,* 7 (65): 43-61.

_____ (2012a), "Presupuestos ontológicos para la declaración universal de los derechos de la Madre Tierra", en *Revista Luna Azul,* 35: 78-93.

_____ (2012b), "El discurso moderno frente al "pachamamismo": La metáfora de la naturaleza como recurso y el de la Tierra como madre", en *Polis Revista Latinoamericana,* 11 (33): 219-233.

_____ (2013), "Hacia una ontología de la Agri-Cultura en perspectiva del pensamiento ambiental", en *Polis Revista Latinoamericana,* 12 (34): 95-115.

Goethe, J.W. (1952), *Fausto,* San Juan, Universidad de Puerto Rico.

Gramsci, A. (1986), *Antología,* Madrid, Siglo XXI Editores.

Gudynas, E. (2009), "La ecología política del giro biocéntrico en la nueva Constitución de Ecuador", en *Revista de Estudios Sociales,* 32: 34-47.

_____ (2011), "Buen Vivir: Germinando alternativas al desarrollo", en *América Latina en movimiento,* 462: 1-20.

Habermas, J. (1989), *El discurso filosófico de la modernidad,* Madrid, Editorial Taurus.

_____ (1997), *Teoría de la acción comunicativa: complementos y estudios previos,* Madrid, Editorial Cátedra.

_____ (1999), *Problemas de legitimación en el capitalismo tardío,* Madrid, Ediciones Cátedra.

Handoh, I, y Lenton, T (2003), "Periodic mid-Cretaceous oceanic anoxic events inked by oscillations of the phosphorus and oxygen biogeochemical cycles", en *Global Biogeochemical Cycles,* 17:1092.

Harnecker, M. (2001), *Ecuador: Una nueva izquierda en busca de la vida en plenitud,* Mataró, Ediciones de Intervención Cultural, El Viejo Topo.

Harvey, D. (2003), *Espacios de esperanza,* Madrid, Akal Ediciones.

_____ (2005), "El "nuevo" imperialismo: acumulación por desposesión", Panitch, L. y Layes, C.(comp), *Socialist Register 2004: el nuevo desafío imperial,* Buenos Aires, CLACSO.

Hegel, G. W. F. (1985), *Lecciones sobre la filosofía de la historia universal*, Madrid, Alianza Editorial.

Heidegger, M. (1971), *El ser y el tiempo*, México D.F., Fondo de Cultura Económica.

_____ (1994a), *Serenidad*, Barcelona, Ediciones del Serbal.

_____ (1994b), *La pregunta por la técnica*, Barcelona, Ediciones del Serbal.

_____ (1996), "La época de la imagen del mundo" *Caminos del Bosque*, Madrid, Alianza.

_____ (2000a), *Carta sobre el humanismo*, Madrid, Alianza Editorial.

_____ (2000b). "El nihilismo europeo", *Nietzsche II,* Barcelona, Ediciones Destino.

Hinkelammert, F. (2002), *El retorno del sujeto reprimido*, Bogotá, Universidad Nacional de Colombia.

_____ (2009), *Hacia la crítica de la razón mítica. El laberinto de la modernidad*, Bogotá, Ediciones Desde Abajo.

Hinkelammert, F. y Mora, H. (2008), *Hacia una economía para la vida. Preludio a una reconstrucción de la economía*, San José, Editorial Tecnológica.

Hölderlin, F. (1998), "Hiperión o el Eremita en Grecia", *Hiperión: La muerte de Empédocles*, Caracas, Universidad Central de Venezuela.

Horkheimmer, M. (2002), *Crítica de la razón instrumental*, Madrid, Editorial Trotta.

Houtart, F. (2009), "Socialismo del siglo xxi. Superar la lógica del capitalismo", Acosta, A. y Martínez, E. (comp.), *El Buen Vivir. Una vía para el desarrollo*, Quito, Ediciones Abda Yala.

Huanacuni, M. (2010), *Buen Vivir/Vivir Bien. Filosofía, políticas, estrategias y experiencias regionales andinas,* Lima, Coordinadora Andina de Organizaciones Indígenas.

Hume, D. (2001), *Tratado de la naturaleza humana*, Albacete, Libros en la red.

Husserl, E. (1984), *La crisis de las ciencias europeas y la fenomenología trascendental*, México D.F., Folios.

IEA (2006), *World Energy Outlook*, París, OECD.

Ímaz, E. (1941), "Topía y utopía", *Utopías del renacimiento,* México D.F., Fondo de Cultura Económica.

IPCC (1990), *Resumen general. Informe del Grupo Intergubernamental de Expertos sobre Cambio Climático*, Ginebra, Organización Meteorológica Mundial y Programa de las Naciones Unidas para el Medio Ambiente.

_____ (2008), *Informe del Grupo Intergubernamental de Expertos sobre Cambio Climático*, Ginebra, Organización Meteorológica Mundial y Programa de las Naciones Unidas para el Medio Ambiente.

Kay, C. (2005), "Enfoques sobre el desarrollo rural en América Latina y Europa desde mediados del siglo veinte", *Memorias del congreso: Enfoques y perspectivas de la enseñanza del desarrollo rural*, Bogotá, Pontificia Universidad Javeriana.

Kraemer, G. (1993), *Utopía en el agro mexicano. Cuarenta proyectos de desarrollo en áreas marginadas*, Texcoco, Universidad Autónoma Chapingo.

_____ (2003), *Autonomía indígena región mixe*, México D.F., Plaza y Valdés Editores.

_____ (2013), "El campo de la tradición y el campo de los santos. Una cierta mirada sobre la historia del indigenismo y el movimiento indígena en México", en *Ensayos y artículos de sociología rural*, 14: 38-56.

Krishnamurti, J. (1982), *La crisis del hombre. Conferencias de J. Krishnamurti en la India*, Buenos Aires, Editorial Kier.

Kröpotkin, P. (1989), *El apoyo mutuo. Un factor de la evolución*, Barcelona, Madre Tierra Ediciones.

Kuhn, T.S. (2006), *La estructura de las revoluciones científicas*, México D.F., Fondo de Cultura Económica.

Lambert, R. (2011), "Equívocos y mistificaciones en torno de una deidad indígena andina. El fantasma del pachamamismo", en *Rebelión*, 16 de febrero de 2011.

Lander, E. comp. (2000), *La colonialidad del saber: eurocentrismo y ciencias sociales. Perspectivas latinoamericanas*, Buenos Aires, CLACSO.

Leff, E. (1998), *Ecología y capital. Racionalidad ambiental, democracia participativa y desarrollo sustentable*, México D.F., Siglo XXI Editores.

_____ (2003), "La ecología política en América Latina: un campo en construcción", en *Polis Revista Latinoamericana*, 5: 125-145.

Lenkersdorf, C. (2005), *Filosofar en clave tojolabal*, México D.F., Miguel Ángel Porrúa.

León, M. (2009), "Cambiar la economía para cambiar la vida", Acosta, A. y Martínez, E.(comp.), *El Buen Vivir. Una vía para el desarrollo*, Quito, Ediciones Abya-Yala.

Lerner, G. (1990), *La creación del patriarcado*, Barcelona, Editorial Crítica.

Liebman, M. (1999), "Sistemas de policultivos", Altieri, M., comp, *Agroecología. Bases científicas para una agricultura sustentable*, Montevideo, Editorial Nordan-Comunidad.

Lipovetsky, G. (2006), *Los tiempos hipermodernos*, Barcelona, Editorial Anagrama.

Lovelock, J. (2007), *La venganza de la tierra*, México, D.F., Editorial Planeta.

Lukács, G. (1969), *Historia y consciencia de clase*, México D.F., Editorial Grijalbo.

Lyotard, J-F. (2006), *La condición posmoderna*, Madrid, Teorema.

Machín, B. Roque, A.M. Ávila, D.R. y Rosset, P. M. (2012), *Revolución agroecológica. El movimiento campesino a campesino de la ANAP en Cuba*, Bogotá, Asociación Nacional de Agricultores Pequeños, La Vía Campesina.

Maldonado, N. (2007), "Sobre la colonialidad del ser: Contribuciones al desarrollo de un concepto", Castro, S. y Grosfoguel, R., comp., *El giro decolonial. Reflexiones para una diversidad epistémica más allá del capitalismo global*, Bogotá, Siglo del Hombre Editores.

Mannheim, K. (1987), *Ideología y utopía. Introducción a la sociología del conocimiento*, México D.F., Fondo de Cultura Económica.

Manuel, F. E. y Manuel, F.P. (1984a), *El pensamiento utópico en el mundo occidental. Antecedentes y nacimiento de la utopía*, tomo I, Madrid, Taurus Ediciones.

_____ (1984b), *El pensamiento utópico en el mundo occidental. La utopía revolucionaria y el crepúsculo de las utopías*, tomo III, Madrid, Taurus Ediciones.

Marañon, B. (comp.) (2014), *La economía solidaria en México: Una primera aproximación. Hacia una alternativa societal basada en la reciprocidad*, México D.F., UNAM, Instituto de Investigaciones Económicas.

Marcuse, H. (1983), *Eros y civilización*, Madrid, Editorial Sarpe.

_____ (1986), *El hombre unidimensional*, México D.F., Editorial Joaquín Mortiz.

Margulis, L. y Sagan, D. (1997), *Microcosmos: four billion years of evolution from our microbial ancestors,* Londres, University of California Press.

Marx, K. (1946), *El capital. Crítica de la economía política*, tomo III, Bogotá, Fondo de Cultura Económica.

_____ (1968), *Crítica del programa de Gotha*, Madrid, Ediciones Ricardo Aguilera.

_____ (1968), *Manuscritos económico-filosóficos de 1844*, México D.F., Editorial Grijalbo.

_____ (1974), "Proyecto de respuesta a la carta de V. I. Zasulich", *Marx & Engels, Obras escogidas en tres tomos*, tomo I, Moscú, Editorial Progreso.

Marx, K. y Engels, F. (1958), *La ideología alemana*, México D.F., Ediciones de cultura popular.

_____ (1993), *Manifiesto del partido comunista*, Bogotá, Panamericana Editorial.

Maturana, H. (2005), "Biología del fenómeno social", *Desde la biología hasta la psicología*, Santiago de Chile, Editorial Universitaria S.A.

_____ (2009), *La realidad: ¿objetiva o construida? Fundamentos biológicos del conocimiento*, tomo II, Barcelona, Anthropos.

Maturana, H. y Varela, F. (2003), *El árbol del conocimiento. Las bases biológicas del conocimiento humano*, Buenos Aires, Lumen.

Meadows, D. (1972), *Los límites del crecimiento*, México D.F., Fondo de Cultura Económica.

Medina. J. (2008), *Suma Qamaña. La comprensión indígena de la Buena Vida*, La Paz, GTZ.

Merleu-Ponty, M. (1957), *Fenomenología de la percepción*, México, D.F., Fondo de Cultura Económica.

Meyer, J. (1999), "El buen salvaje otra vez", en *Letras Libres*, marzo de 1999, pp. 70-72.

Mignolo, W. (1995), *The darker side of the Renaissance: Literacy, Territoriality and Colonization*, Ann Arbor, University Michigan Press.

Mitani, J; Watts, D; y Amsler, S. (2010), "Lethal intergroup aggression leads to territorial expansion in wild chimpanzees", en *Current Biology*, 20 (12): 507-508.

Moro, T. (1941), "Utopía", *Utopías del renacimiento*, México D.F., Fondo de Cultura Económica.

Naess, A. (2002), *Simple en medios, rico en fines. Una entrevista con Arne Naess*, Panatura–Fundación Sangay [en línea] http://www.sangay.org/naess1.html [consulta: 28 de febrero de 2013].

_____ (2006), "El movimiento de ecología profunda: algunos aspectos filosóficos", Kwiatkowska, T. e Issa, J. (comp.), *Los caminos de la ética ambiental*, México D.F., Plaza y Valdés Editores.

Nāgārjuna (2004), *Fundamentos de la vía media*, traducción directa del sánscrito, Editorial Siruela.

Nietzsche, F. W. (2000), *Sobre la utilidad y los perjuicios de la historia para la vida*, Madrid, Editorial EDAF.

_____ (1996), *Sobre la verdad y la mentira en sentido extramoral*, Madrid, Editorial Tecnos.

Nisbet, R. (1981), *Historia de la idea de progreso*, Barcelona, Editorial Gedisa.

Noguera, A.P. (2004), *El reencantamiento del mundo*, México, D.F., PNUMA, Universidad Nacional de Colombia.

Norman, C. (1983), *En pos del milenio. Revolucionarios milenaristas y anarquistas místicos de la Edad Media*, Madrid, Alianza Editorial.

Nuñez, J. (2011), "Desarrollo-vida-felicidad. Paradigmas de desarrollo–Cosmovisiones de vida–Aspiraciones de felicidad", Wanderley, F., comp., *El desarrollo en cuestión: reflexiones desde América Latina*, La Paz, CIDES-UMSA.

Ostrom, E. (2000), *El gobierno de los bienes comunes: La evolución de las instituciones de la acción colectiva*, México D.F., Fondo de Cultura Económica.

Ostrom, E. y Ahn, T. (2003), "Una perspectiva del capital social desde las ciencias sociales: capital social y acción colectiva", en *Revista Mexicana de Sociología*, 65 (1):155-233.

Pardo, J. (1991), *Sobre los espacios. Pintar, escribir, pensar*, Barcelona, Ediciones del Serbal.

Pineda, J. A. (en proceso), "Paisajes del desarrollo: Desilusión, disolución, devastación y desolación", Noguera, A. P., comp., *Pensamiento ambiental en tiempos de crisis. Conceptos, imágenes e imaginarios del desarrollo*, Manizales, Universidad Nacional de Colombia.

Popper. K. R. (2010), *La sociedad abierta y sus enemigos*, Madrid, Ediciones Paidós Ibérica.

Putnam, R. (1994), *Para que la democracia funcione. Tradiciones cívicas en Italia*, Caracas, Editorial Galac.

Quijano, A. (2000a), "Colonialidad del poder, eurocentrismo y América Latina", *La colonialidad del saber: eurocentrismo y ciencias sociales. Perspectivas latinoamericanas*, Lander, E., (comp.), Buenos Aires, CLACSO.

_____ (2000b), "Colonialidad del poder y clasificación social", en *Journal of World-Systems Research*, 2: 342-386.

Randall, J. (1952), *La formación del pensamiento moderno*, Buenos Aires, Editorial Nova.

Renard, M.C. (1999), *Los intersticios de la globalización: un label (Max Havelaar) para los pequeños productores de café*, México, D.F, Centre Français d'Études Mexicaines et Centraméricaines, Universidad Autónoma Chapingo.

Ricoeur, P. (1980), *La metáfora viva*, Madrid, Ediciones Cristiandad.

_____ (1995a), *Teoría de la interpretación. Discurso y excedente de sentido*, México D.F., Siglo XXI Editores.

_____ (1995b), *Tiempo y narración*, tomo III, México D.F., Siglo XXI Editores.

_____ (2008), *Ideología y utopía*, Compilado por Taylor, G., Barcelona, Editorial Gedisa.

Riechamann, J. (2006), *Biomímesis: Ensayos sobre imitación de la naturaleza, ecosocialismo y autocontención*, Madrid, Los Libros de la Catarata.

Rockström, J., Steffen, W., Noone, K., *et al.* (2009), "Planetary boundaries: exploring the safe operating space for humanity", en *Ecology and Society,* 14 (2): 32.

Rorty, R. (1983), *La filosofía y el espejo de la naturaleza*, Madrid, Editorial Cátedra.

Sagan, C. (2003), *Un punto pálido azul. Una visión del futuro humano en el espacio,* México, D.F., Planeta.

Santos, B. S. (2009), *Una epistemología del sur: la reinvención del conocimiento y la emancipación social*, México D.F., Siglo XXI Editores, CLACSO.

_____ (2010), *Refundación del Estado en América Latina: perspectivas desde una epistemología del sur*, México D.F., Siglo XXI Editores, Siglo del Hombre Editores, Universidad de los Andes.

Saviani, C. (2004), *El oriente de Heidegger*, Barcelona, Editorial Herder.

Schell, J. (1982), *El destino de la Tierra*, México D.F., Editorial Diana.

Schutz, A. (1974), *El problema de la realidad social*, Buenos Aires, Amorrortu Editores.

Schutz, A. y Luckmann, T. (2003), *Las estructuras del mundo de la vida*, Buenos Aires, Amorrortu Editores.

Serres, M. (1991), *El Contrato Natural*, Valencia, Pretextos.

Shiva, V. (2007), *Los monocultivos de la mente*, Monterrey, Editorial Fineo.

Smith, A. (1958), *Investigación sobre la naturaleza y causas de la riqueza de las naciones*, México D.F., Fondo de Cultura Económica.

Stefanoni, P. (2011), "¿Adónde nos lleva el pachamamismo? Indianismo y pachamamismo", en *Tabula Rasa,* 15: 261-264.

Taller de tradición oral de la sociedad agropecuaria del CEPEC (2009), *Tejuan tikintenkakiliaj in toueyitatajuan. Les oímos contar a nuestros abuelos*, Puebla, Benemérita Universidad Autónoma de Puebla.

Tempels, P. (1959), *Bantu Philosophy*, París, Présence Africaine.

Toledo, V.M. B. Ortiz, B. y Montoya, D. (2009), "Las experiencias de sustentabilidad comunitaria en México: una visión panorámica", A. Gómez-Pompa y C. Vergara. (comp.), Veracruz, Centro de Investigaciones Tropicales, Universidad Veracruzana.

Varela, F. (2000), *El fenómeno de la vida*, Santiago de Chile, Dolmen Ediciones.

_____ (2001), "Entrevista a Francisco Varela", *La belleza del pensar* [en línea] https://www.youtube.com/watch?v=2Bx8cTiTmeU [consulta: 28 de febrero de 2013].

_____ (2005), *Conocer*, Barcelona, Gedisa.

Wallerstein, I. (1988), *El capitalismo histórico*, México D.F., Siglo xxi Editores.

Walsh, C. (2009), "Indigenous and afro struggles and the State: Interculturality, decoloniality, and collective well being in the Andes", ponencia *Lozano Long Conference, "Contested Modernities"*, Universidad de Texas, Austin, Febrero de 2009.

_____ (2010), "Development as Buen Vivir: Institutional arrangements and (de) colonial entanglements", en *Development*, 53 (1): 15-21.

Weber, M. (1964), *Economía y sociedad*, México D.F., Fondo de Cultura Económica.

_____ (1981), *La ética protestante y el espíritu del capitalismo*, México D.F., Premia Editora.

Wilson, E.O. (1989), "Threats of biodiversity", en *Scientific American*, Special Issue, 108-116.

Wittgenstein, L. (1988), *Investigaciones filosóficas*, Barcelona, Editorial Crítica.

WWF (2010), *Planeta vivo informe 2010. Biodiversidad, biocapacidad y desarrollo*, Madrid, wwf España.

Zapata, M. (1997), *La rebelión de los genes. El mestizaje americano en la sociedad futura*, Bogotá, Altamir Ediciones.

Utopías en la era de la supervivencia. Una interpretación del Buen Vivir, de Omar Felipe Giraldo, se terminó de imprimir en mayo de 2014, en los talleres de 1200+, Andorra No. 29 col. Del Carmen Zacahuitzco, C.P. 03540, México, D.F. Se utilizaron caracteres Minion Pro de la casa Adobe sobre papel cultural de 75 g. y los forros en cartulina sulfatada de 236 g. El cuidado de la edición estuvo a cargo de Graciela Reynoso Rivas.